S

Lu ueeuie

D0710068

# JOURNAL
# D'UN ENLÈVEMENT

GABRIEL GARCÍA MÁRQUEZ

# JOURNAL
# D'UN ENLÈVEMENT

*traduit de l'espagnol (Colombie)*
*par*
ANNIE MORVAN

BERNARD GRASSET
PARIS

*L'édition originale de cet ouvrage a été publiée par*
*Mondadori, à Barcelone, en 1996, sous le titre :*

NOTICIA DE UN SECUESTRO

# Remerciements

En octobre 1993, Maruja Pachón et son mari, Alberto Villamizar, me proposèrent d'écrire un livre à partir de l'expérience qu'ils avaient vécue pendant six mois, elle en tant qu'otage, lui en menant de longues et difficiles démarches pour obtenir la libération de sa femme. La première version du livre était déjà assez avancée quand nous nous sommes rendu compte qu'il était impossible de séparer le cas de Maruja de celui de neuf autres personnes enlevées à la même époque en Colombie. Car il ne s'agissait pas de dix prises d'otages différentes, comme nous l'avions d'abord cru, mais bien de dix personnes triées sur le volet, victimes d'un enlèvement collectif, pensé et organisé par une seule et même entreprise ayant un seul et même objectif.

Cette constatation tardive m'a obligé à tout reprendre depuis le début, dans une perspective très différente et après avoir modifié la structure initiale du livre, afin de bien cerner l'identité de tous les protagonistes et leur place dans ce drame. Ce fut une solution d'ordre technique au problème posé par une histoire labyrinthique qui, dans sa première mouture, eût été un interminable charivari. Je m'étais donné un an pour mener ce travail à bien, mais il m'en fallut presque trois avec la collaboration constante indispensable et précieuse de Maruja et Alberto, dont les témoignages sont le fil conducteur et l'axe de ce livre.

J'ai interviewé dans la mesure du possible tous ceux qui ont été mêlés à ces événements, et j'ai trouvé en chacun d'eux la même disposition généreuse à troubler la paix du souvenir et à rouvrir pour moi des blessures qu'ils eussent sans doute préféré oublier. Leur douleur, leur patience et leur colère m'ont donné le courage de mener jusqu'au bout, à l'automne de ma vie, la tâche la plus triste et la plus difficile qu'il m'ait été donné d'accomplir. Ma seule frustration est de savoir qu'ils ne trouveront dans ces pages qu'un pâle reflet de l'horreur qu'ils ont vécue dans leur chair. C'est en particulier le cas des familles des deux otages décédés, Marina Montoya et Diana Turbay, et surtout de la mère de celle-ci, doña Nydia Quintero de Balcazár, dont les entretiens ont été pour moi une expérience humaine inoubliable et bouleversante.

Je partage ce sentiment d'insuffisance avec deux personnes qui ont été avec moi les artisans de la charpente confidentielle de ce livre : la journaliste Luzángela Arteaga, qui a traqué et déniché de nombreux renseignements que nous croyions inaccessibles avec la ténacité et la discrétion absolue d'une chasseresse furtive, et Margarita Márquez Caballero, ma cousine et secrétaire particulière, qui a transcrit, ordonné, vérifié, dans le respect du secret, les inextricables données qui faillirent plusieurs fois nous engloutir.

Je tiens à exprimer ma reconnaissance éternelle à tous les protagonistes et tous les collaborateurs grâce auxquels ce drame épouvantable ne sombrera pas dans l'oubli, même s'il n'est hélas qu'un épisode de l'holocauste qui consume la Colombie depuis plus de vingt ans. C'est à eux, et par eux à tous les Colombiens – innocents ou coupables –, que je dédie ce livre dans l'espoir que plus jamais nous n'ayons à le revivre.

G.G.M.

*Cartagène des Indes, mai 1996*

# Chapitre premier

Avant de monter dans la voiture, elle jeta un regard par-dessus son épaule pour s'assurer que personne ne la suivait. Il était dix-neuf heures cinq et la nuit était tombée depuis une heure sur Bogota. Dans le Parc national mal éclairé, les arbres dénudés découpaient leurs silhouettes fantomatiques contre le ciel sale et triste, mais alentour rien ne semblait inquiétant. En dépit de son rang, Maruja s'installa derrière le chauffeur, parce qu'elle avait toujours trouvé que c'était la place la plus confortable. Beatriz ouvrit l'autre portière et s'assit à sa droite. Elles avaient presque une heure de retard dans la routine journalière, et toutes deux accusaient la fatigue après une après-midi assommante et trois réunions de direction. Surtout Maruja qui, la veille, avait donné une soirée chez elle et n'avait pas dormi plus de trois heures. Elle allongea ses jambes lourdes, ferma les yeux, appuya la tête sur le dossier du siège et dit, comme à l'ordinaire :

« A la maison, s'il vous plaît. »

Le soir, pour rentrer, elles empruntaient tantôt un chemin tantôt un autre, pour des raisons de sécurité ou à cause des embouteillages. La Renault 21 était neuve et confortable, et le chauffeur la conduisait avec une rigoureuse prudence. Ce soir-là, le meilleur itinéraire était encore le boulevard Circunvalar nord. Ils franchirent les trois feux au vert et trouvèrent la circulation moins dense que d'habitude. Les jours d'embouteillage il fallait au moins une demi-heure pour aller du bureau jusque chez Maruja, au 84A-42 de la Transversal Tercera N, et le chauffeur devait encore conduire Beatriz chez elle, quelques centaines de mètres plus loin.

Maruja appartenait à une famille d'intellectuels connus, journalistes de génération en génération. Elle-même exerçait cette profession, et sa carrière était jalonnée de récompenses. Depuis deux mois, elle était à la tête de Focine, l'Institut national de cinéma. Beatriz — sa belle-sœur et son assistante — avait longtemps exercé le métier de kinésithérapeute avant de s'accorder une pause et s'essayer pendant quelque temps à une autre activité. A Focine, elle était responsable des relations avec la presse. Ni l'une ni l'autre n'avait de raison de craindre quoi que ce soit, mais Maruja avait pris l'habitude presque inconsciente de se retourner pour regarder par-dessus son épaule, en fait depuis le mois d'août dernier, quand les narco-trafiquants avaient commencé à enlever des journalistes, les premiers d'une longue série imprévisible.

Mais ce soir-là, ses craintes étaient fondées. Le Parc national lui avait semblé désert quand elle avait regardé derrière elle avant de monter dans la voiture et pourtant, huit hommes étaient là qui l'épiaient. Le premier, au volant d'une Mercedes 190 bleu nuit portant de fausses plaques immatriculées à Bogota, s'était garé sur le trottoir d'en face. Un second conduisait un taxi jaune, volé. Quatre autres, en jeans, tennis et blousons de cuir, se promenaient sous les arbres du parc. Le septième était grand, vêtu d'un élégant costume d'été et tenait à la main un attaché-case qui parachevait son aspect de jeune cadre. D'un café au coin de la rue, à quelques mètres de là, le responsable de l'opération surveillait ce premier épisode réel dont les répétitions, méticuleuses et multiples, avaient commencé vingt et un jours auparavant.

Le taxi et la Mercedes suivirent la voiture de Maruja à faible distance, comme ils l'avaient fait dès le lundi précédent afin d'établir les itinéraires habituels. Au bout de vingt minutes, les trois voitures tournèrent à droite, dans la rue 82, à moins de deux cents mètres de l'immeuble en brique où habitaient Maruja, son époux et un de leurs enfants. La voiture avait tout juste amorcé la pente raide de la rue quand le taxi jaune doubla et la serra contre le trottoir de gauche. Le chauffeur dut donner un brusque coup de frein pour ne pas emboutir le taxi. Presque au même instant, la Mercedes se gara derrière eux, empêchant toute marche arrière.

Trois hommes descendirent du taxi et s'avancèrent d'un pas résolu vers la voiture de Maruja. Le plus grand et le mieux habillé portait une arme étrange en laquelle Maruja crut voir un fusil à la crosse courte avec un gros canon long comme un télescope. C'était en fait un Mini Uzi 9 millimètres muni d'un silencieux, pouvant tirer coup par coup ou des rafales de quinze balles par seconde. Les deux autres assaillants étaient également armés de revolvers et de pistolets-mitrailleurs. Mais ni Maruja ni Beatriz ne purent voir les trois autres hommes descendre de la Mercedes garée derrière elles.

Ils firent si vite et si bien que, plus tard, seuls leur revinrent en mémoire des fragments épars des deux brèves minutes qu'avait duré l'enlèvement. Cinq des hommes encerclèrent la voiture et s'approchèrent en même temps des trois occupants avec une assurance toute professionnelle. Le sixième surveillait la rue, une arme automatique au poing. Maruja reconnut la justesse de son pressentiment :

« Démarrez, Angel, cria-t-elle au chauffeur. Montez sur le trottoir s'il le faut, mais démarrez. »

Angel était cloué sur place. De toute façon, avec le taxi devant lui et la Mercedes derrière, il n'avait pas la place de passer. Craignant que les hommes ne se mettent à tirer, Maruja s'agrippa à son sac à main comme à une bouée de sauvetage, s'abrita derrière le siège du chauffeur et cria à Beatriz :

« Couche-toi par terre.

— Jamais de la vie, murmura Beatriz. Par terre ils nous tueront. »

Elle tremblait mais gardait son calme. Certaine qu'il ne s'agissait que d'une attaque à main armée, elle ôta non sans difficulté les deux bagues de sa main droite et les jeta par la fenêtre en pensant : « Qu'ils aillent se faire foutre. » Mais elle n'eut pas le temps d'ôter celles de sa main gauche. Quant à Maruja, recroquevillée derrière le siège, il ne lui vint même pas à l'esprit qu'elle portait une bague incrustée de diamants et d'émeraudes assortie à ses boucles d'oreilles.

Deux hommes ouvrirent la portière du côté de Maruja et deux autres celle du côté de Beatriz. A travers la vitre, le cinquième tira dans la tête du chauffeur une balle qui vibra comme un soupir à cause du silencieux. Puis il ouvrit la portière avant, d'un geste extirpa le chauffeur de la voiture, le jeta au sol et l'acheva de trois balles. Ce fut un chassé-croisé du destin : Angel María Roa n'était le chauffeur de Maruja que depuis trois jours et il étrennait sa nouvelle fonction dans le costume sombre, la chemise amidonnée et la cravate noire des chauffeurs de ministres. Son prédécesseur, le chauffeur attitré de Focine depuis dix ans, avait pris sa retraite une semaine auparavant.

Maruja n'apprit la mort de son chauffeur que beaucoup plus tard. De son refuge, elle n'entendit que le bruit instantané de vitre brisée suivi d'un ordre péremptoire lancé au-dessus d'elle : « C'est vous que nous sommes venus

chercher, madame. Descendez. » Des serres d'acier la saisirent par le bras et la traînèrent hors de la voiture. Elle
résista autant qu'elle le put, tomba, s'écorcha la jambe, et
deux hommes la soulevèrent et la traînèrent jusqu'à la voiture stationnée derrière la sienne. Personne ne s'aperçut
que Maruja tenait son sac à main serré contre elle.

Beatriz, avec ses ongles longs et durs et son entraînement militaire, fit face au garçon qui voulait la sortir de la
voiture. « Ne me touchez pas », hurla-t-elle. Il se raidit et
Beatriz comprit qu'il était aussi nerveux qu'elle et capable
de tout. Elle baissa le ton.

« Je peux descendre toute seule, lui dit-elle. Dites-moi
ce que je dois faire. »

Le garçon désigna le taxi.

« Montez dans cette voiture et couchez-vous sur le
plancher. Vite. »

Les portes étaient ouvertes, le moteur en marche et le
chauffeur immobile à sa place. Beatriz s'allongea comme
elle le put à l'arrière. Le ravisseur la recouvrit de son blouson et s'installa sur le siège, les pieds posés sur elle. Deux
hommes montèrent, l'un à côté du chauffeur, l'autre à l'arrière. Le chauffeur attendit le claquement simultané des
deux portières et démarra en trombe en direction du nord
par le boulevard Circunvalar. C'est alors que Beatriz
s'aperçut qu'elle avait oublié son sac à main sur la banquette arrière de la voiture, mais il était trop tard. Le
remugle d'ammoniaque du blouson était plus insupportable encore que la peur et la position inconfortable.

La Mercedes dans laquelle se trouvait Maruja avait
démarré une minute plus tôt et pris un autre chemin. Ses
ravisseurs l'avaient assise sur la banquette arrière, entre
deux hommes. Celui de gauche lui maintenait la tête sur
ses genoux en une position si inconfortable qu'elle pouvait
à peine respirer. A côté du chauffeur se trouvait un homme
qui communiquait avec l'autre voiture par un radiotéléphone primitif. Maruja était d'autant plus déconcertée

qu'elle ne savait pas dans quelle voiture on l'emmenait – elle ne l'avait pas vue se garer derrière la sienne – mais elle sentait qu'elle était neuve et confortable, peut-être blindée, parce que les bruits de l'avenue lui parvenaient atténués, comme le murmure de la pluie. L'air lui manquait, elle avait le cœur au bord des lèvres et la sensation d'étouffer. L'homme assis à côté du chauffeur et qui agissait comme s'il était le chef perçut son anxiété et tenta de l'apaiser.

« Du calme, lui dit-il en se retournant. On vous emmène pour que vous transmettiez un communiqué. Dans quelques heures vous serez rentrée chez vous. Mais au moindre mouvement, gare. Alors du calme. »

Celui qui la maintenait sur ses genoux essayait lui aussi de la rassurer. Maruja respira très fort, souffla en une longue expiration et commença à se sentir mieux. Cependant, un peu plus loin, la situation changea parce que la voiture se trouva prise dans un encombrement en plein milieu d'une rue en pente. L'homme au radiotéléphone se mit à crier des ordres impossibles que le chauffeur de l'autre voiture ne parvenait pas à suivre. Il y avait plusieurs ambulances bloquées quelque part sur l'autoroute, et le hurlement des sirènes mêlé au vacarme assourdissant des klaxons aurait rendu fou quiconque n'avait pas des nerfs d'acier. Le chauffeur voulut s'ouvrir un passage mais il était si nerveux qu'il emboutit un taxi. Ce ne fut qu'un léger coup mais le chauffeur du taxi cria quelque chose qui rendit tout le monde plus nerveux encore. L'homme au téléphone donna l'ordre de sortir de là coûte que coûte, et la voiture prit la fuite sur les trottoirs et à travers des terrains vagues.

Dégagée, la voiture poursuivit sa montée. Maruja eut l'impression qu'ils se dirigeaient vers La Calera, un versant de colline très fréquenté à cette heure de la journée. Elle se souvint tout à coup que dans la poche de sa veste il y avait des graines de cardamome, un tranquillisant naturel, et elle demanda à ses ravisseurs la permission d'en mâcher quelques-unes. L'homme assis à sa droite l'aida à les chercher dans sa poche et se rendit compte que Maruja tenait son sac à main serré contre elle. Il le lui prit mais lui laissa la cardamome. Maruja tenta de distinguer les traits de ses ravisseurs mais la lumière du crépuscule était trop faible. Elle s'aventura à leur demander : « Qui êtes-vous ? » L'homme au téléphone lui répondit d'une voix calme.

« Nous sommes du M-19. »

Une absurdité parce que le M-19 n'était plus illégal et faisait campagne pour obtenir des sièges à l'Assemblée constituante.

« Je ne plaisante pas, dit Maruja. Vous appartenez aux narcos ou à la guérilla ?

— A la guérilla, dit l'homme assis à l'avant. Mais ne vous en faites pas, on veut juste que vous portiez un message. Moi non plus je ne plaisante pas. »

Il s'interrompit pour donner l'ordre de plaquer Maruja au plancher car il y avait un barrage de police. « Pas un mot, pas un geste ou vous êtes morte », dit-il. Elle sentit le canon d'un revolver dans ses côtes. L'homme assis à côté d'elle ajouta :

« Nos armes sont braquées sur vous. »

Ce furent dix minutes qui durèrent une éternité. Maruja rassembla ses forces, mastiqua les graines de cardamome qui la rendirent peu à peu à elle-même, mais sa position l'empêchait de voir et d'entendre ce que les ravisseurs disaient au policier, s'ils dirent quoi que ce soit. Maruja eut plutôt l'impression qu'ils franchissaient le barrage sans qu'on les ait interrogés. L'intuition que la voiture se dirigeait vers La Calera devint une certitude et elle en fut soulagée. Elle n'essaya pas de se relever parce qu'elle était mieux ainsi que la tête plaquée sur les genoux du ravisseur. La voiture roula sur un chemin de terre et s'arrêta cinq minutes plus tard. L'homme au téléphone lui dit :

« On est arrivés. »

On ne voyait aucune lumière. Ils jetèrent une veste sur la tête de Maruja et la firent descendre courbée en deux, si bien qu'elle ne pouvait voir que ses pieds qui traversèrent d'abord un patio, puis ce qui était peut-être le dallage d'une cuisine. Quand ils ôtèrent la veste, elle se trouvait dans une petite pièce d'environ deux mètres sur trois avec un matelas posé à même le sol et une ampoule rouge au plafond. Un instant plus tard deux hommes entrèrent la tête recouverte d'une sorte de cagoule qui était en réalité une jambe de survêtement percée de trois trous pour les yeux et la bouche. A partir de cet instant et durant tout le temps que dura sa captivité, elle ne vit plus le visage d'aucun de ses ravisseurs.

Elle comprit que les deux hommes chargés de s'occuper d'elle n'étaient pas ceux qui l'avaient enlevée. Leurs vêtements étaient sales et usés, ils étaient plus petits que Maruja, qui mesure un mètre soixante-sept, mais les corps et les voix étaient jeunes. L'un d'eux ordonna à Maruja de lui remettre les bijoux qu'elle avait sur elle. « Pour des raisons de sécurité, dit-il. Ici vous n'avez rien à craindre. » Maruja leur remit la bague incrustée d'émeraudes et de diamants minuscules mais pas les boucles d'oreilles.

Beatriz, dans l'autre voiture, ne put deviner quelle direction ils avaient empruntée. Elle demeura tout le temps couchée sur le plancher et n'a pas gardé le souvenir d'une montée aussi rude que celle de La Calera ni d'un barrage de police, mais le taxi possédait peut-être un sauf-conduit pour qu'on ne le retarde pas. Pendant le voyage, le climat fut tendu à l'extrême en raison de la densité de la circulation. Le chauffeur criait dans le radiotéléphone qu'il ne pouvait pas passer par-dessus les autres voitures, demandait ce qu'il fallait faire, et rendait plus nerveux encore les hommes de la première voiture qui lui donnaient des indications contradictoires.

Beatriz, une jambe repliée, incommodée par la puanteur du blouson, était dans une position très inconfortable.

Elle voulut en changer. Son gardien pensa qu'elle tentait de se débattre et essaya de la calmer : « Là, mon trésor, là, tout va bien, lui répétait-il, on veut juste que tu transmettes un message. » Quand enfin il comprit qu'elle avait une jambe engourdie, il l'aida à l'étendre et se radoucit. Mais Beatriz ne pouvait pas supporter qu'il l'appelle « mon trésor » et cette familiarité l'humiliait plus encore que le remugle du blouson. Plus il cherchait à la calmer plus elle était persuadée qu'ils allaient la tuer. Elle calcula que le voyage n'avait pas duré plus de quarante minutes et qu'il devait être huit heures moins le quart quand ils arrivèrent à destination.

L'arrivée de Beatriz se déroula comme celle de Maruja. Les ravisseurs lui couvrirent la tête avec le blouson puant et la conduisirent par la main en la sommant de garder les yeux à terre. Elle vit ce qu'avait vu Maruja : le patio, le sol dallé, deux marches. Ils lui dirent de tourner à gauche et ôtèrent le blouson. Maruja était là, assise sur un tabouret, pâle sous la lumière rougeâtre de l'unique ampoule.

« Beatriz, dit Maruja, toi ! »

Elle ignorait ce qu'elle était devenue, et elle s'était dit qu'ils l'avaient libérée parce qu'elle n'avait rien à voir avec rien. En la voyant, elle éprouva une grande joie de ne pas être seule en même temps qu'une immense tristesse, car elle comprit que son amie aussi avait été enlevée. Elles s'étreignirent comme si elles ne s'étaient pas vues depuis très longtemps.

Il était impensable de pouvoir survivre dans une pièce aussi sordide, en dormant à deux sur ce matelas posé à même le sol et avec deux geôliers cagoulés qui ne les perdraient pas un seul instant de vue. C'est alors qu'un troisième homme, cagoulé lui aussi, élégant, robuste, mesurant au moins un mètre quatre-vingts et que les autres appelaient *el Doctor*, prit le commandement en se donnant des airs de grand chef. Beatriz dut leur remettre les bagues qu'elle portait à la main gauche mais ils ne s'aperçurent pas qu'elle avait autour du cou une chaîne avec une médaille de la Vierge.

« C'est une opération militaire et il ne vous arrivera rien », dit-il. Puis il répéta une fois encore : « Nous vous avons fait venir ici pour que vous portiez un communiqué au gouvernement.

— Qui nous a enlevées ? » demanda Maruja.

Il haussa les épaules. « Pour le moment, peu importe », dit-il. Il leva le pistolet-mitrailleur pour qu'elles le voient bien et poursuivit : « Mais je vous préviens. La mitraillette est munie d'un silencieux, personne ne sait ni où ni avec qui vous êtes. Au moindre cri ou au moindre mouvement vous disparaîtrez en un rien de temps et personne n'aura plus jamais de vos nouvelles. » Elles retinrent leur souffle, s'attendant au pire. Mais après les avoir menacées, le chef s'adressa à Beatriz :

« On va vous séparer. Vous, vous êtes libre. On vous a amenée ici par erreur. »

La réaction de Beatriz fut immédiate.

« Ah non, dit-elle sans la moindre hésitation. Je reste avec Maruja. »

Ce fut une décision si courageuse et généreuse que le ravisseur s'écria, étonné et sans une once d'ironie : « Vous avez une grande amie, doña Maruja. » Celle-ci, à la fois désemparée et reconnaissante, acquiesça et remercia Beatriz. *El Doctor* leur demanda alors si elles voulaient manger quelque chose. Toutes deux refusèrent. Elles réclamèrent de l'eau car elles avaient la bouche sèche. Ils leur apportèrent des sodas. Maruja, qui a la cigarette aux doigts, son briquet et son paquet à portée de la main, n'avait pas fumé de tout le trajet. Elle demanda qu'on lui rende son sac où se trouvaient les cigarettes. L'homme lui offrit une des siennes.

Toutes deux voulurent aller aux toilettes. Beatriz s'y rendit la première, la tête dissimulée sous un chiffon sale et déchiré. « Regardez par terre », ordonna une voix. Ils la conduisirent par la main le long d'un couloir étroit vers un minuscule cabinet en très mauvais état, percé d'une petite fenêtre triste qui donnait sur la nuit. La porte n'avait pas de verrou mais fermait bien, de sorte que Beatriz grimpa sur la cuvette et regarda au-dehors. Elle ne parvint à voir, sous la lumière d'un réverbère, qu'une petite maison de torchis avec un toit de tuiles rouges bordant un pré, comme il y en a tant sur les sentiers de la savane.

Quand elle revint dans la cellule, la situation avait changé du tout au tout. « On sait qui vous êtes et vous allez nous être utile vous aussi, dit *el Doctor*. On vous garde. » La radio venait d'annoncer l'enlèvement.

Le journaliste Eduardo Carrillo, chargé des informations concernant l'ordre public à Radio Cadena Nacional (RCN), était en train de demander un renseignement à un militaire, lorsque celui-ci entendit la nouvelle de l'enlèvement sur son radiotéléphone. Elle fut diffusée à l'instant même sans plus de détails. C'est ainsi que les ravisseurs apprirent l'identité de Beatriz.

La radio précisa ensuite que le chauffeur du taxi endommagé avait relevé deux numéros de la plaque d'immatriculation et fourni une description de la voiture qui l'avait embouti. La police avait reconstitué le trajet de la fuite. Si bien que la maison était un danger pour tout le monde et qu'ils devaient la quitter au plus vite. Pire encore : Beatriz et Maruja partiraient dans une autre voiture, enfermées dans le coffre.

Leurs supplices furent vaines car les ravisseurs semblaient aussi effrayés qu'elles et ne s'en cachaient pas. Maruja demanda un peu d'alcool de menthe, terrorisée à l'idée qu'elles pouvaient étouffer dans le coffre.

« Il n'y a pas d'alcool, dit *el Doctor*, d'un ton sec. Vous montez dans le coffre, un point c'est tout. Et vite. »

Les ravisseurs les obligèrent à ôter leurs chaussures et à les tenir à la main pour marcher jusqu'au garage. Là, ils les laissèrent tête nue et les installèrent dans la malle arrière en position fœtale, sans violence. L'espace était suffisant et bien aéré parce qu'ils avaient enlevé les bourrelets de caoutchouc. Avant de fermer le coffre, *el Doctor* lâcha sur elles une rafale de terreur.

« Il y a ici dix kilos de dynamite, dit-il. Au moindre cri, au moindre toussotement, au moindre gémissement, ou au moindre quoi que ce soit on descend de la voiture et on la fait sauter. »

A leur grand soulagement et à leur grande surprise, un courant d'air froid et pur, comme climatisé, passait par les interstices du coffre. La sensation d'étouffement disparut et seule demeura l'incertitude. Maruja adopta une attitude de repli que l'on aurait pu prendre pour de la résignation pure et simple, alors qu'en réalité c'était là sa formule magique pour résister à l'anxiété. Beatriz, en revanche, d'une insatiable curiosité, s'approcha intriguée de la fente lumineuse du coffre mal fermé. A travers la vitre arrière, elle put voir les passagers : deux hommes sur la banquette arrière et, à côté du chauffeur, une femme aux cheveux longs avec un enfant d'environ deux ans. Sur la droite, elle aperçut le grand panneau jaune et lumineux d'un centre commercial connu. Il ne faisait aucun doute qu'ils étaient sur l'autoroute du nord, bien éclairée sur plusieurs kilomètres, puis ce fut l'obscurité complète sur un chemin de terre où la voiture ralentit. Au bout d'une quinzaine de minutes, elle s'arrêta.

Ce devait être un autre barrage. On entendait un brouhaha de voix, des bruits de moteur, de la musique ; mais la nuit était si noire que Beatriz ne pouvait rien distinguer. Maruja réagit, en alerte, dans l'espoir qu'il s'agissait d'un poste de contrôle routier et que l'on inspecterait la malle arrière. Mais la voiture redémarra au bout de cinq minutes et grimpa une pente très raide. Cette fois elles ne purent reconnaître la route. Dix minutes plus tard, la voiture s'arrêta, les ravisseurs ouvrirent le coffre, leur recouvrirent la tête et, dans les ténèbres, les aidèrent à sortir de la malle arrière.

Elles firent ensemble un parcours semblable à celui qu'elles avaient fait dans l'autre maison, les yeux à terre, guidées par les ravisseurs le long d'un couloir, puis à travers une petite pièce où d'autres personnes parlaient à voix basse, jusqu'à une chambre. Avant de les faire entrer, *el Doctor* les prévint :

« Vous allez retrouver quelqu'un que vous connaissez. »

Dans la chambre, la lumière était si faible qu'il leur fallut un bon moment pour qu'elles s'y habituent. C'était un espace de deux mètres sur trois, pas plus, avec une fenêtre condamnée. Assis sur un matelas d'une place posé à même le sol, deux hommes, cagoulés comme ceux qu'elles avaient laissés dans l'autre maison, regardaient la télévision. Tout était lugubre et oppressant. Dans l'angle à gauche de la porte, sur un étroit lit de fer, était assise une femme fantomatique, la chevelure blanche et terne, les yeux égarés, qui n'avait plus que la peau sur les os. Elle ne semblait pas les avoir entendus entrer, ne regardait rien, ne respirait pas. Un cadavre n'eût pas semblé plus mort. Maruja surmonta le choc :

« Marina », murmura-t-elle.

C'était Marina Montoya, enlevée depuis presque deux mois et que l'on donnait pour morte. Don Germán Montoya, son frère, avait été le très puissant secrétaire général de la Présidence de la République sous le gouvernement de Virgilio Barco. Un de ses fils, Alvaro Diego, directeur d'une importante compagnie d'assurances, avait été enlevé par les barons de la drogue qui entendaient ainsi faire pression sur le gouvernement lors d'une négociation. Selon la version la plus répandue mais jamais confirmée, il avait été libéré quelque temps après au terme d'accords secrets que le gouvernement n'avait jamais respectés. L'enlèvement de sa tante Marina, neuf mois plus tard, ne pouvait être interprété que comme un geste d'odieuses représailles, car elle n'avait plus alors aucune valeur d'échange.

Barco avait quitté le gouvernement et Germán Montoya était ambassadeur de Colombie au Canada. Si bien que tout le monde pensait qu'ils n'avaient enlevé Marina que pour la supprimer.

Après le scandale initial de l'enlèvement, qui avait mobilisé l'opinion publique nationale et internationale, le nom de Marina avait disparu des journaux. Maruja et Beatriz, qui la connaissaient bien, eurent du mal à la reconnaître. Qu'on les eût conduites dans la pièce où elle était séquestrée signifia d'emblée pour toutes les deux qu'elles se trouvaient dans la cellule des condamnés à mort. Marina demeurait de marbre. Maruja prit sa main dans les siennes et frissonna d'horreur. La main de Marina n'était ni froide ni chaude : elle ne transmettait rien.

L'indicatif du journal télévisé les arracha à leur stupeur. Il était neuf heures et demie du soir ce 7 novembre 1990. Une demi-heure plus tôt, le journaliste du *Noticiero Nacional* Hernán Estupiñán avait appris la nouvelle par un de ses amis qui travaillait à Focine, et il s'était rendu sur les lieux de l'enlèvement. Il n'était pas encore rentré à son bureau avec tous les détails de l'événement que le directeur de la rédaction et le présentateur Javier Ayala ouvraient le journal, avant même d'annoncer les titres, par cette information de dernière minute : « *La présidente-directrice générale de Focine, doña Maruja Pachón de Villamizar, épouse de l'homme politique Alberto Villamizar, et Beatriz Villamizar de Guerrero, la sœur de ce dernier, ont été enlevées ce soir à dix-neuf heures trente.* » L'objectif semblait clair : Maruja était la sœur de Gloria Pachón, veuve de Luis Carlos Galán, le jeune journaliste qui en 1979 avait fondé le Nouveau Libéralisme, un mouvement ayant pour but de moderniser et de rénover les mœurs politiques corrompues du parti libéral. Nul ne s'était opposé avec plus d'énergie au trafic de drogue et nul ne s'était montré plus favorable à l'extradition des parrains colombiens.

## Chapitre 2

Le premier membre de la famille qui apprit l'enlèvement fut le docteur Pedro Guerrero, le mari de Beatriz. Il se trouvait non loin du lieu des événements, dans un service de psychothérapie et sexologie, en train de donner une conférence sur l'évolution des espèces animales, depuis les fonctions primaires des unicellulaires jusqu'aux émotions et aux affects humains. Il fut interrompu par l'appel téléphonique d'un officier de police qui lui demanda sur un ton très professionnel s'il connaissait Beatriz Villamizar. « Bien sûr, répondit le docteur Guerrero. C'est ma femme. » L'officier de police observa un court silence et dit sur un ton plus humain : « Bon, ne vous affolez pas. » Le docteur Guerrero n'avait nul besoin d'être un brillant psychiatre pour comprendre que cette phrase était le préambule à quelque chose de très grave.

« Que s'est-il passé ? demanda-t-il.

— Le chauffeur d'une voiture a été assassiné au coin de la carrera Quinta et de la rue 85, dit l'officier. Il conduisait une Renault 21 de couleur gris clair, immatriculée à

Bogota sous le numéro PS 2034. Ce numéro vous dit
quelque chose ?
— Non rien, dit le docteur Guerrero, impatient.
Qu'est-il arrivé à Beatriz ?
— Elle a disparu, c'est tout ce que nous pouvons vous
dire pour l'instant. Nous avons trouvé son sac à main sur
la banquette arrière, et un carnet où il est écrit de vous
appeler en cas d'urgence. »
Il n'y avait aucun doute. Le docteur Guerrero avait lui-
même conseillé à sa femme d'inscrire cette mention dans
son agenda. Il ne connaissait pas le numéro des plaques
d'immatriculation, mais la description correspondait à la
voiture de Maruja. L'endroit où le crime avait été commis
était à deux pas de son domicile, où Beatriz devait passer
avant de rentrer chez elle. Le docteur Guerrero interrompit sa conférence en donnant le premier prétexte qui lui
vint à l'esprit. Malgré les embouteillages, son ami l'uro-
logue Alonso Acuña ne mit pas plus d'un quart d'heure
pour le conduire sur les lieux de l'agression.

Alberto Villamizar, époux de Maruja Pachón et frère de
Beatriz, apprit la nouvelle par un appel intérieur de son
concierge, à deux cents mètres à peine du lieu de l'enlèvement. Il était rentré chez lui à seize heures après avoir
passé la journée à *El Tiempo* où il avait travaillé à la campagne pour les élections à l'Assemblée constituante qui
devaient avoir lieu au mois de décembre, et il s'était
endormi tout habillé, recru de fatigue. Son fils Andrés
arriva peu avant dix-neuf heures avec son ami d'enfance,
Gabriel, le fils de Beatriz. Andrés entra dans la chambre à
coucher pensant y trouver sa mère, et réveilla Alberto.
Celui-ci, surpris qu'il fût déjà nuit, alluma et constata, à
moitié endormi, qu'il était presque dix-neuf heures.
Maruja n'était pas rentrée.

C'était un retard insolite. Beatriz et Maruja arrivaient
toujours plus tôt, même quand la circulation était très difficile, et elles ne manquaient jamais de téléphoner en cas

d'imprévu. De plus, Maruja et Alberto étaient convenus de se retrouver ce soir-là à leur domicile vers dix-sept heures. Inquiet, Alberto demanda à Andrés de téléphoner à Focine, où le standardiste répondit que Maruja et Beatriz étaient parties avec un léger retard. Elles allaient arriver d'un moment à l'autre. Villamizar était dans la cuisine en train de boire un verre d'eau quand le téléphone sonna. Andrés décrocha. Au ton de sa voix, Alberto comprit que c'était un appel alarmant. En effet, au coin de la rue, il se passait quelque chose autour d'une voiture qui ressemblait à celle de Maruja. Le concierge n'avait que des informations confuses.

Alberto demanda à Andrés de rester à la maison pour le cas où il y aurait un autre appel, et sortit en toute hâte, suivi de Gabriel. Ils n'eurent pas la patience d'attendre l'ascenseur, qui était occupé, et dévalèrent les escaliers quatre à quatre. Le concierge cria :

« Il paraît qu'il y a un mort. »

La rue semblait en fête. Les voisins étaient aux fenêtres, et les automobiles, bloquées sur le boulevard Circunvalar, faisaient un vacarme épouvantable. Au coin de la rue, une voiture de police tentait d'empêcher les curieux de s'approcher du véhicule abandonné. Villamizar s'étonna que le docteur Guerrero fût arrivé avant lui.

C'était bien, en effet, la voiture de Maruja. Une demi-heure au moins s'était écoulée depuis l'enlèvement dont il ne restait que quelques traces : la vitre brisée par une balle du côté du chauffeur, la tache de sang et les éclats de verre sur le siège, l'auréole humide sur la chaussée après qu'on eut évacué le chauffeur encore en vie. Le reste était propre et en ordre.

L'officier de police, efficace et courtois, rapporta à Villamizar les détails fournis par les rares témoins. Fragmentaires et imprécis, parfois même contradictoires, ils permettaient cependant de conclure à un enlèvement sans autre blessé que le chauffeur. Alberto voulut savoir si celui-ci était parvenu à donner des informations indiquant quelque piste. Mais on avait trouvé le chauffeur dans le coma et nul ne savait où on l'avait transporté.

Le docteur Guerrero était comme assommé par le choc et ne semblait pas mesurer la gravité du drame. En arrivant, il avait reconnu le sac à main de Beatriz, sa trousse à maquillage, l'agenda, un porte-cartes en cuir avec ses papiers d'identité, son porte-monnaie qui contenait douze mille pesos et une carte de crédit, et il en avait déduit que seule sa femme avait été enlevée.

« Tu vois bien que le sac de Maruja n'est pas là, dit-il à son beau-frère. Peut-être qu'elle n'avait pas pris la voiture. »

Ce pouvait être, de sa part, une subtilité professionnelle pour le rassurer tandis qu'ils reprenaient leurs esprits. Mais Alberto voyait plus loin. Il voulait avoir la preuve que les traces de sang dans la voiture et sur la chaussée étaient bien celles du chauffeur, et que ni sa femme ni sa sœur n'étaient blessées. Le reste lui semblait l'évidence même et s'apparentait à un sentiment de culpabilité pour n'avoir jamais envisagé la possibilité d'un enlèvement. A présent, il avait la conviction absolue qu'il s'agissait d'une action dirigée contre lui, et savait qui en était l'auteur et pourquoi.

Il venait de quitter les lieux quand la radio interrompit ses émissions pour annoncer que le chauffeur de Maruja avait succombé à ses blessures dans la voiture particulière qui le transportait à la Clinique du Country Club. Averti d'une attaque à main armée, Guillermo Franco, chroniqueur judiciaire à Caracol Radio, arriva peu après, mais il ne vit que la voiture abandonnée. Il ramassa sur le siège du chauffeur quelques éclats de verre et du papier à cigarette taché de sang, et les mit dans une petite boîte transparente portant un numéro et une date. Le soir, la petite boîte vint enrichir la collection de reliques des chroniques judiciaires que Guillermo Franco avait constituée tout au long de ses années de métier.

L'officier de police profita de ce qu'il raccompagnait Villamizar chez lui pour lui poser quelques questions et obtenir ainsi des renseignements utiles à l'enquête, mais les réponses de Villamizar étaient celles d'un homme qui ne pensait à rien d'autre qu'aux jours difficiles et interminables qui l'attendaient. Tout d'abord il fit part à Andrés de sa décision, puis il lui demanda de recevoir les gens qui commençaient à affluer pendant qu'il passerait les coups de fil les plus urgents et mettrait de l'ordre dans ses idées. Puis il s'enferma dans la chambre à coucher et appela le palais présidentiel.

Alberto Villamizar entretenait d'excellentes relations politiques et personnelles avec le Président César Gaviria qui le tenait pour un homme impulsif mais cordial, capable de garder son sang-froid dans les circonstances les plus graves. Si bien que le Président fut impressionné par l'émotion violente et la sécheresse avec lesquelles Villamizar l'informa que sa femme et sa sœur avaient été enlevées ainsi que par sa conclusion sans appel :

« Vous répondez de leur vie. »

César Gaviria, qui peut être abrupt à l'extrême quand il croit devoir l'être, répliqua aussitôt :

« Ecoutez-moi bien, Alberto, tout ce qui doit être fait sera fait. »

Puis il déclara avec la même froideur qu'il allait sans attendre donner l'ordre à son conseiller à la sécurité, Rafael Pardo Rueda, de s'occuper de l'affaire et de le tenir informé en permanence de la situation. Le cours des événements allait démontrer que cette décision avait été pertinente.

Les journalistes affluaient. Villamizar savait que les ravisseurs autorisaient parfois leurs victimes à écouter la radio et la télévision, et il improvisa un message pour exiger que l'on respecte Maruja et Beatriz, deux femmes exemplaires qui n'étaient en rien impliquées dans la guerre avec les cartels. Il déclara qu'à partir de cet instant, il consacrerait tout son temps et toute son énergie à leur libération.

Une des premières personnes à se rendre chez Villamizar fut le général Miguel Maza Márquez, chef des services de renseignement colombiens, le DAS, chargé de conduire l'enquête. Le général avait été nommé à ce poste sept ans auparavant, sous le gouvernement de Belisario Betancur. Il l'avait conservé sous la présidence de Virgilio Barco et venait d'être confirmé dans ses fonctions par César Gaviria. Une durée sans précédent à un poste où il est presque impossible de contenter tout le monde, surtout en ces difficiles temps de guerre contre les cartels. De taille moyenne, dur comme de l'acier trempé, avec le cou de taureau de sa race guerrière, le général Maza est un homme qui aime les longs silences, taciturne mais capable aussi de se livrer à des confidences entre amis : un habitant de la Guajira cent pour cent. Dans son métier, pourtant, il ignorait les nuances. Il avait fait de la guerre contre les barons de la drogue une affaire personnelle, un bras de fer mortel avec Pablo Escobar. Ce dernier le lui rendait bien. En effet, Escobar avait utilisé deux mille six cents kilos de dynamite dans deux attentats successifs contre lui, la plus haute distinction dont il ait jamais gratifié un ennemi. Maza Márquez avait réchappé sain et sauf à l'un comme à l'autre, ce qu'il attribuait à la protection de l'Enfant Jésus. Escobar, lui aussi, attribuait à l'Enfant Jésus le miracle que Maza Márquez n'ait pas réussi à l'abattre.

Le Président Gaviria avait pour politique de ne jamais autoriser les forces armées à intervenir sans l'accord préalable de la famille des otages. Mais dans les milieux politiques on parlait beaucoup des divergences de vues entre le Président et le général Maza. Villamizar prit les devants.

« Je vous préviens que je suis opposé à toute tentative

de libération par la force, dit-il au général Maza. Donnez-moi l'assurance que vous n'en ferez rien, et que si vous envisagez le contraire, je serai auparavant consulté. »

Maza Márquez acquiesça. Après un long échange d'informations, il donna l'ordre de mettre le téléphone de Villamizar sur écoute au cas où les ravisseurs tenteraient de prendre contact avec lui pendant les prochaines heures.

Le soir même, Rafael Pardo eut un premier entretien avec Villamizar au cours duquel il l'informa que le Président l'avait désigné comme médiateur entre le gouvernement et la famille, et qu'il était la seule personne autorisée à faire des déclarations officielles sur l'affaire. Tous deux savaient que l'enlèvement de Maruja était un coup de poker des cartels de la drogue pour faire pression sur le gouvernement à travers sa sœur, Gloria Pachón, et ils décidèrent d'agir en conséquence sans entrer dans de plus amples considérations.

La Colombie n'avait pris conscience de son importance dans le trafic mondial de la drogue que le jour où les narco-trafiquants avaient fait irruption sur la scène politique par la porte de derrière, en manifestant d'abord une capacité de corruption et de subornation chaque jour grandissante, puis des aspirations politiques propres. En 1982, Pablo Escobar avait tenté de se faire une place au sein de la formation de Luis Carlos Galán, mais celui-ci l'avait rayé de ses listes et dénoncé publiquement devant cinq mille personnes au cours d'un meeting à Medellín. Peu après, Escobar s'était fait élire comme suppléant à la Chambre des députés sur une liste marginale du parti libéral, mais il n'avait pas oublié l'offense et avait déclaré la guerre totale à l'Etat et en particulier au Nouveau Libéralisme. Rodrigo Lara Bonilla, représentant de ce mouvement et ministre de la Justice sous le gouvernement Betancur, fut abattu par un homme de main à moto dans une rue de Bogota. Son successeur, Enrique Parejo, fut traqué jusqu'à Budapest par un tueur à gages qui lui tira en plein visage une balle qui ne fut pas mortelle. Le 18 août 1989, Luis Carlos Galán fut fauché par une rafale de pistolet-mitrailleur sur la place de l'hôtel de ville de Soacha, à dix kilomètres du Palais présidentiel, alors que dix-huit gardes du corps armés jusqu'aux dents assuraient sa sécurité.

La cause principale de cette guerre était la terreur qu'éprouvaient les narco-trafiquants à l'idée d'être extradés aux Etats-Unis, où ils pouvaient être inculpés pour des délits commis sur ce territoire et encourir des peines extraordinaires. Ainsi, Carlos Lehder, un trafiquant colombien extradé en 1987, avait-il été condamné à une peine de perpétuité assortie de cent trente ans de réclusion par un tribunal américain. Cette procédure était applicable en vertu d'un accord signé sous le gouvernement du Président Julio César Turbay, qui autorisait pour la première fois l'extradition de narco-trafiquants colombiens. Pour la première fois aussi, le Président Betancur l'avait appliqué en décrétant, après l'assassinat de Rodrigo Lara Bonilla, une vague d'extraditions sommaires. Terrorisés par le rôle de gendarme que les Etats-Unis jouaient dans le monde entier, les narco-trafiquants comprirent qu'ils n'étaient en lieu sûr qu'en Colombie et finirent par être des fugitifs et des clandestins dans leur propre pays. Pour comble d'ironie, s'ils voulaient sauver leur peau ils n'avaient d'autre alternative que de se placer sous la protection de l'Etat. De sorte qu'ils tentèrent de l'obtenir, de gré ou de force, en pratiquant un terrorisme aveugle et sans pitié, et en offrant dans le même temps de se rendre à la justice et de rapatrier ou d'investir leurs capitaux en Colombie. Leur seule condition était de ne pas être extradés. Ils agissaient comme un véritable contre-pouvoir occulte, avec un label, « Les Extradables », et une devise caractéristique d'Escobar : « Mieux vaut une tombe en Colombie qu'un cachot aux Etats-Unis. »

Betancur poursuivit la guerre. Son successeur, Virgilio

Barco, l'intensifia. Telle était la situation en 1989 quand César Gaviria posa sa candidature à la Présidence de la République après l'assassinat de Luis Carlos Galán dont il avait dirigé la campagne électorale. Pendant la sienne, il défendit l'extradition comme un instrument indispensable pour renforcer l'action de la justice, et présenta une stratégie nouvelle contre les cartels. L'idée était simple : ceux qui se livreraient à la justice et avoueraient tout ou partie de leurs crimes obtiendraient en échange de ne pas être extradés. Pourtant, la formulation qui figurait dans le décret original ne satisfaisait pas les Extradables. Escobar exigea alors, par l'intermédiaire de ses avocats, que la non-extradition soit inconditionnelle et sans obligation d'aveu ou de dénonciation, que les familles et les acolytes de ses hommes bénéficient de toutes les garanties de protection, et que les prisons soient placées sous haute sécurité. En maniant le terrorisme d'une part et les pourparlers de l'autre, il déclencha pour parvenir à ses fins une vague d'enlèvements, espérant ainsi faire plier le gouvernement. En deux mois, huit journalistes furent kidnappés. De sorte que l'enlèvement de Maruja et de Beatriz ne s'expliquait que comme un pas de plus dans cette escalade fatidique.

C'est du moins ce que se dit Villamizar lorsqu'il vit la voiture criblée de balles. Plus tard, au milieu de la foule qui se bousculait chez lui, il eut tout à coup la certitude absolue que la vie de son épouse et celle de sa sœur dépendaient de ce qu'il pourrait faire pour les libérer. Car cette fois plus que jamais la guerre lui apparaissait comme un duel qu'il était impossible d'éviter.

Villamizar, de fait, était un survivant. En 1985, en tant que député, il avait obtenu l'adoption par le Parlement du statut national sur les stupéfiants, quand il n'existait pas encore de législation ordinaire sur le trafic de drogue mais de simples décrets d'état de siège. Peu après, Luis Carlos Galán l'avait chargé d'empêcher l'approbation d'un projet de loi que des parlementaires liés à Escobar avaient présenté devant la Chambre des députés dans le but de retirer le soutien du pouvoir législatif au traité d'extradition en vigueur. Le 22 octobre 1986, deux tueurs en survêtement de sport, qui feignaient de faire de la gymnastique devant chez lui, tirèrent deux rafales de pistolet-mitrailleur alors qu'il montait dans sa voiture. Il en réchappa indemne par miracle. La police tua l'un des assaillants et arrêta ses complices qui furent remis en liberté quelques années plus tard. Personne ne fut tenu pour responsable de l'attentat, mais personne non plus ne douta de l'identité de celui qui l'avait commandité.

Convaincu par Galán lui-même de s'éloigner de Colombie pendant un certain temps, Villamizar accepta le poste d'ambassadeur en Indonésie. Un an après son installation, les services de sécurité des Etats-Unis à Singapour arrêtèrent un tueur colombien qui se rendait à Djakarta. On ne sut jamais avec certitude s'il avait pour mission d'assassiner Villamizar, mais on put établir qu'un faux certificat de décès le donnait pour mort aux Etats-Unis.

Le soir de l'enlèvement de Maruja et de Beatriz, l'appartement des Villamizar était plein à craquer : hommes politiques, membres du gouvernement, familles des deux femmes kidnappées. Aseneth Velásquez, marchande d'art et grande amie des Villamizar, qui vivait à l'étage au-dessus, s'était improvisée maîtresse de maison et il ne manquait que de la musique pour que tout fût pareil à n'importe quel vendredi soir. C'était inévitable : en Colombie, toute réunion de plus de six personnes, quels qu'en soient l'objet et l'heure, est condamnée à se transformer en fête.

Toute la famille dispersée aux quatre coins du monde avait été prévenue. Alexandra, la fille que Maruja avait eue d'un premier lit, achevait de dîner dans un restaurant de Maicao, dans la lointaine péninsule de la Guajira, quand Javier Ayala lui apprit la nouvelle. Elle était directrice de la rédaction d'*Enfoque*, une émission de télévision très populaire diffusée le mercredi soir, et elle était arrivée à Maicao la veille pour réaliser une série d'entretiens. Elle courut jusqu'à l'hôtel pour appeler sa famille mais toutes les lignes de la maison étaient occupées. Le mercredi précédent, par une heureuse coïncidence, elle avait interviewé un psychiatre spécialisé dans le suivi des troubles provoqués par les quartiers de haute sécurité des prisons. Dès l'instant où elle apprit la nouvelle, elle comprit que cette thérapie pouvait être utile aux otages, et elle rentra à Bogota pour tenter de l'appliquer dès l'émission suivante.

Gloria Pachón, la sœur de Maruja, à l'époque ambassadrice de Colombie auprès de l'Unesco, fut réveillée à deux heures du matin par ces mots de Villamizar : « J'ai une sale nouvelle à t'annoncer. » Juana, la fille de Maruja qui était en vacances à Paris et dormait dans la chambre voisine, fut aussitôt informée. Nicolas, son fils âgé de vingt-sept ans, compositeur de musique et instrumentiste, fut réveillé à New York.

A deux heures du matin, le docteur Guerrero se rendit avec son fils Gabriel chez le député Diego Montaña Cuéllar, qui était président de l'Union patriotique, un mouvement issu du parti communiste, et membre du groupe des Notables, instance constituée en décembre 1989 pour servir d'intermédiaire entre les ravisseurs d'Alvaro Diego Montoya et le gouvernement. Ils le trouvèrent éveillé et, surtout, déprimé. Il avait appris l'événement aux informations du soir, et la nouvelle l'avait démoralisé. Guerrero ne voulait qu'une chose : lui demander de servir de médiateur pour proposer à Pablo Escobar de l'accepter comme otage à la place de Beatriz. Montaña Cuéllar lui donna une réponse caractéristique de sa façon d'être :

« Tu déconnes, Pedro. Dans ce pays, il n'y a plus rien à faire. »

Le docteur Guerrero rentra chez lui au petit jour mais ne s'efforça même pas de trouver le sommeil. L'anxiété le tenait éveillé. Peu avant sept heures, il reçut un coup de téléphone de Yamid Amat, le directeur de l'information de Caracol Radio, et répondit, le moral plus bas que terre, par un défi téméraire lancé aux ravisseurs.

A six heures et demie, Villamizar, qui n'avait pas fermé l'œil, prit une douche, se changea et se rendit à un rendez-vous avec le ministre de la Justice, Jaime Giraldo Angel, qui le mit au courant de tout ce qui concernait la guerre contre le terrorisme des cartels. Villamizar sortit de l'entretien convaincu que le combat serait long et difficile, mais satisfait des deux heures consacrées à faire le point sur le sujet, car il ne suivait plus les affaires de trafic de drogue depuis longtemps.

Il ne prit pas de petit déjeuner et ne déjeuna pas davantage. Dans l'après-midi, après plusieurs démarches vaines, il se rendit lui aussi chez Diego Montaña Cuéllar, qui l'étonna par sa franchise. « Ne te fais pas d'illusion, ça va être long, dit-il. Au moins jusqu'en juin, après les élections à l'Assemblée constituante, parce que Maruja et Beatriz serviront de bouclier à Escobar contre l'extradition. » Beaucoup, parmi leurs amis, en voulaient à Montaña Cuéllar parce qu'il ne cachait pas son pessimisme à la presse alors qu'il faisait partie du groupe des Notables.

« De toute façon je vais larguer cette saloperie, dit-il à Villamizar dans son langage fleuri. On nous fait jouer les cons. »

Quand il rentra chez lui après une journée sans avenir, Villamizar se sentit seul et harassé. Les deux whiskys secs qu'il avala coup sur coup l'assommèrent. A dix-huit heures, son fils Andrés, qui dorénavant serait son seul compagnon, avait réussi à lui faire prendre son petit déjeuner quand le Président de la République téléphona.

« C'est le moment, Alberto, lui dit-il de son ton le plus aimable. Venez, j'ai à vous parler. »

Le Président Gaviria le reçut à dix-neuf heures dans la bibliothèque des appartements privés du Palais présidentiel, où il habitait depuis trois mois avec Ana Milena

Muñoz, son épouse, et leurs deux enfants, Simón et María Paz, âgés de onze et huit ans. La bibliothèque était un refuge étroit mais accueillant, avec un jardin d'hiver plein de fleurs somptueuses, des boiseries et des étagères où s'alignaient publications officielles et photos de famille, et une chaîne qui lui permettait d'écouter ses disques favoris : les Beatles, Jethro Tull, Juan Luis Guerra, Beethoven, Bach. Après les épuisantes séances de travail, c'était là que le Président recevait en audiences privées ou se détendait en fin de journée avec ses amis, un verre de whisky à la main.

Gaviria accueillit Villamizar avec affection et lui parla sur un ton solidaire et compréhensif, sans pour autant se départir de sa franchise un peu rude. Le premier moment de choc surmonté, Villamizar était plus calme et en tout cas assez informé pour savoir que le Président ne pouvait pas grand-chose pour lui. L'un et l'autre étaient certains que l'enlèvement de Maruja et de Beatriz obéissait à des motifs politiques, et ils n'avaient nul besoin d'être devins pour savoir que l'auteur n'était autre que Pablo Escobar. Le principal n'était pas tant de le savoir, dit Gaviria, mais d'obtenir qu'Escobar le revendique, un premier pas important pour la sécurité des deux otages.

Pour Villamizar il était clair que le Président ne ferait rien pour l'aider hors des limites de la Constitution ou de la loi, pas plus qu'il ne suspendrait les opérations militaires destinées à mettre la main sur les ravisseurs, mais il savait aussi qu'il n'entreprendrait aucune opération de sauvetage sans l'autorisation des familles.

« Telle est notre politique », dit le Président.

Il n'y avait rien à ajouter. Quand Villamizar quitta le Palais présidentiel, vingt-quatre heures s'étaient écoulées depuis l'enlèvement. Il affrontait son destin à l'aveugle mais savait qu'il pouvait compter sur la solidarité du gouvernement pour négocier à titre privé la libération des otages, et que Rafael Pardo était à sa disposition.

Pourtant, il croyait avant tout au réalisme cru de Diego Montaña Cuéllar.

Le premier enlèvement de cette vague sans précédent avait eu lieu le 30 août, trois semaines à peine après l'investiture du Président Gaviria, et la victime avait été Diana Turbay, directrice de rédaction du journal télévisé *Criptón* et de la revue *Hoy x Hoy* de Bogota, la fille de Julio César Turbay, ancien Président de la République et chef du parti libéral. Quatre membres de son équipe avaient été enlevés en même temps qu'elle : la responsable d'édition du journal télévisé Azucena Liévano, le rédacteur en chef Juan Vitta, les cameramen Richard Becerra et Orlando Acevedo, et Hero Buss, journaliste allemand accrédité en Colombie. Six personnes au total.

Le piège tendu par les ravisseurs avait consisté à faire croire à l'équipe que le père Manuel Pérez, commandant en chef de l'ELN, leur accorderait un entretien. Aucune des rares personnes au courant de cette invitation n'approuvait Diana de l'avoir acceptée. Parmi celles-ci se trouvaient le ministre de la Défense, le général Oscar Botero, et Rafael Pardo, à qui le Président de la République n'avait pas caché les risques d'une telle expédition afin qu'il en fît part à la famille Turbay. Cependant, c'était bien mal connaître Diana que de la croire capable de renoncer à un tel voyage. En réalité, l'entretien avec Manuel Pérez l'intéressait moins que l'ouverture d'un dialogue de paix. Plusieurs années auparavant, elle avait organisé dans le secret le plus absolu une expédition à dos de mule pour s'entretenir avec les groupes armés d'autodéfense sur leur propre territoire, tentative isolée de comprendre ce mouvement d'un point de vue politique et journalistique. L'affaire, à l'époque, n'avait fait aucun bruit et les résultats de l'entrevue ne furent pas rendus publics. Plus tard, en dépit de ses vieilles querelles avec le M-19, elle se lia d'amitié avec le commandant Carlos Pizarro à qui elle rendit visite dans son quartier général pour chercher des solutions de paix. Il était clair que ceux qui avaient planifié son enlèvement connaissaient ces antécédents, comme il était clair qu'à l'époque rien ni personne n'aurait pu empêcher Diana Turbay d'aller s'entretenir avec le père Pérez qui détenait une des clés de la paix.

Plusieurs obstacles de dernière minute avaient annulé un rendez-vous semblable un an auparavant, mais ce 30 août, à cinq heures de l'après-midi, Diana et ses confrères, sans prévenir personne, montèrent dans une camionnette bringuebalante avec deux hommes jeunes et une jeune fille qui se faisaient passer pour des envoyés de l'ELN. Le voyage depuis Bogota fut l'imitation parfaite de ce qu'il aurait été en réalité s'il avait été organisé par la guérilla. Les membres de l'escorte devaient faire ou avoir fait partie d'un mouvement armé, ou alors ils avaient très bien appris leur leçon, car ils ne commirent aucune erreur qui aurait pu les trahir, ni au cours des conversations ni dans leurs faits et gestes.

Le premier jour ils atteignirent Honda, à cent quarante-six kilomètres à l'ouest de Bogota. Là d'autres hommes les attendaient avec deux véhicules plus confortables. Après avoir dîné dans une auberge de muletiers, ils prirent un chemin impossible à identifier et dangereux, sous une forte averse, et au petit jour ils durent attendre que l'on dégage le passage, obstrué par un éboulement. Enfin, fatigués par le manque de sommeil, ils arrivèrent à onze heures dans un endroit où les attendait une patrouille avec cinq chevaux. Diana et Azucena firent quatre heures de route à cheval, suivies de leurs confrères à pied, d'abord par une montagne à la végétation touffue, puis par une vallée idyllique où, çà et là, de paisibles maisonnettes se dressaient au milieu des plantations de caféiers. Les gens s'approchaient pour les voir, certains reconnaissaient Diana et la saluaient du haut des terrasses. Juan Vitta calcula que cinq cents personnes au moins les avaient vus

passer sur la route. Dans l'après-midi, ils firent halte dans
une propriété déserte où un jeune homme qui avait l'air
d'un étudiant se présenta comme un membre de l'ELN,
mais ne leur fournit aucun renseignement sur leur destination. Ils étaient déconcertés. A moins de cinq cents
mètres on apercevait un tronçon d'autoroute et au loin une
ville qui sans aucun doute était Medellín. C'est-à-dire un
territoire qui n'était pas sous le contrôle de l'ELN. A
moins, songea Hero Buss, que ce ne fût un coup magistral
du père Pérez pour organiser une rencontre là où personne
ne soupçonnerait qu'elle pût se tenir.

Deux heures plus tard, en effet, ils étaient à Copacabana, une commune dévorée par la poussée démogra-
phique de Medellín. Ils mirent pied à terre devant une
petite maison aux murs chaulés et au toit recouvert de
tuiles moussues, comme incrustée dans une pente raide et
sauvage. A l'intérieur, il y avait une grande pièce et de
chaque côté une petite chambre. Dans l'une il y avait trois
lits à deux places où les guides s'installèrent. Dans l'autre,
un lit à deux places et deux lits gigognes, où ils firent
entrer les hommes de l'équipe. Ils réservèrent à Diana et
Azucena une troisième chambre au fond, la meilleure, où
certaines traces laissaient penser que des femmes l'avaient
occupée. La lumière était allumée alors qu'il faisait grand
jour, parce que des planches de bois condamnaient toutes
les fenêtres.

Au bout de trois heures d'attente, un homme masqué
vint leur souhaiter la bienvenue au nom du commandement et leur annonça que le père Pérez les attendait mais
que pour des raisons de sécurité ils devaient d'abord
conduire les femmes. Pour la première fois, Diana donna
des signes d'inquiétude. Hero Buss lui conseilla, en aparté,
de n'accepter sous aucun prétexte la division du groupe.
Comme elle se doutait qu'elle ne pourrait l'éviter, Diana
lui tendit à la dérobée sa carte d'identité, sans avoir le
temps de lui expliquer pourquoi, mais il comprit qu'il

pourrait s'en servir comme preuve au cas où ils la feraient disparaître.

Ils emmenèrent les deux femmes et Juan Vitta avant le lever du jour. Hero Buss, Richard Becerra et Orlando Acevedo demeurèrent dans la chambre où se trouvaient le lit à deux places et les lits gigognes, gardés par cinq hommes. Leurs craintes d'être tombés dans un piège augmentaient d'heure en heure. Le soir, alors qu'ils jouaient aux cartes, Hero Buss remarqua qu'un des geôliers portait une montre de luxe. « Alors comme ça l'ELN se paye des Rolex », dit-il sur un ton moqueur. Mais son adversaire ne réagit pas. Un autre détail qui troubla Hero Buss fut que leurs armes n'étaient pas celles qu'utilisait la guérilla mais plutôt celles employées pour des opérations urbaines. Orlando, qui parlait peu et se considérait comme le parent pauvre du groupe, n'eut pas besoin d'autant d'indices pour entrevoir la vérité, car il avait le sentiment insupportable qu'il se passait quelque chose de grave.

Le premier transfert eut lieu dans la nuit du 10 septembre, après que les gardes furent entrés aux cris de : « *Llegó la ley* », « la police arrive ». Au bout de deux heures de marche forcée dans la forêt et par une terrible tempête, ils arrivèrent à la maison où se trouvaient déjà Diana, Azucena et Juan Vitta. Elle était spacieuse et bien aménagée, avec un grand téléviseur et sans rien qui puisse éveiller les soupçons. Mais aucun d'eux ne se douta que, cette nuit-là, ils avaient failli être libérés par le plus grand des hasards. Ce ne fut qu'une halte de quelques heures dont ils profitèrent pour échanger des idées et des projets. Diana ouvrit son cœur à Hero Buss. Elle lui dit combien elle s'en voulait de les avoir conduits dans ce piège sans issue, et avoua qu'elle s'efforçait de repousser les images de sa famille, son mari, ses enfants, ses parents, qui se bousculaient sans trêve dans sa mémoire. Mais elle obtenait tout le contraire.

Le lendemain soir, tandis qu'ils la conduisaient à pied

vers une troisième maison avec Azucena et Juan Vitta, Diana comprit que rien de ce qu'on leur avait raconté n'était vrai. Le soir, un gardien qu'ils n'avaient encore jamais vu la tira de doute.

« Vous n'êtes pas avec l'ELN mais aux mains des Extradables, leur dit-il. Tenez-vous tranquilles, vous allez être les témoins d'un événement historique. »

Dix-neuf jours s'étaient écoulés depuis la disparition de Diana Turbay et de son équipe et le mystère demeurait entier, quand les narco-trafiquants enlevèrent Marina Montoya. Elle avait été traînée de force par trois hommes bien habillés, armés de revolvers 9 millimètres et de Mini Uzi munis de silencieux, alors qu'elle venait de fermer le restaurant *Donde las Tias* dont elle était propriétaire, dans le nord de Bogota. Sa sœur Lucrecia, qui l'aidait à servir, avait eu la chance inouïe de se tordre la cheville et, le pied dans le plâtre, elle n'avait pu venir travailler ce jour-là. Marina avait rouvert parce qu'elle avait reconnu deux des trois hommes qui frappaient à la porte. Ils étaient venus plusieurs fois déjeuner dans la semaine, et leur amabilité, leur humour d'Antioquiens si caractéristique avaient fait bonne impression sur le personnel et sur les serveurs à qui ils laissaient de gros pourboires. Ce jour-là cependant, leur conduite fut tout autre. A peine Marina avait-elle ouvert la porte qu'ils l'immobilisèrent par une prise savante et la traînèrent hors du local. Elle parvint à se retenir par un bras à un réverbère et se mit à crier. Un des ravisseurs lui donna sur la colonne vertébrale un coup de genou qui lui coupa le souffle. Ils la portèrent évanouie dans une Mercedes 190 bleue et la déposèrent dans la malle arrière aménagée pour laisser filtrer l'air.

Luis Guillermo Pérez Montoya, un des sept enfants de Marina, âgé de quarante-huit ans et membre de la direction de Kodak en Colombie, interpréta la nouvelle comme tout un chacun : sa mère avait été séquestrée en réponse à l'attitude du gouvernement qui ne respectait pas les accords passés entre German Montoya et les Extradables. Méfiant de nature envers tout ce qui touchait aux institutions, il se fixa comme tâche de libérer sa mère en traitant seul à seul avec Pablo Escobar.

Sans aucune indication, sans aucun contact préalable avec qui que ce soit, sans même savoir ce qu'il ferait quand il arriverait, il partit deux jours plus tard pour Medellín. A l'aéroport, il prit un taxi et se borna à demander au chauffeur de le conduire en ville. La réalité le frappa de plein fouet quand il aperçut, abandonné au bord de la route, le cadavre d'une adolescente d'une quinzaine d'années, en robe de fête et maquillée à outrance. Elle avait un trou et des traces de sang séché au milieu du front. Luis Guillermo n'en crut pas ses yeux et la montra du doigt.

« Il y a une jeune fille morte, dit-il.

— Oui, dit le chauffeur. Ce sont les poupées qui font la fête avec les amis de Pablo Escobar. »

L'incident brisa la glace. Luis Guillermo révéla au chauffeur le but de son séjour, et celui-ci lui indiqua comment entrer en contact avec la fille présumée d'une cousine germaine de Pablo Escobar.

« Sois à huit heures à l'église qui se trouve derrière le marché, lui dit-il. Là, une jeune fille du nom de Rosalía t'attendra. »

Elle était là, en effet, et l'attendait assise sur un banc de la place. C'était encore une adolescente, mais ses gestes et l'assurance de sa voix étaient ceux d'une femme mûre et dégourdie. Pour engager les pourparlers, dit-elle, il lui faudrait apporter cinq cent mille pesos en liquide. Elle lui indiqua un hôtel où le jeudi suivant il devrait prendre une chambre et attendre un appel le vendredi à sept heures du matin ou à sept heures du soir.

« Celle qui sera au bout du fil s'appelle Pita », précisa-t-elle.

Il attendit en vain deux jours et une partie du troisième. Enfin, il comprit qu'on l'avait roulé et remercia le ciel que Pita n'ait pas téléphoné pour lui réclamer l'argent. Sa discrétion fut telle qu'il ne mit son épouse au courant de ces voyages et de leurs déplorables résultats que quatre ans plus tard lorsqu'il raconta pour la première fois son histoire au cours d'un entretien destiné à l'écriture de ce livre.

Quatre heures après le rapt de Marina Montoya, une Jeep et une Renault 18 bloquèrent, l'une à l'avant et l'autre à l'arrière, la voiture du directeur de la rédaction d'*El Tiempo*, Francisco Pacho Santos, dans une rue de las Ferias, un quartier à l'ouest de Bogota. Sa voiture était une Jeep rouge d'apparence banale mais en réalité blindée, et l'un des quatre assaillants qui l'encerclèrent, armés de revolvers 9 millimètres et de Mini Uzi avec des silencieux, avait en outre un percuteur spécial pour briser les vitres. Ce ne fut pas nécessaire. L'incorrigible bavard qu'était Pacho ouvrit la porte le premier pour parlementer avec les bandits. « Je préférais risquer la mort plutôt que d'ignorer ce qui se passait », avoua-t-il plus tard. Un des ravisseurs l'arrêta net en lui appuyant le canon de son revolver sur la tempe et le fit descendre de voiture tête baissée. Un autre ouvrit la porte avant et tira trois balles : la première s'écrasa contre la vitre et les deux autres perforèrent le crâne du chauffeur, Orosmansio Ibañez, un homme de trente-huit ans. Pacho ne se rendit compte de rien. Quelques jours plus tard, en se remémorant l'enlèvement, il se souvint d'avoir entendu le sifflement des trois balles, assourdi par le silencieux.

L'opération se déroula si vite qu'elle n'attira l'attention de personne au milieu de la circulation chaotique de ce mardi. Un agent de police trouva le cadavre qui perdait son sang sur le siège avant de la voiture abandonnée, décrocha le radiotéléphone et entendit aussitôt une voix comme perdue à des années-lumière.

« J'écoute.

— Qui est à l'appareil ? demanda l'agent de police.

— Journal *El Tiempo*. »

Dix minutes plus tard, toutes les radios diffusaient la nouvelle. En fait, l'enlèvement, qui avait demandé quatre mois de préparation, avait failli échouer à cause des déplacements imprévisibles de Pacho Santos. Quinze ans plus tôt, le M-19 avait renoncé à enlever son père, Hernando Santos, pour les mêmes raisons.

Cette fois, tout avait été prévu jusque dans les moindres détails. Les véhicules des ravisseurs, coincés dans un embouteillage avenue Boyacá à hauteur de la rue 80, prirent la fuite sur les trottoirs et disparurent dans les ruelles d'un quartier populaire. Pacho Santos était assis entre deux hommes, les yeux cachés derrière des lunettes recouvertes de vernis à ongles, mais il suivit par la pensée les tours et les détours de la voiture jusqu'au moment où elle s'arrêta dans un garage. Le chemin parcouru et le temps du voyage lui fournirent une idée approximative de l'endroit où il se trouvait.

Un des ravisseurs le prit par le bras et le conduisit, chaussé de ses lunettes d'aveugle, jusqu'à l'extrémité d'un couloir. Ils montèrent à l'étage, tournèrent à gauche, firent cinq pas et entrèrent dans une pièce glaciale. Là, on lui ôta ses lunettes. Il se vit alors dans une chambre à coucher plongée dans l'obscurité, avec des fenêtres condamnées par des planches et une simple ampoule au plafond. Pour tout meuble il n'y avait qu'un grand lit dont les draps semblaient usés à l'extrême, une table avec un transistor et un téléviseur.

Pacho comprit que la hâte de ses ravisseurs n'était pas due à des raisons de sécurité mais à leur désir d'arriver à temps pour le match de football Santa Fé-Caldas. Pour ne pas être dérangés ils le laissèrent seul avec une bouteille d'eau-de-vie et le transistor, et descendirent écouter le match au rez-de-chaussée. Pacho vida la moitié de la bouteille en dix minutes et s'il n'en ressentit pas les effets au moins eut-il l'envie d'écouter à la radio la retransmission du match. Comme il était supporter fanatique de Santa Fé depuis qu'il était tout petit, le match nul deux à deux le mit en rogne et l'empêcha d'apprécier les bienfaits de l'eau-de-vie. Enfin, il se vit au journal télévisé de neuf heures et demie sur des images d'archives, en smoking et entouré de reines de beauté. C'est alors qu'il apprit la mort de son chauffeur.

Après le journal, un gardien entra, le visage dissimulé sous une cagoule, et l'obligea à échanger ses habits contre un survêtement gris qui semblait être l'uniforme des prisons des Extradables. Il voulut aussi lui confisquer son vaporisateur contre l'asthme qui était dans la poche de sa veste, mais Pacho le convainquit qu'il s'agissait pour lui d'une question de vie ou de mort. L'homme cagoulé lui expliqua le règlement de la captivité : il pourrait aller aux toilettes dans le couloir, écouter la radio et regarder la télévision autant qu'il le voudrait mais à volume normal. Enfin, il lui ordonna de s'allonger et l'attacha par la cheville avec une corde au montant du lit.

Le gardien posa un matelas par terre, à côté du lit, et un moment plus tard il ronflait en poussant par intermittence de petits sifflements. L'obscurité se fit épaisse. Dans le noir, Pacho prit conscience qu'il était en train de vivre la toute première nuit d'un avenir incertain au cours duquel tout pourrait arriver. Il pensa à María Victoria, que ses amis appelaient Mariavé, son épouse, si jolie, si intelligente, si forte, et à leurs deux enfants, Benjamin, vingt mois, et Gabriel, sept mois. Un coq chanta tout près et Pacho s'étonna de son horaire extravagant : « Un coq qui chante à dix heures du soir doit être fou », se dit-il. Pacho Santos est un homme émotif, impulsif et à la larme facile : tout le portrait de son père. Andrés Escabi, l'époux de sa sœur Juanita, avait trouvé la mort dans l'explosion en plein vol d'un avion dans lequel les Extradables avaient placé une bombe. Alors que toute la famille était encore sous le choc, Pacho avait prononcé cette phrase qui avait glacé tout le monde : « En décembre l'un de nous ne sera plus en vie. » Cependant, le soir de son enlèvement, il n'eut pas l'impression que sa dernière heure était venue. Pour la première fois il était détendu et sûr de rester vivant. Il se rendit compte, au rythme de sa respiration, que son gardien était réveillé. Il l'interrogea :

« Qui m'a fait prisonnier ?

— Vous préférez quoi, demanda à son tour le gardien, la guérilla ou la mafia ?

— Je crois que je suis prisonnier de Pablo Escobar, dit Pacho.

— Exact, dit le gardien, qui se reprit aussitôt : des Extradables. »

La nouvelle circulait partout. Les standardistes d'*El Tiempo* avaient prévenu ses parents les plus proches, ceux-ci d'autres membres de la famille et ainsi de suite jusqu'à l'autre bout du monde. Par une série d'étranges coïncidences, l'une des dernières personnes à l'apprendre fut l'épouse de Pacho. Quelques minutes après l'enlèvement, elle avait reçu un coup de fil de son ami Juan Gabriel Uribe qui, n'étant pas encore sûr de ce qui s'était produit, s'était borné à lui demander si Pacho était rentré. Elle avait répondu non et Juan Gabriel n'avait pas osé lui donner une information qui n'était pas encore confirmée. Un moment plus tard, Enrique Santos Calderón, cousin germain de son mari et directeur adjoint d'*El Tiempo* lui téléphona.

« Tu es au courant pour Pacho ? » demanda-t-il.

Maruja crut qu'il parlait d'autre chose qu'elle savait déjà concernant son époux.

« Oui », dit-elle.

Enrique raccrocha sans attendre pour prévenir le reste de la famille. Des années plus tard, en se rappelant ce quiproquo, María Victoria dit : « Tout ça pour faire la maligne. » Juan Gabriel rappela quelques instants après et lui révéla tout à la fois : ils avaient assassiné le chauffeur et enlevé Pacho.

Le Président Gaviria et ses proches conseillers visionnaient des films de propagande pour la campagne des élections à l'Assemblée constituante lorsque son conseiller de presse, Mauricio Vargas, lui dit à l'oreille : « Ils ont enlevé Pachito Santos. » La projection continua. Le Président qui, au cinéma, a besoin de lunettes, les ôta et se tourna vers Vargas.

« Voyez ce qui se passe et tenez-moi au courant », dit-il.

Il remit ses lunettes et continua de regarder la projection. Son ami intime, le ministre de la Communication Alberto Casas Santamaría, qui était assis à côté de lui, avait entendu la nouvelle et la transmit de bouche à oreille aux conseillers du Président. Un frisson courut dans la salle. Mais le Président ne cilla même pas, pour rester fidèle à l'une de ses règles de conduite qu'il explique par un précepte scolaire : « Il faut finir ce qu'on a commencé. » A la fin de la projection, il rangea ses lunettes dans la poche de sa veste et dit à Mauricio Vargas :

« Appelez Rafael Pardo et dites-lui de réunir d'urgence le conseil de sécurité. »

En attendant, il recueillit comme prévu l'avis de ses conseillers sur les films. Ce n'est qu'une fois la décision prise qu'il laissa voir le choc que lui avait causé la nouvelle de l'enlèvement. Une demi-heure plus tard il entrait dans le salon où l'attendaient déjà la plupart des membres du conseil de sécurité. La réunion avait à peine commencé quand Mauricio Vargas entra et lui dit à l'oreille :

« Ils viennent d'enlever Marina Montoya. »

En réalité, l'enlèvement avait eu lieu à seize heures, avant celui de Pacho, mais il avait fallu quatre heures pour que l'information parvînt jusqu'au Président.

Hernando Santos Castillo, le père de Pacho, dormait depuis déjà trois heures à dix mille kilomètres de là, dans un hôtel de Florence, en Italie. Dans une chambre voisine se trouvait sa fille Juanita, et dans une troisième son autre fille, Adriana, et son mari. Prévenus par téléphone, les enfants avaient décidé de ne pas réveiller leur père. Mais le neveu d'Hernando Santos, Luis Fernando, appela de Bogota et, par un préambule qu'il crut prudent, réveilla cet oncle de soixante-huit ans qui avait subi trois pontages coronariens.

« J'ai une très mauvaise nouvelle à t'annoncer. »

Hernando imagina, bien sûr, le pire mais resta calme.

« Dis-moi.

— Pacho a été enlevé. »

La nouvelle d'un enlèvement, aussi dure soit-elle, n'est pas irrémédiable comme celle d'un assassinat, et Hernando soupira, soulagé : « Dieu soit loué », puis il ajouta aussitôt sur un autre ton :

« Du calme. On va voir ce qu'on peut faire. »

Une heure plus tard, dans l'aube odorante de l'automne toscan, ils étaient tous sur le long chemin du retour vers la Colombie.

La famille Turbay, angoissée d'être sans nouvelles de Diana partie depuis une semaine, sollicita l'intervention officieuse du gouvernement auprès des principaux mouvements de guérilla. Une semaine après la date à laquelle Diana aurait dû être de retour, son époux, Miguel Uribe, et le député Alvaro Leyva se rendirent en secret à la Casa Verde, le quartier général des FARC, les Forces armées révolutionnaires de Colombie, dans la Cordillère orientale. De là, ils entrèrent en contact avec toutes les organisations armées pour tenter de savoir si Diana se trouvait avec l'une d'elles. Sept répondirent par la négative.

Sans savoir à quoi s'en tenir, la Présidence de la République mit l'opinion en garde contre la prolifération de faux communiqués et demanda qu'on ne leur accordât pas de crédit et qu'on s'en tînt aux informations officielles. Car le plus grave et le plus difficile était que l'opinion publique croyait dur comme fer aux communiqués des Extradables, si bien que tout le monde poussa un soupir de soulagement quand, le 30 octobre – soixante et un jours après l'enlèvement de Diana Turbay et quarante-deux jours après celui de Francisco Santos –, ceux-ci dissipèrent les doutes par une seule phrase : « Nous reconnaissons publiquement détenir en notre pouvoir les journalistes disparus. » Huit jours plus tard c'était au tour de Maruja Pachón et de Beatriz Villamizar d'être enlevées. Il y avait des raisons de croire que cette escalade était loin d'être terminée.

Le lendemain de la disparition de Diana et de son équipe et alors que l'idée d'un enlèvement n'était venue à l'esprit de personne, le célèbre directeur de l'information de Caracol Radio, Yamid Amat, fut attaqué par un commando de tueurs dans une rue du centre de Bogota après avoir été suivi pendant plusieurs jours. Amat leur échappa grâce à un exploit athlétique qui les prit par surprise, et survécut par on ne sait quel miracle à la balle qu'ils lui tirèrent dans le dos. Le même jour, la fille de l'ancien Président Belisario Betancur, María Clara, et la fille de celle-ci Natalia, âgée de douze ans, parvinrent à s'enfuir dans leur voiture alors qu'un autre commando de ravisseurs leur avait barré la route dans un quartier résidentiel de Bogota. La seule explication à ces deux échecs est que les ravisseurs avaient l'instruction formelle de ne pas tuer leurs victimes.

Les premiers à avoir reçu confirmation que les Extradables séquestraient Maruja Pachón et Beatriz Villamizar étaient Hernando Santos et l'ancien Président Julio César Turbay, car Escobar en personne le leur avait fait savoir par écrit et par l'un de ses avocats quarante-huit heures après l'enlèvement. « Vous pouvez leur dire que Pachón est aux mains du groupe. » Le 12 novembre, une autre confirmation indirecte sur une lettre à en-tête des Extradables parvint à Juan Gómez Martínez, directeur du journal *El Colombiano* de Medellín, qui avait servi à plusieurs reprises d'intermédiaire entre Escobar et les Notables. « L'incarcération de la journaliste Maruja Pachón, disait la lettre à en-tête, est notre réponse aux tortures et aux enlèvements perpétrés à Medellín ces derniers jours par le forces de l'ordre de l'Etat, ce que nous avons souvent dénoncé dans de précédents communiqués. » Ils exprimaient une fois de plus leur détermination de ne libérer aucun otage tant que cette situation resterait inchangée.

Le docteur Pedro Guerrero, le mari de Beatriz, accablé par une incapacité totale d'affronter des événements qui le dépassaient, décida de fermer son cabinet de psychiatrie. « Comment aurais-je pu recevoir des patients alors que mon état était pire que le leur ? » déclara-t-il plus tard. Il souffrait de crises d'angoisse qu'il voulut épargner aux enfants. Il ne connaissait aucun répit, trouvait quelque secours dans le whisky en fin de journée, et la nuit broyait du noir en écoutant sur Radio Recuerdo de larmoyants boléros d'amour. « Mon amour, chantait une voix, si tu m'entends réponds-moi. »

Alberto Villamizar, conscient dès le début que l'enlèvement de sa sœur et de son épouse n'était qu'un des maillons d'une sinistre chaîne, renforça les liens avec les familles des autres otages. Sa première visite à Hernando Santos lui brisa le cœur. Il était accompagné de la sœur de Maruja, Gloria Pachón de Galán, et tous deux trouvèrent Hernando effondré sur un sofa et démoralisé au plus haut point. « J'essaye de me préparer à souffrir le moins possible quand ils tueront Francisco », leur dit-il d'entrée de jeu. Villamizar voulut ébaucher un projet de négociation avec les ravisseurs mais Hernando le découragea en affichant un manque d'empressement irrémédiable.

« Vous êtes trop naïf, mon petit, dit-il, vous n'avez pas la moindre idée de ce que sont ces types-là. Il n'y a rien à faire. »

L'ancien Président Turbay ne fut pas plus engageant. Il savait de diverses sources que sa fille était entre les mains des Extradables, mais il avait décidé de ne pas l'admettre en public tant qu'il ne saurait pas avec précision ce qu'ils voulaient. Il avait éludé les questions d'un groupe de journalistes la semaine précédente par un audacieux tour de passe-passe.

« Mon cœur me dit, avait-il répondu, que Diana et ses collaborateurs ont pris du retard dans leur travail de journalistes, mais qu'ils ne sont pas détenus. »

Après trois mois de vaines démarches, sa déception était compréhensible. Ce fut, du moins, l'interprétation de Villamizar qui, au lieu de se laisser gagner par le pessimisme des autres, relança l'action commune dans un esprit nouveau.

A cette même époque, un ami à qui on avait demandé ce qu'il pensait de Villamizar avait décoché cette flèche : « C'est un grand compagnon de la bouteille. » Villamizar l'avait reçue de bon cœur, comme un éloge enviable et peu commun. Cependant, le jour de l'enlèvement de sa femme, il prit conscience que dans sa situation c'était un éloge dangereux, et il résolut de ne plus boire en public tant que Maruja et Beatriz n'auraient pas été libérées. Comme tout buveur mondain, il savait que l'alcool réduit la vigilance, délie la langue et déforme la perception de la réalité. Un risque pour quiconque doit peser au gramme près chacun de ses actes et de ses mots. Si bien que la rigueur qu'il s'imposa, loin d'être une punition, fut une mesure de sécurité. Il ne mit plus les pieds dans aucune soirée, dit adieu à ses moments de bohème et à ses beuveries politiques. Certains soirs, quand la tension émotionnelle était à son comble, son fils Andrés, un verre d'eau à la main, l'écoutait épancher son cœur et lui laissait la consolation d'un unique verre d'alcool.

Au cours de leurs nombreuses réunions, Villamizar et Rafael Pardo envisagèrent une à une plusieurs actions possibles, mais elles se heurtaient toujours à la politique du gouvernement qui n'avait pas renoncé à la menace d'extradition. Tous deux savaient cependant qu'elle était le moyen de pression le plus efficace et, pour obtenir la reddition des Extradables, le Président l'utilisait avec autant de conviction que le faisaient les Extradables eux-mêmes pour refuser de se rendre.

Villamizar n'avait aucune formation militaire, mais il avait grandi à l'ombre des casernes. Le docteur Alberto Villamizar Flórez, son père, médecin de la garde présidentielle, s'était trouvé pendant des années mêlé à la vie de ses officiers. Son grand-père, le général Joaquín Villamizar, avait été ministre de la Guerre et un de ses oncles, le général Jorge Villamizar Flórez, commandant en chef des armées. Alberto avait hérité d'eux le tempérament militaire et le caractère des Santanderiens, c'est-à-dire qu'il était cordial et autoritaire, sérieux et noceur, faisait mouche à chaque coup, disait ce qu'il avait à dire sans embarras, et n'avait jamais été à tu et à toi avec quiconque. Cependant, l'image paternelle avait prédominé et il avait fait sa médecine à l'université Javeriana sans jamais soutenir sa thèse car les vents irrémédiables de la politique l'emportaient. Ce ne fut pas le militaire en lui mais le Santanderien qui le poussait à ne jamais se séparer d'un Smith et Wesson 38 mm, dont il eût préféré ne pas se servir. Armé ou désarmé, ses deux plus grandes qualités sont la détermination et la patience. A première vue elles semblent contradictoires, mais sa vie a démontré tout le contraire. Avec un tel patrimoine la hardiesse ne manquait certes pas à Villamizar pour pencher en faveur d'une solution armée, mais il repoussait cette idée tant qu'il n'y avait pas un réel danger de mort.

Si bien que fin novembre, la seule solution qu'il entrevoyait était d'affronter Escobar et de négocier de Santanderien à Antioquien, pied à pied et d'égal à égal. Un soir, fatigué de tant d'allées et venues, il étala toutes les possibilités devant Rafael Pardo. Celui-ci comprit son angoisse mais sa réponse fut claire et nette :

« Ecoutez une chose, Alberto, lui dit-il, sobre et direct comme toujours : entreprenez toutes les démarches que vous voudrez, tentez tout ce que vous pourrez mais si vous voulez notre collaboration vous devez vous en tenir à notre politique de soumission. Rien de plus, Alberto. C'est aussi clair que cela. »

Aucune autre qualité ne pouvait mieux servir Villamizar que sa détermination et sa patience pour résoudre les contradictions internes que signifiaient pour lui ces conditions. C'est-à-dire : agir comme il l'entendait, avec son imagination et à sa façon, mais pieds et poings liés.

# Chapitre 3

Maruja ouvrit les yeux et se souvint d'un vieil adage espagnol : « Que Dieu nous garde de ce que nous pouvons supporter. » Dix jours s'étaient écoulés depuis l'enlèvement et, comme Beatriz, elle commençait à se plier à une routine qui, le premier soir, leur avait à toutes deux paru inconcevable. Les ravisseurs avaient souvent répété qu'il s'agissait d'une opération militaire, mais le régime de leur captivité était pire que celui d'une prison. Elles n'avaient le droit de parler qu'en cas d'extrême nécessité et toujours à voix basse, ne pouvaient se lever du matelas qui leur servait de lit ni faire le moindre geste sans demander la permission aux deux geôliers qui ne les perdaient jamais de vue, pas même quand elles dormaient : permission de s'asseoir, d'étendre les jambes, d'adresser la parole à Marina, de fumer. Pour étouffer sa toux, Maruja devait enfouir son visage dans l'oreiller.

Le seul lit était celui de Marina, éclairé de jour comme de nuit par une éternelle lampe de chevet. A même le sol, sur le côté, se trouvait le matelas où Maruja et Beatriz dormaient tête-bêche, comme les poissons du zodiaque, avec une couverture pour deux. Les geôliers montaient la garde assis par terre, dos au mur, et l'espace était si réduit que lorsqu'ils allongeaient les jambes leurs pieds reposaient sur le matelas des prisonnières. La cellule était plongée dans une pénombre constante car l'unique fenêtre avait été condamnée. Avant de s'endormir, ils calfeutraient avec des chiffons la fente sous la porte afin que nul dans la maison ne voie la lumière de la veilleuse de Marina. C'était la seule lumière, de jour comme de nuit, hormis l'éclat du téléviseur, parce que Maruja avait demandé qu'on enlève l'ampoule bleue du plafond qui leur donnait à tous une pâleur mortelle. Un air chaud et pestilentiel saturait la pièce fermée et sans ventilation. Le matin entre six et neuf était pour les prisonnières le pire moment de la journée car elles étaient éveillées, manquaient d'air, n'avaient rien à boire ni à manger et devaient attendre que les geôliers aient ôté les chiffons qui calfeutraient la porte pour pouvoir respirer. L'unique consolation de Maruja et de Marina était le pot de café et le paquet de cigarettes qu'on leur apportait chaque fois qu'elles le demandaient. La fumée accumulée dans la pièce incommodait Beatriz, spécialiste en kinésithérapiè respiratoire. Cependant, elle la supportait sans rien dire pour ne pas gâcher le plaisir de ses deux compagnes. Un jour, Marina, une tasse de café et une cigarette à la main, s'écria : « Vivement le jour où on pourra fumer et boire du café toutes les trois chez moi, en riant de ces moments épouvantables. » Ce jour-là, au lieu de se sentir gênée par le tabac, Beatriz regretta de ne pas fumer.

La décision de les garder prisonnières toutes les trois dans un même endroit avait sans doute été prise à la hâte, car la maison où Beatriz et Maruja avaient d'abord été conduites était devenue inutilisable après que le chauffeur du taxi accidenté eut révélé la route prise par les ravisseurs. C'était du moins la seule explication qu'elles avaient trouvée à ce déménagement de dernière minute dans un misérable réduit de moins de six mètres carrés pour deux geôliers et trois otages, où il n'y avait qu'un lit étroit et un matelas à une place. Marina aussi avait été transférée, parce que les beuveries et le tapage des gardiens de la première maison où elle avait été séquestrée, « la propriété » comme elle l'appelait, mettaient en péril toute l'organisation. De toute manière, il était inimaginable qu'une des plus importantes multinationales de la planète n'ait pas le cœur de traiter ses employés et ses victimes avec humanité.

Elles n'avaient pas la moindre idée de l'endroit où on les détenait. Les bruits qui leur parvenaient indiquaient qu'elles se trouvaient à proximité d'une route où passaient des poids lourds, et d'un débit de boisson avec de la musique qui restait ouvert jusqu'à une heure avancée de la nuit. De temps en temps, un haut-parleur convoquait à des réunions politiques ou religieuses et parfois retransmettait des concerts assourdissants. Plus d'une fois elles reconnurent les mots d'ordre de la campagne pour les prochaines élections à l'Assemblée constituante et elles entendaient souvent des petits avions décoller ou atterrir non loin de là, ce qui leur donna à penser qu'elles étaient près de Guaymaral, un petit aéroport avec des pistes courtes pour avions de tourisme situé à vingt kilomètres au nord de Bogota. Maruja, qui connaissait depuis son enfance le climat de la savane, avait l'impression que le froid qui régnait dans la pièce n'était pas celui de la campagne mais celui de la ville. De plus, les précautions excessives des geôliers ne pouvaient se comprendre que s'ils se trouvaient dans une zone urbaine.

Mais le plus surprenant était de temps à autre le vacarme tout proche d'un hélicoptère qui semblait comme suspendu à la verticale de la maison. Marina Montoya disait qu'il transportait un officier de l'armée responsable des enlèvements. Au fil des jours, les otages s'habituèrent à ce bruit, car tout le temps que dura leur captivité l'hélicoptère se posa près de la maison au moins une fois par mois, et à chaque atterrissage elles eurent la conviction qu'il était là pour elles.

Il était impossible de distinguer chez Marina la vérité de l'affabulation contagieuse. Elle affirmait que Pacho Santos et Diana Turbay se trouvaient dans la même maison mais dans des pièces différentes, et qu'à chacune de ses visites, le militaire de l'hélicoptère s'occupait de tous les otages en même temps. Un jour, elles entendirent un bruit inquiétant dans le patio. Le majordome lançait à sa femme des insultes entrecoupées d'ordres : qu'on l'enlève d'ici, qu'on l'amène par là, qu'on le ramène en haut, comme s'il leur fallait trouver un endroit où dissimuler un cadavre. Marina, dans ses délires ténébreux, imagina qu'ils avaient coupé Pacho Santos en morceaux et les ensevelissaient les uns après les autres sous le carrelage de la cuisine. « Quand ils se mettent à exécuter des gens, ils ne s'arrêtent plus, disait-elle. La prochaine fois, ce sera notre tour. » Cette nuit-là fut une nuit d'épouvante. Puis elles apprirent par hasard qu'ils avaient déplacé un lave-linge vétuste qu'ils ne pouvaient porter à quatre.

La nuit, le silence était total. Seul l'interrompait un coq fou qui chantait quand l'envie le prenait, sans se soucier de l'heure. On entendait des aboiements au loin et, tout près, celui d'un chien de garde dressé. Pour Maruja, les premiers temps furent difficiles. Elle se recroquevilla sur le matelas, ferma les yeux, et pendant plusieurs jours ne les ouvrit que lorsque c'était indispensable et pour tenter de mettre de l'ordre dans ses pensées. Non qu'elle dormît huit heures d'affilée. Au contraire, toutes les demi-heures elle s'éveillait en proie à l'angoisse qui dans la réalité ne cessait de la tenailler. C'était une peur constante : la sensation physique d'un nœud au creux de l'estomac à tout instant sur le point de lâcher et de céder à la panique. Maruja se remémorait toute sa vie comme on revoit un film, dans l'espoir de se raccrocher aux bons souvenirs mais c'étaient les mauvais qui finissaient toujours par s'imposer. Lors d'un des trois voyages qui l'avaient conduite de Djakarta en Colombie, Luis Carlos Galán lui avait demandé, au cours d'un déjeuner en tête à tête, de l'aider à diriger sa prochaine campagne électorale. Elle avait été sa conseillère en communication lors d'une précédente campagne, et elle avait parcouru tout le pays avec sa sœur Gloria et lui. Ensemble ils avaient couru des risques, célébré des victoires et surmonté des défaites, si bien que sa proposition ne lui avait pas paru étrange. Maruja y avait trouvé une reconnaissance et une justification. Mais à la fin du déjeuner, elle avait remarqué chez son beau-frère une expression indéfinissable, comme un éclat surnaturel, et la certitude soudaine et absolue qu'on allait l'assassiner l'avait gagnée. Ce fut une telle révélation qu'elle convainquit son époux de rentrer en Colombie, quand bien même le général Maza Márquez avait prévenu celui-ci, sans explication aucune, que sa vie serait en danger. Une semaine avant leur départ de Djakarta, on les réveilla pour leur apprendre que Luis Carlos Galán avait été victime d'un attentat.

Cette expérience avait laissé en elle des tendances dépressives que son enlèvement accentua. Rien ne pouvait lui ôter l'idée qu'un danger mortel la guettait elle aussi. Elle refusait de parler et de manger. L'indolence de Beatriz et la brutalité des geôliers l'incommodaient et elle ne supportait pas la soumission de Marina qui reprenait à son compte la discipline des ravisseurs. On eût dit une garde-chiourme qui la rappelait à l'ordre quand elle ronflait, quand elle toussait en dormant, quand elle remuait plus que nécessaire. Maruja posait un verre quelque part et Marina s'en emparait, effrayée : « Fais attention ! », disait-elle, et elle le posait ailleurs. Maruja la rabrouait avec mépris. « Ne t'inquiète pas, répondait Marina. Ici, ce n'est pas toi qui commandes. » Pour comble de malheur, les geôliers s'inquiétaient parce que Beatriz passait son temps à consigner sa détention par le menu afin, une fois libre, de ne rien oublier au moment de tout raconter à son mari et à ses enfants. Elle avait aussi commencé à dresser une longue liste de tout ce qui lui semblait abominable dans la pièce, mais elle dut renoncer quand elle s'avisa que tout devrait y figurer. Les ravisseurs avaient entendu dire à la radio que Beatriz était kinésithérapeute et, confondant son métier avec celui de psychothérapeute, ils lui interdirent d'écrire de crainte qu'elle n'élabore une méthode scientifique pour les rendre fous.

La déchéance de Marina était compréhensible. Elle avait dû ressentir l'arrivée des deux otages comme une intrusion insupportable dans un monde qu'elle avait fait sien, après presque deux mois passés dans l'antichambre de la mort. Maruja et Beatriz avaient perturbé sa relation avec ses geôliers, devenue très profonde, et en moins de deux semaines elle fut de nouveau la proie des terribles douleurs et de la grande solitude qu'en d'autres temps elle avait pu surmonter.

Dans cette atmosphère, aucune nuit ne fut pour Maruja plus atroce que la première, interminable et glacée. A une heure du matin, la température à Bogota, selon l'Institut météorologique, oscillait entre 13 et 15 degrés, et il avait plu dans le centre-ville et aux abords de l'aéroport. La fatigue avait eu raison d'elle. Elle s'était mise à ronfler aussitôt endormie mais sa toux de fumeuse la réveillait à chaque instant, persistante, indomptable, aggravée par l'humidité des murs qui, à l'aube, exsudaient une buée glacée. A chaque quinte de toux ou à chaque ronflement, les geôliers lui donnaient un coup de talon sur la tête. Prise d'une terreur irrépressible, Marina les secondait et menaçait Maruja de l'attacher au matelas pour qu'elle cesse de remuer, ou de la bâillonner pour qu'elle arrête de ronfler.

Marina commit l'erreur de faire écouter à Beatriz les informations du matin. Lors de la première interview qu'il accorda à Yamid Amat sur Caracol Radio, le docteur Pedro

Guerrero se répandit en injures et en invectives contre les ravisseurs. Il leur intima l'ordre de se comporter en hommes et de baisser les masques. La terreur s'empara de Beatriz, convaincue qu'il lui faudrait payer le prix de ces insultes.

Deux jours plus tard, un chef bien vêtu, taillé comme dans le roc et mesurant un mètre quatre-vingt-dix, ouvrit la porte d'un coup de pied et pénétra dans la pièce comme une tornade. Son impeccable costume de laine tropical, ses mocassins italiens et sa cravate de soie jaune démentaient son comportement de sauvage. Il lança deux ou trois gros mots aux geôliers et s'acharna sur le plus timide d'entre eux, que les autres appelaient Lamparón. « On m'a dit que vous étiez très nerveux, dit-il, alors je vous préviens : ici, les gens nerveux ont la vie courte. » Et s'adressant ensuite à Maruja sans la moindre considération :

« Je sais que cette nuit vous avez gêné tout le monde, que vous faites du bruit et que vous toussez. »

Maruja lui répondit avec un calme exemplaire que l'on aurait pu prendre pour du mépris :

« Quand je dors, je ronfle sans m'en rendre compte. Et je ne peux éviter de tousser parce que cette pièce est glaciale et qu'au matin l'eau dégouline des murs. »

L'homme n'était pas là pour l'entendre se plaindre.

« Parce que vous croyez que vous pouvez faire ce qui vous passe par la tête ? s'écria-t-il. Si vous recommencez à tousser ou à ronfler la nuit, je vous fais sauter la cervelle. »

Puis il ajouta en regardant Beatriz :

« Ou celle de vos maris ou de vos enfants. On sait qui ils sont et où ils sont.

— Faites ce que vous voulez, dit Maruja. Je ne peux pas m'empêcher de ronfler. Tuez-moi si ça vous fait plaisir. »

Elle était sincère et le temps devait lui donner raison de l'être. Le traitement très dur infligé dès le premier jour faisait partie des méthodes des ravisseurs pour démoraliser leurs otages. Beatriz, en revanche, encore impressionnée par la colère de son mari à la radio, fut moins hautaine.

« Qu'est-ce que nos enfants viennent faire ici, ils n'ont rien à voir avec tout ça, dit-elle au bord des larmes. Vous n'avez donc pas d'enfants ? »

L'homme répondit par l'affirmative, attendri peut-être, mais Beatriz avait perdu la bataille : les larmes l'empêchèrent de poursuivre. Calmée, Maruja déclara au chef que, s'ils voulaient parvenir pour de bon à un accord, ils devaient parler avec son mari.

Elle crut que l'homme cagoulé avait suivi ses conseils car le dimanche suivant il revint changé. Il apportait la presse du jour avec les déclarations d'Alberto Villamizar favorables à une entente avec les ravisseurs. Ceux-ci, en apparence du moins, avaient commencé à agir en conséquence. Le chef se montra à ce point complaisant qu'il demanda aux prisonnières de dresser la liste des choses qui leur étaient indispensables : savon, brosses à dents, dentifrice, cigarettes, lait de toilette, quelques livres. Elles reçurent une partie de la commande le jour même, mais les livres ne leur parvinrent que quatre mois plus tard. Avec le temps, elles accumulèrent toutes sortes d'images et d'effigies de l'Enfant Jésus et de Notre-Dame du Bon Secours que les geôliers successifs leur laissaient en souvenir quand ils partaient ou leur apportaient quand ils revenaient de congé. Au bout de dix jours, il régnait une sorte de routine domestique. Elles rangeaient les chaussures sous le lit, mais l'humidité de la maison était telle que de temps en temps il fallait les mettre à sécher dans le patio. Elles n'étaient autorisées à marcher qu'avec des chaussettes d'homme qu'on leur avait données à leur arrivée, en grosse laine et de couleurs différentes, et devaient enfiler deux paires l'une sur l'autre pour ne pas faire de bruit. On leur avait confisqué les vêtements qu'elles portaient le jour de leur enlèvement et distribué des survêtements de sport – un gris et un rose à chacune – dans lesquels elles passaient leurs jours et leurs nuits –, et deux changes de linge de corps qu'elles lavaient en prenant leur douche. Au début, elles dormaient tout habillées. Plus tard, elles eurent une chemise de nuit qu'elles passaient par-dessus le survêtement quand les nuits étaient trop froides. On leur donna aussi un sac de grosse toile pour y ranger leurs objets personnels : le survêtement de rechange, les chaussettes propres, le linge de corps, les serviettes hygiéniques, les médicaments, les objets de toilette.

Il n'y avait qu'une salle d'eau pour les trois prisonnières et les quatre geôliers. Elles n'avaient pas le droit de s'enfermer à clé et ne pouvaient demeurer plus de dix minutes sous la douche, même quand elles avaient du linge à laver. Elles pouvaient fumer autant qu'elles le voulaient, Maruja un paquet par jour au moins et Marina plus encore. Dans la chambre, il y avait un téléviseur et un transistor appartenant à la maison pour que les otages puissent écouter les informations ou les gardiens de la musique. Pour les informations du matin le volume restait très bas, en revanche quand les geôliers écoutaient leur musique de foire, le volume variait selon leur humeur.

Ils allumaient la télévision à neuf heures du matin pour regarder les émissions éducatives, puis les feuilletons et deux ou trois émissions encore avant les informations de la mi-journée. De seize heures à vingt-trois heures le téléviseur restait allumé, comme dans les chambres d'enfants, même si personne ne le regarde. En revanche les otages regardaient tous les journaux télévisés avec une attention méticuleuse pour déceler les messages codés de leurs familles. A l'évidence, elles ne surent jamais combien leur avaient échappé ou combien de phrases innocentes elles avaient confondu avec des messages de soutien.

Au cours des deux jours qui suivirent l'enlèvement, Alberto Villamizar apparut huit fois aux différents journaux télévisés, certain que Maruja et Beatriz finiraient par entendre sa voix ou le voir à l'écran. Les enfants de Maruja, en outre, travaillaient presque tous dans les médias et plusieurs, étant responsables d'émissions de télévision diffusées à heures fixes, les utilisèrent pour maintenir une communication, même quand ils la savaient unilatérale et sans doute inutile.

Elles virent la première, celle d'Alexandra à son retour de la Guajira, le mercredi qui suivit l'enlèvement. Le psychiatre Jaime Gaviria, confrère du mari de Beatriz et vieil ami de la famille, y expliqua une série de règles très sages pour garder un bon moral dans des espaces confinés. Maruja et Beatriz, qui connaissaient le docteur Gaviria, comprirent le sens de l'émission et en tirèrent tout le parti qu'elles purent.

Ce fut la première d'une série de huit émissions qu'Alexandra prépara à partir d'un long entretien avec le docteur Gaviria sur les troubles développés par des personnes retenues en otages. Pour commencer, ils choisirent des sujets qui intéressaient Maruja et Beatriz et firent passer des messages qu'elles seules pouvaient comprendre. Puis Alexandra décida d'inviter chaque semaine une personne préparée pour répondre à des questions choisies dans le but de susciter chez les otages des associations immédiates. A leur grande surprise, beaucoup de téléspectateurs pris au dépourvu comprirent que les questions en apparence innocentes cachaient quelque chose.

Non loin de là, dans la même ville, les conditions de détention de Francisco Santos étaient aussi abominables que celles de Maruja et de Beatriz, mais moins sévères. Peut-être parce que les ravisseurs de ces dernières, non contents de les avoir enlevées à des fins politiques, étaient animés par un esprit de vengeance. En outre, les geôliers de Maruja et ceux de Pacho devaient appartenir à deux équipes différentes qui n'avaient aucun contact entre elles et agissaient chacune de leur côté, ne fût-ce que pour des motifs de sécurité. Mais il y avait aussi entre les deux groupes des différences incompréhensibles. Les geôliers de Pacho étaient familiers, autonomes et attentifs, et peu préoccupés de conserver l'anonymat. Pour Pacho, le pire était de dormir attaché aux barreaux du lit par une chaîne métallique entourée d'une gaine isolante afin de lui éviter des ulcérations. Pour Maruja et Beatriz, c'était de ne pas même avoir un lit où être attachées.

Pacho pouvait lire la presse tous les jours. En général, les articles concernant son enlèvement ne reposaient sur rien et ils étaient si fantaisistes que les ravisseurs se tordaient de rire. Quand Maruja et Beatriz furent enlevées, il avait déjà un emploi du temps bien défini. Il restait éveillé toute la nuit et s'endormait vers onze heures du matin. Il regardait la télévision, seul ou avec ses geôliers, ou commentait avec eux les nouvelles du jour et en particulier les matchs de football. Il lisait jusqu'à épuisement et trouvait encore la force de se dominer pour jouer aux cartes ou aux échecs. Son lit était confortable et dès le premier soir il dormit bien, jusqu'au jour où il attrapa la gale et une allergie aux yeux, qui disparurent dès qu'on eut lavé les couvertures de coton et nettoyé la chambre à fond. Ses geôliers ne s'inquiétèrent jamais que quelqu'un puisse voir la lumière du dehors car des planches de bois condamnaient les fenêtres.

En octobre, un espoir inopiné survint quand il reçut l'ordre de se préparer à envoyer à sa famille une preuve qu'il était en vie. Garder son sang-froid signifia pour lui un effort suprême. Il demanda un pot de café et deux paquets de cigarettes, et commença à rédiger d'une traite le message qui surgissait du fond de son âme, sans y changer une virgule. Il l'enregistra sur une minicassette, que les messagers préféraient aux cassettes normales car elles étaient plus faciles à dissimuler. Il parla avec toute la lenteur dont il était capable et articula de son mieux sur un ton qui ne laissait pas transparaître qu'il broyait du noir. Enfin, il lut les grands titres à la une d'*El Tiempo* comme preuve de la date où il avait enregistré son message. Sa première phrase, surtout, lui parut satisfaisante : « Tous ceux qui me connaissent savent combien il m'est difficile de prononcer ces mots. » Cependant, quand il le lut publié dans la presse, à froid, il eut l'impression qu'il s'était passé la corde au cou à cause de la dernière phrase dans laquelle il demandait au Président de la République de faire tout ce qui était en son pouvoir pour libérer les journalistes. « Mais, le prévenait-il, sans outrepasser les limites de la loi ni les principes de la Constitution, pour le bien de notre pays et pour la liberté de la presse aujourd'hui retenue en otage. » Son état dépressif s'aggrava quelques jours plus tard quand il apprit l'enlèvement de Maruja et de Beatriz, car il comprit que les choses seraient longues et difficiles. C'est alors qu'il conçut un premier embryon de plan d'évasion qui devait se transformer en une hantise incontrôlable.

Bien différentes étaient les conditions dans lesquelles se trouvaient Diana et son équipe – détenues depuis trois mois à cinq cents kilomètres au nord de Bogota – car l'incarcération de deux femmes et de quatre hommes posait des problèmes de logistique et de sécurité difficiles. Si le manque total d'indulgence à l'égard de Maruja et Beatriz était surprenant, plus surprenantes encore étaient la familiarité et la désinvolture des geôliers de Pacho qui avaient le même âge que lui. En revanche dans le groupe de Diana régnait un climat d'improvisation qui tenait otages et geôliers en permanence sur le qui-vive et dans l'incertitude, et une instabilité qui contaminait toute chose et augmentait la nervosité de chacun.

L'enlèvement de Diana différait aussi en ce qu'il était

placé sous le signe de l'errance. Pendant leur longue captivité, les otages durent déménager sans explication plus
de vingt fois, dans et aux alentours de Medellín, de maison en maison dont le style, la catégorie et le confort changeaient. A la différence des geôliers de Bogota, ceux de
Medellín étaient chez eux, ce qui leur permettait une
mobilité plus grande, un contrôle total du milieu et un
contact direct avec leurs chefs.

Les otages ne se trouvèrent réunis qu'en deux occasions
et pour quelques heures. Au début, ils furent divisés en
deux groupes : Richard, Orlando et Hero Buss dans une
maison, Diana, Azucena et Juan Vitta dans une autre,
toute proche. Parfois, à l'annonce d'une perquisition
imminente de la police, ils devaient déménager à la hâte
et à l'improviste, quelle que soit l'heure, sans avoir eu le
temps de rassembler leurs affaires, et parcourir presque
toujours à pied des chemins pentus et escarpés, où ils s'enfonçaient dans la boue, parfois sous des trombes d'eau.
Diana était une femme forte et résolue, mais ces marches
humiliantes et impitoyables, dans les conditions physiques et morales de la captivité, dépassaient de beaucoup
sa capacité de résistance. A d'autres reprises, ils déménagèrent avec une aisance stupéfiante, en plein Medellín et
en taxi, faisant fi des barrages et des patrouilles de police.
Mais pour l'équipe, le plus dur au cours des premières
semaines fut d'être retenue en otage à l'insu de tout le
monde. Ils regardaient la télévision, écoutaient la radio et
lisaient les journaux, mais jusqu'au 14 septembre on ne
mentionna jamais leur disparition. Ce jour-là, le journal
télévisé *Criptón* fit savoir, sans citer de source, qu'ils
n'avaient pas été envoyés en reportage dans les camps de la
guérilla mais enlevés par les Extradables. Plusieurs
semaines encore devaient s'écouler avant que ces derniers
ne revendiquent l'enlèvement.

Originaire d'Antioquia, le responsable de Diana et de
son équipe était un homme intelligent et généreux que

tout le monde appelait don Pacho tout court, sans autre précision. Il avait une trentaine d'années mais sa sérénité était celle d'un homme mûr. Sa seule présence avait pour effet immédiat de résoudre les problèmes de la vie quotidienne et de redonner espoir en l'avenir. Il apportait des cadeaux aux otages, livres, bonbons, cassettes de musique, et les tenait au courant de la guerre et de l'actualité colombienne.

Cependant, ses apparitions étaient occasionnelles et il ne savait pas déléguer son autorité. Les geôliers et les messagers avaient un comportement plutôt chaotique, ne dissimulaient jamais leurs visages, se donnaient des noms de personnages de bande dessinée et, d'un lieu de détention à l'autre, portaient des messages oraux ou écrits aux otages qui y trouvaient, au moins, quelque consolation. Dès la première semaine ils leur achetèrent les survêtements de rigueur, des objets de toilette et la presse locale. Diana et Azucena jouaient avec eux au *parchés*, une sorte de jeu de l'oie, et plus d'une fois elles les aidèrent à faire la liste des courses. Un jour, un geôlier prononça une phrase qu'Azucena, ne pouvant en croire ses oreilles, consigna dans son carnet : « Ne vous faites aucun souci pour l'argent, on en a trop. » Au début, les geôliers menaient une vie décousue, écoutaient de la musique à plein volume, mangeaient à n'importe quelle heure et déambulaient dans la maison en caleçon. Mais Diana s'imposa et remit les choses à leur place. Elle les obligea à porter des vêtements décents, à baisser le volume de la musique qui les empêchait de dormir, et elle chassa de la chambre celui qui voulait dormir sur un matelas au pied de son lit.

Azucena, à vingt-huit ans, était calme et romanesque, et elle ne pouvait se passer de son époux après quatre ans d'apprentissage de vie commune. Elle avait des bouffées de jalousie imaginaire et lui écrivait des lettres d'amour tout en sachant qu'elles ne lui parviendraient jamais. Dès la première semaine elle prit chaque jour des notes d'une grande fraîcheur et d'une grande utilité pour la rédaction ultérieure de son livre. Elle travaillait depuis plusieurs années au journal télévisé de Diana, avec qui elle n'avait que des rapports professionnels. Le malheur les rapprocha. Elles lisaient la presse ensemble, bavardaient jusqu'au petit matin, et tentaient de dormir jusqu'à l'heure du déjeuner. Diana était une bavarde impénitente et Azucena apprenait avec elle des choses sur la vie qu'aucune école n'aurait pu lui enseigner.

Diana a laissé à son équipe le souvenir d'une camarade intelligente, gaie, pleine de vie et d'une grande finesse dans ses analyses politiques. Lorsqu'elle se livrait à la confidence, elle leur faisait part de son sentiment de culpabilité pour les avoir entraînés dans cette aventure imprévisible. « Mon sort ne m'intéresse pas, disait-elle, mais s'il vous arrive quelque chose à vous, je ne pourrai plus jamais vivre en paix avec moi-même. » Elle était inquiète pour la santé de Juan Vitta, auquel la liait une vieille amitié. Il était de ceux qui s'étaient opposés au voyage avec le plus d'énergie et les plus fortes raisons, ce qui ne l'avait pas empêché de partir avec elle à peine remis d'une hospitalisation pour un malaise cardiaque sérieux. Diana ne l'avait pas oublié. Le premier dimanche après l'enlèvement, elle entra en pleurant dans sa chambre et lui demanda s'il ne la détestait pas pour ne pas l'avoir écouté. Juan Vitta lui répondit avec la plus grande franchise. Oui, il l'avait détestée de tout son cœur quand on leur avait dit qu'ils étaient prisonniers des Extradables ; mais il avait fini par l'accepter comme une fatalité du sort. La rancœur des premiers jours avait fait place, en lui aussi, à un sentiment de culpabilité pour n'avoir pas su la dissuader.

Dans une maison voisine, Hero Buss, Richard Becerra et Orlando Acevedo avaient moins de motifs de frayeur, pour le moment du moins. Ils avaient trouvé dans une armoire une quantité inhabituelle de vêtements d'homme, dans leur emballage d'origine et avec des étiquettes de

grandes marques européennes. Les geôliers leur racontèrent que Pablo Escobar avait plusieurs costumes de
rechange dans différentes maisons qui lui servaient de
planques. « Profitez-en, les enfants, plaisantaient-ils, com-
mandez-en autant que vous voudrez. Ça tarde un peu à
cause du transport, mais on peut recevoir n'importe quelle
livraison dans les douze heures. » Les quantités de nourriture et de boissons qu'ils faisaient venir chaque jour à dos
de mule étaient démentielles. Hero Buss leur fit remar-
quer qu'aucun Allemand ne saurait vivre sans bière, si
bien qu'au voyage suivant ils en rapportèrent trois caisses.
« L'ambiance était agréable », a dit par la suite Hero Buss.
Il persuada un geôlier de photographier les trois otages en
train d'éplucher des pommes de terre. Plus tard, quand
dans l'autre maison il fut interdit de prendre des photos,
il réussit à cacher en haut de l'armoire un petit appareil
avec lequel il prit une série de diapositives de Juan Vitta
et de lui-même.

Ils jouaient aux cartes, aux dominos et aux échecs, mais
les otages ne pouvaient suivre les mises irrationnelles des
geôliers ni s'opposer à leurs entourloupes de prestidigitateurs. Ils étaient tous jeunes et le benjamin, qui n'avait pas
plus de quinze ans, se sentait très fier d'avoir remporté, à
un concours d'assassinats de policiers, un prix d'*opera prima*
doté de deux millions de pesos par mort. Leur ignorance
de l'argent était telle que Richard Becerra leur vendit des
lunettes de soleil et une veste de cameraman cinq fois plus
cher que dans le commerce.

De temps en temps, par les nuits de froid, les geôliers
fumaient de la marihuana et s'amusaient avec leurs armes.
A deux reprises, des coups partirent tout seuls. La première fois une balle traversa la porte de la salle d'eau et
blessa un geôlier au genou. Quand ils entendirent à la
radio un appel du pape Jean-Paul II en faveur de la libération des otages, l'un des geôliers s'écria :

« De quoi il se mêle ce salaud d'enfoiré ? »

Un de ses camarades bondit d'indignation et les otages durent intervenir pour qu'ils ne se tirent pas dessus. A l'exception de ce jour-là, Hero Buss et Richard préféraient s'amuser de leurs bagarres plutôt que de se faire du mauvais sang. Orlando, pour sa part, pensait qu'il était de trop dans le groupe et s'était lui-même placé en tête de la liste des condamnés à mort.

A cette époque, ils vivaient divisés en trois groupes dans trois maisons différentes ; Richard et Orlando dans la première, Hero Buss et Juan Vitta dans la seconde et Diana et Azucena dans une troisième. Les ravisseurs conduisirent les deux premiers en taxi au vu et au su de tout le monde, au milieu de la circulation endiablée du quartier commerçant et alors qu'ils étaient recherchés par tous les services de sécurité de Medellín. Ils les installèrent dans une maison encore en construction, à l'intérieur d'une pièce de deux mètres sur deux qui avait tout d'une cellule, avec des WC sales et sans lumière, sous la garde de quatre geôliers. Pour dormir il n'y avait que deux matelas à même le sol. Dans une pièce contiguë, toujours fermée, se trouvait un autre otage pour la libération duquel, d'après les geôliers, ils demandaient un rançon de milliardaire. C'était un mulâtre corpulent, avec une chaîne en or massif autour du cou, qu'ils gardaient ligoté dans l'isolement le plus absolu.

La maison où Diana et Azucena passèrent la plus grande partie de leur captivité était grande et confortable et semblait être la résidence d'un parrain important. Elles prenaient leurs repas à la table familiale, participaient aux conversations privées, écoutaient des disques à la mode, dont ceux de Rocío Durcal et Joan Manuel Serrat. C'est dans cette maison que Diana regarda une émission de télévision tournée dans son appartement de Bogota, et se rappela soudain qu'elle avait caché les clés de l'armoire quelque part, mais elle ne put se souvenir si c'était derrière les cassettes ou derrière le téléviseur de la chambre à coucher. Elle s'aperçut aussi qu'elle avait oublié de fermer le coffre-fort tant était grande sa hâte de partir pour ce voyage de malheur. « Pourvu que personne n'ait fourré son nez là-dedans », écrivit-elle dans une lettre à sa mère. Quelques jours plus tard, au cours d'une émission de télévision d'apparence ordinaire, elle reçut une réponse qui la rassura.

Les otages n'avaient en rien perturbé la vie de la famille. Des dames inconnues venaient en visite, les traitaient comme des proches et allaient même jusqu'à leur offrir des médailles et des images pieuses afin que les saints les aident à retrouver leur liberté. Parfois, c'étaient des familles entières avec les enfants et les chiens qui s'ébattaient dans les chambres. L'inclémence du temps était un problème, et elles ne pouvaient profiter des rares journées de soleil parce qu'il y avait toujours des ouvriers à l'œuvre. A moins que ce ne fussent des geôliers déguisés en maçons. Sur les photos que Diana et Azucena prirent l'une de l'autre, sur le lit, on ne remarque encore aucun changement physique. Mais sur une autre, prise trois mois plus tard, on voit à quel point Diana a maigri et vieilli.

Le 19 septembre, quand elle apprit que Marina Montoya et Francisco Santos avaient été enlevés, Diana comprit aussitôt, sans les éléments d'analyse dont on disposait audehors, que son enlèvement n'était pas un acte isolé, comme elle l'avait d'abord cru, mais une opération politique avec d'importants prolongements ayant pour but de négocier les termes d'une reddition. Don Pacho le lui confirma : il existait une liste précise de journalistes et de personnalités qui seraient kidnappés à mesure que les intérêts des ravisseurs l'exigeraient. C'est alors que Diana décida de tenir un journal, non pas tant pour raconter ses journées de détention que pour noter ses états d'âme et son appréciation des événements : anecdotes de captivité, analyses politiques, observations du comportement des uns et des autres, messages sans réponses adressés à sa famille ou à Dieu, à la Vierge, à l'Enfant Jésus. A plusieurs reprises elle écrivit des prières, dont le *Notre Père* et le *Je vous salue Marie*, une façon sans doute originale et plus profonde de manifester sa foi.

Diana, à l'évidence, ne songeait pas à publier ses écrits mais à dresser un mémorandum politique et humain que l'enchaînement des faits transforma en une conversation bouleversante avec elle-même. Elle l'écrivit de sa calligraphie grande et ronde, appuyée mais difficile à déchiffrer, qui remplissait en entier les interlignes du cahier d'écolier. Au début, elle écrivait en cachette, à l'aube, mais quand les geôliers le découvrirent, ils lui apportèrent du papier et des crayons en quantité suffisante pour l'occuper pendant qu'ils dormaient.

Sa première note date du 27 septembre, une semaine après l'enlèvement de Marina et de Pacho, et dit : « Depuis le mercredi 19, jour où le responsable de cette opération est venu, il s'est passé tant de choses que je n'ai plus le courage de rien. » Elle se demandait pourquoi leur enlèvement n'avait pas été revendiqué, et supposait que les ravisseurs envisageaient peut-être de les tuer sans faire de scandale au cas où leurs exigences ne seraient pas satisfaites. « C'est ce que je crois et j'en suis horrifiée », écrivit-elle. Elle s'inquiétait de la santé de ses camarades plus que de la sienne, et s'intéressait à toutes les informations, d'où qu'elles viennent, qui lui permettaient de faire le point sur leur situation. Depuis toujours elle était catholique pratiquante, comme tous les siens et en particulier sa mère, et à mesure que le temps passait sa foi se faisait plus intense et profonde, confinant au mysticisme. Elle priait Dieu et la Vierge Marie pour tout ce qui touchait de près ou de loin à sa vie, et même pour Pablo Escobar. « C'est peut-être lui qui a le plus besoin de ton aide », écrivait-elle, s'adressant à Dieu. « Je sais que tu t'efforces de lui faire voir le bien pour éviter plus de douleur encore, et je te supplie en son nom que tu lui fasses comprendre notre situation. »

Pour tous les otages, le plus difficile fut sans aucun doute d'apprendre à vivre avec les geôliers. Ceux de Maruja et de Beatriz étaient quatre jeunes hommes sans formation aucune, brutaux et instables, qui se relayaient deux par deux toutes les douze heures, assis par terre, pistolets-mitrailleurs chargés. Ils portaient tous des tee-shirts publicitaires, des tennis et des shorts parfois taillés dans des pantalons dont ils avaient eux-mêmes coupé les jambes avec un sécateur. L'un des deux qui prenaient la garde à six heures du matin dormait jusqu'à neuf heures pendant que l'autre surveillait les prisonnières, mais ils s'endormaient presque toujours tous les deux en même temps. Maruja et Beatriz songèrent plus d'une fois que, si un commando de policiers donnait l'assaut à la maison, les geôliers n'auraient même pas le temps de se réveiller.

Ils avaient en commun un fatalisme absolu. Ils savaient qu'ils mourraient jeunes, y étaient résignés, et pour eux seul comptait le moment présent. Comme excuses à leur abominable métier, ils avançaient qu'ils devaient aider leur famille, acheter des vêtements de bonne qualité, rouler en motocyclette et veiller sur le bonheur de leur mère, qu'ils adoraient par-dessus tout et pour qui ils étaient prêts à mourir. Ils vivaient accrochés à l'Enfant Jésus et à Notre-Dame du Bon Secours, comme leurs otages. Ils imploraient chaque jour leur protection et leur miséricorde, avec une dévotion pervertie par les sacrifices qu'ils s'imposaient et les vœux qu'ils formulaient pour réussir leurs crimes. Ils rendaient un culte aux saints et au Rohypnol, un tranquillisant qui leur permettait de commettre dans la vie réelle les exploits qu'ils voyaient au cinéma. « Avec un verre de bière on est tout de suite speedé, expliquait un des geôliers. Un pote vous prête un flingue et on pique une bagnole rien que pour faire un tour. Ce qui est géant, c'est les jetons qu'ils ont quand ils vous donnent les clés. » Ils haïssaient tout le reste : hommes politiques, gouvernement, Etat, justice, police, la société tout entière. La vie, disaient-ils, c'est de la merde.

Au début, les prisonniers ne pouvaient pas les reconnaître car ils ne voyaient que la cagoule. Ils se ressemblaient tous et c'était comme s'ils ne faisaient qu'un. Le temps leur révéla qu'une cagoule peut dissimuler un visage mais non un caractère. C'est ainsi qu'ils apprirent à les distinguer. Chaque cagoule avait une identité singulière, une façon d'être spécifique, une voix unique. Plus encore : elle avait un cœur. Ainsi, sans le vouloir, les otages finirent par partager avec les geôliers la solitude de l'enfermement. Ensemble ils jouaient aux cartes et aux dominos, cherchaient la solution de mots croisés et de devinettes dans de vieilles revues.

Soumise aux lois de ses geôliers, Marina n'était pas impartiale. Elle en aimait certains et en détestait d'autres, décochait aux uns et aux autres des commentaires malicieux aux accents maternels, et finissait par faire des histoires qui mettaient en danger l'harmonie de la cellule. Mais quand elle les obligeait à réciter le rosaire, ils obéissaient.

Pendant leur premier mois de captivité, il y eut un geôlier qui souffrait de crises de démence soudaines et fréquentes. Ils l'appelaient Barrabás. Il adorait Marina et la couvrait de baisers et de caresses, mais en revanche il fut dès le premier jour l'ennemi juré de Maruja. La folie le prenait tout à coup, il donnait des coups de pied dans le téléviseur et se cognait la tête contre les murs.

Le geôlier le plus bizarre, sombre, silencieux, maigre, mesurant près de deux mètres, enfilait par-dessus sa cagoule un morceau de survêtement bleu marine qui lui donnait l'allure d'un moine fou. D'ailleurs, c'est ainsi qu'ils le surnommaient : le Moine, *el Monje*. Il demeurait de longs moments accroupi et en transe. Il devait être là depuis longtemps car Marina le connaissait très bien et lui prodiguait des gentillesses. Parmi les cadeaux qu'il lui rapportait quand il rentrait de congé, il y eut un crucifix en plastique que Marina portait autour du cou attaché par le ruban d'origine. Elle était la seule à avoir vu son visage car, avant l'arrivée de Maruja et de Beatriz, aucun des geôliers n'était cagoulé et ne cherchait à masquer son identité. Pour Marina, cela signifiait qu'elle ne sortirait pas vivante de cette prison. Elle disait de lui que c'était un adolescent gracieux avec les plus beaux yeux du monde, et Beatriz la croyait parce qu'il avait des cils si fournis et si longs qu'ils dépassaient des trous de la cagoule. Il était capable du meilleur comme du pire. C'est lui qui s'aperçut que Beatriz portait au cou une chaîne avec une médaille de la Vierge des Miracles.

« Ici, c'est interdit de porter une chaîne, dit-il. Donnez-moi ça. »

Beatriz se défendit, angoissée :

« Vous ne pouvez pas me la prendre. Ça me porterait malheur et il m'arriverait quelque chose. »

Angoissé à son tour, il lui expliqua que les médailles étaient interdites parce qu'il pouvait y avoir à l'intérieur des puces électroniques pour localiser les otages à distance. Mais il trouva une solution.

« Voilà ce qu'on va faire, proposa-t-il. Gardez la chaîne mais donnez-moi la médaille. Excusez-moi, mais je ne fais qu'obéir aux ordres. »

Lamparón, de son côté, était obsédé par la pensée qu'on allait le tuer et il était secoué de spasmes de terreur. Il entendait des bruits fantastiques, prétendait qu'il avait le visage barré d'une terrible cicatrice, peut-être pour tromper ceux qui cherchaient à l'identifier. Il nettoyait à l'alcool tout ce qu'il touchait afin de ne pas laisser d'empreintes. Marina se moquait de lui mais ne parvenait pas à calmer ses délires. Il se réveillait soudain en pleine nuit. « La police, murmurait-il, terrorisé. La police est là. » Un

soir, il éteignit la veilleuse et Maruja se cogna à la porte de
la salle d'eau, si fort qu'elle faillit perdre connaissance.
Lamparón, par-dessus le marché, se fâcha parce qu'elle ne
savait pas se déplacer dans le noir.

« Ça suffit, rétorqua Maruja. On n'est pas dans un film
policier. »

Les geôliers eux aussi paraissaient des otages. Ils ne pouvaient circuler dans la maison et passaient leur temps de
repos dans une autre pièce fermée à double tour afin qu'ils
ne puissent pas s'échapper. Ils étaient tous de la région
d'Antioquia et connaissaient mal Bogota. L'un d'eux
raconta que, quand ils avaient fini leur service, toutes les
trois semaines ou tous les mois, on les emmenait les yeux
bandés dans le coffre d'une voiture pour qu'ils ne sachent
pas où ils se trouvaient. Un autre avait peur qu'on l'exé-
cute quand on n'aurait plus besoin de lui, afin qu'il
emporte ses secrets dans la tombe. Des chefs venaient, à
l'improviste, cagoulés et bien habillés, écouter les rapports
et donner des instructions. Leurs décisions étaient imprévisibles et les otages comme les geôliers étaient à leur
merci.

Le petit déjeuner des prisonnières arrivait à n'importe
quelle heure : du café au lait, une *arepa* et une saucisse.
Elles déjeunaient de haricots ou de lentilles flottant dans
une eau grisâtre, de quelques morceaux de viande enrobés
de graisse, d'une cuillerée de riz et d'une boisson gazeuse.
Elles devaient manger assises sur le matelas car il n'y avait
pas de chaise dans la pièce, et avec une cuiller car les règles
de sécurité interdisaient couteaux et fourchettes. Il fallait
improviser le dîner avec les restes du déjeuner en réchauf-
fant les haricots.

Aux dires des geôliers, le propriétaire de la maison,
qu'ils appelaient le majordome, gardait presque tout l'argent du budget pour lui. Robuste, la quarantaine passée,
de taille moyenne, on pouvait deviner son visage de faune
à sa diction nasillarde et aux yeux injectés de sang et gon-

flés de sommeil que l'on apercevait par les trous de la cagoule. Il vivait avec une femme de petite taille, déguenillée et aux dents pourries, qui criait tout le temps. Elle s'appelait Damaris et malgré son oreille d'artilleur, elle chantait toute la journée à tue-tête de la *salsa*, des *bambucos* et des *vallenatos* avec un tel enthousiasme qu'il était impossible de l'imaginer d'une autre façon qu'en train de danser toute seule dans la maison sur ses propres mélodies.

Les assiettes, les verres et les draps n'étaient lavés et changés que lorsque les otages protestaient. Les WC, disponibles quatre fois par jour pas plus, restaient fermés le dimanche quand la famille sortait pour éviter que le bruit de la chasse d'eau n'attire l'attention des voisins. Les geôliers urinaient dans le lavabo ou dans le bac de la douche. Damaris ne tentait de dissimuler sa négligence que lorsqu'on entendait l'hélicoptère des chefs, et elle y mettait alors toute sa hâte en utilisant une technique de pompiers, c'est-à-dire en lavant les sols et les murs avec le tuyau d'arrosage. Elle regardait les feuilletons de la télévision tous les jours jusqu'à treize heures, après quoi elle jetait pêle-mêle dans la cocotte-minute tout ce qui servait pour le déjeuner – viande, légumes, pommes de terre, haricots – et le mettait à cuire jusqu'à ce que la soupape siffle.

Ses fréquentes querelles avec son mari mettaient en évidence son caractère colérique et sa fantaisie délirante dans l'invention d'insultes qui touchaient parfois au génie. Le couple avait deux filles, de neuf et sept ans, qui allaient à l'école voisine et invitaient de temps en temps d'autres enfants à regarder la télévision ou à jouer dans le patio. L'institutrice venait quelquefois le samedi, et des amis plus bruyants débarquaient à tout moment pour improviser des fêtes avec de la musique. Alors, ils fermaient la porte de la cellule à double tour, obligeaient otages et geôliers à éteindre la radio et à couper le son du téléviseur, et leur interdisaient de se rendre aux toilettes même en cas d'urgence.

Fin octobre, Diana Turbay se rendit compte qu'Azucena était inquiète et triste. Elle avait passé toute une journée sans dire un mot et repliée sur elle-même, ce qui n'était pas étonnant car elle avait une capacité d'abstraction hors du commun, surtout quand elle lisait et d'autant plus s'il s'agissait de la Bible. Mais ce jour-là, son mutisme était accompagné d'une humeur craintive et d'une pâleur inhabituelle. Diana l'incita à se confier, et elle avoua que depuis deux semaines, elle avait peur d'être enceinte. Ses calculs étaient clairs. Elle était en prison depuis plus de cinquante jours et c'était son deuxième retard. Diana bondit de joie à cette heureuse nouvelle, une réaction bien à elle, mais elle fut très vite gagnée par l'abattement d'Azucena.

Lors d'une de ses premières visites, don Pacho leur avait promis qu'elles seraient libres le premier jeudi d'octobre. Au vu des changements notoires elles l'avaient cru : meilleur traitement, meilleure nourriture, plus grande liberté de mouvements. Cependant, il y avait toujours un prétexte pour reculer la date. Après le jeudi annoncé, don Pacho leur dit qu'elles seraient libres le 9 décembre pour fêter les élections à l'Assemblée constituante, puis le jour de Noël, puis celui du Nouvel An, des rois, de l'anniversaire d'Untel, puis de plus en plus tard comme s'il s'agissait d'égrener des dates qui finissaient par ressembler à autant d'attrape-nigauds.

Don Pacho vint les voir en novembre. Il leur apporta des livres, la presse du jour, de vieux magazines et des tablettes de chocolat. Il leur parla des autres prisonniers. Quand Diana avait appris qu'elle n'était pas prisonnière du père Pérez, elle avait à tout prix voulu obtenir un entretien avec Pablo Escobar, non pas pour le publier si tant est que ce fût possible, mais pour discuter avec lui des conditions de sa reddition. Fin octobre, don Pacho lui avait répondu que sa requête allait être satisfaite. Mais les journaux du 7 novembre donnèrent un coup mortel à son rêve : la retransmission du match Medellín-El Nacional fut interrompue par l'annonce de l'enlèvement de Maruja Pachón et de Beatriz Villamizar.

Juan Vitta et Hero Buss l'apprirent dans leur cellule, et ce fut pour eux la pire des nouvelles. Eux aussi étaient arrivés à la conclusion qu'ils n'étaient que des figurants dans un film d'horreur. « Des pièces de rechange », comme disait Juan Vitta. Des « détritus », comme les appelaient leurs geôliers. L'un d'eux, au cours d'une discussion houleuse, s'était écrié à l'adresse d'Hero Buss :

« Taisez-vous, vous êtes de trop ici. »

Juan Vitta sombra dans une terrible dépression, refusa toute nourriture, perdit le sommeil et la tête, et choisit la solution charitable de mourir une fois pour toutes plutôt que des millions de fois chaque jour. Il était pâle, avait un bras comme anesthésié, respirait avec difficulté et dormait par à-coups. Il parlait avec ses parents morts qu'il voyait en chair et en os au pied de son lit. Alarmé, Hero Buss fit un scandale à l'allemande. « Si Juan meurt ici vous serez tous tenus pour responsables », dit-il aux geôliers qui finirent par l'entendre.

Ils firent venir le docteur Conrado Prisco Lopera, le frère de David Ricardo et d'Armando Alberto Prisco Lopera, de la fameuse bande des Prisco, qui travaillaient avec Pablo Escobar depuis les débuts de celui-ci dans le trafic de drogue, et que l'on désignait comme les organisateurs des bandes de tueurs adolescents de la commune du nord-est de Medellín. On disait qu'ils commandaient une bande de petits nervis chargés des basses besognes et de la surveillance des otages. En revanche, le corps médical tenait le docteur Conrado pour un confrère honorable dont le seul défaut était d'avoir été ou d'être le médecin personnel de Pablo Escobar. Conrado Prisco Lopera arriva à visage découvert et surprit Hero Buss par une phrase lancée en bon allemand :

« *Hallo, Hero, wie geht's uns.* »

La visite fut providentielle pour Juan Vitta, non en raison du diagnostic, un grave état de stress, mais parce qu'il avait la passion de la lecture. Le seul médicament que le docteur Prisco Lopera lui prescrivit fut une potion de bons livres. Mais les informations politiques qu'il leur donna eurent sur les otages l'effet contraire : celui d'un remède empoisonné.

En novembre, les malaises de Diana s'aggravèrent : migraines, douleurs spasmodiques, dépression aiguë, mais dans son journal rien n'indique qu'elle ait reçu la visite du médecin. Sans doute crut-elle que son état dépressif était dû au statu quo de leur situation, de plus en plus incertaine à mesure que l'année tirait à sa fin. « Ici, le temps ne s'écoule pas comme nous le sentons s'écouler d'habitude, écrivait-elle. On n'a envie de rien. » Une note de cette époque rend compte du pessimisme qui l'étouffait : « Je suis parvenue à faire un bilan de ce qu'a été ma vie jusqu'au jour d'aujourd'hui : que d'amour, que d'immaturité à l'instant de prendre des décisions importantes, et que de temps gâché à des choses qui n'en valaient pas la peine ! » Sa profession occupait une place privilégiée dans cet examen de conscience radical : « Mes convictions sur ce qu'est et doit être l'exercice du journalisme sont plus fermes de jour en jour, et pourtant rien n'est clair et je manque de recul. » Les doutes n'épargnaient même pas la revue qu'elle dirigeait « très insuffisante tant du point de vue commercial qu'éditorial ». Et elle décréta d'un trait de plume : « Elle manque de profondeur et d'analyse. »

Pour chacun des otages, les journées s'écoulaient dans l'attente des visites de don Pacho qui, toujours annoncées et peu de fois réalisées, étaient la mesure du temps. Ils entendaient les avions ou les hélicoptères qui survolaient la maison et leur donnaient l'impression de missions de routine. Pourtant, à chaque survol, les geôliers saisissaient leurs armes et se mettaient aussitôt en position de combat.

Les otages savaient, car on le leur avait dit à plusieurs reprises, qu'en cas d'assaut les geôliers n'hésiteraient pas à les tuer.

Malgré tout, novembre s'acheva sur un espoir. Les doutes qui rongeaient Azucena se dissipèrent : ses symptômes de grossesse n'étaient provoqués que par la tension nerveuse. Mais elle ne s'en réjouit pas, bien au contraire. La première peur passée, l'idée d'avoir un enfant était devenue une sorte de rêve qu'elle se promettait de revivre dès qu'elle serait libre. Diana, de son côté, entrevit une lueur d'espoir en prenant connaissance des déclarations des Notables sur un éventuel accord.

Maruja et Beatriz employèrent le reste de novembre à tenter tant bien que mal de s'adapter. Chacune à sa façon s'était fabriqué une stratégie de survie. Beatriz, qui a du courage et du tempérament à revendre, voulut dédramatiser la réalité. Elle tint le coup les dix premiers jours, puis prit conscience que la situation était plus aléatoire et plus compliquée qu'elle ne l'avait imaginé, et biaisa pour affronter l'adversité. Maruja, qui garde toujours la tête froide malgré un optimisme à toute épreuve, s'était rendu compte dès le début qu'il lui faudrait faire face à une situation qui lui échappait et que la détention serait longue et difficile. Elle se replia sur elle-même comme un escargot dans sa coquille, économisa son énergie, poussa la réflexion aussi loin que possible et se fit à l'idée inévitable qu'elle pouvait mourir. « On ne sortira pas vivantes d'ici », se dit-elle un jour, et à sa grande surprise elle constata que ce fatalisme avait sur elle l'effet contraire. Dès cet instant, elle se sentit maîtresse d'elle-même, capable d'être à l'écoute de tout et de tous et de parvenir par sa force de persuasion à rendre la discipline moins rigide. Au bout de trois semaines elles ne pouvaient plus supporter la télévision, elles avaient rempli toutes les grilles de mots croisés et lu les rares articles lisibles dans les magazines trouvés dans la chambre et que d'autres otages avaient peut-être lus avant elles. Comme elle l'avait toujours fait, même aux pires moments de sa vie, Maruja s'octroya deux heures quotidiennes de solitude absolue. En dépit de tout, les premières informations de décembre leur donnèrent des motifs d'espérer. Alors que Marina lançait ses terribles prophéties, Maruja se mit à inventer pour entretenir l'optimisme des jeux auxquels Marina prit très vite goût : par exemple si l'un des geôliers levait le pouce en signe d'approbation, cela voulait dire que tout irait bien. Un jour, Damaris ne fit pas les courses, ce qu'elles interprétèrent comme le signe qu'elles n'avaient plus besoin de rien parce qu'on allait les relâcher. Elles s'amusaient à imaginer leur libération, en fixaient la date et les circonstances. Comme elles vivaient dans les ténèbres, elles rêvaient qu'elles seraient libres par une belle journée ensoleillée et qu'elles donneraient une fête sur la terrasse de l'appartement de Maruja. « Que voulez-vous manger ? » demandait Beatriz. Marina, fin cordon-bleu, dictait un menu de rois. Ce qui au début n'était qu'un jeu devenait réalité à la fin, et elles se préparaient, s'habillaient, se maquillaient comme pour sortir. Le 9 décembre, une des dates prévues pour leur libération en raison des élections à l'Assemblée constituante, elles se tinrent prêtes, répétèrent la conférence de presse pour laquelle elles avaient préparé une à une les réponses aux questions qu'on leur poserait. Elles passèrent toute la journée dans une anxiété qui, le soir, ne tourna pourtant pas à l'angoisse parce que Maruja avait la certitude absolue que tôt ou tard, et sans l'ombre du moindre doute, son mari les libérerait.

# Chapitre 4

L'enlèvement des journalistes avait donc été une riposte à l'idée qui tourmentait le Président César Gaviria depuis qu'il avait été ministre du gouvernement de Virgilio Barco : apporter une solution juridique à la guerre contre le terrorisme. Cette question avait été au centre de sa campagne à l'élection présidentielle, et il l'avait soulignée lors de son discours d'investiture en insistant sur le fait que le terrorisme des barons de la drogue était un problème national dont la solution pouvait être nationale, alors que le trafic lui-même était international et exigeait des solutions internationales. La priorité était donc le narco-terrorisme car, aux premières bombes l'opinion publique avait réclamé la prison pour les trafiquants, aux suivantes elle avait réclamé l'extradition, mais à partir du quatrième attentat elle avait commencé à réclamer leur grâce. Aussi l'extradition devait-elle être un instrument à n'utiliser qu'en cas d'urgence pour précipiter la reddition des délinquants, et Gaviria était prêt à l'appliquer sans atermoiements.

Dans les premiers jours qui suivirent son entrée en

fonction, c'est à peine s'il eut le temps d'aborder le sujet
tant il était accaparé par l'organisation du gouvernement
et la convocation d'une Assemblée nationale constituante
qui aurait pour tâche d'entreprendre, pour la première fois
en cent ans, une grande réforme de l'Etat. Depuis l'assassinat de Luis Carlos Galán, Rafael Pardo partageait son
inquiétude à propos du terrorisme, mais il était lui aussi
débordé par ses nouvelles obligations. Il se trouvait dans
une situation singulière. Sa nomination comme conseiller
à la sécurité et à l'ordre public avait été l'une des premières
effectuée en ce palais présidentiel secoué par la fougue
rénovatrice d'un des présidents les plus jeunes de ce siècle,
féru de poésie et grand admirateur des Beatles, favorable à
un changement profond qu'il avait baptisé du modeste
nom de *Revolcón*. Rafael Pardo circulait au milieu de cette
tornade avec une serviette bourrée de dossiers qu'il emportait partout, et il s'installait pour travailler là où il le pouvait. Sa fille Laura croyait qu'il avait perdu son emploi
parce qu'il sortait et rentrait chez lui à n'importe quelle
heure du jour ou de la nuit. En vérité, cette bohème forcée
par les circonstances s'accordait très bien à la façon d'être
de Rafael Pardo qui avait des allures de poète plutôt que
de fonctionnaire. Il avait trente-huit ans et sa formation
universitaire était évidente et solide : études secondaires
au Gimnasio Moderno de Bogota, diplôme d'économie à
l'université des Andes où il avait été pendant neuf ans
enseignant et chercheur, doctorat de planification à l'Institut des sciences sociales de La Haye. C'était en outre un
lecteur frénétique de tout ce qui lui tombait sous la main,
et en particulier de deux domaines très éloignés l'un de
l'autre : la poésie et le renseignement. A l'époque, il
n'avait que quatre cravates, cadeaux des quatre précédents
Noël, et par goût il ne les portait jamais mais en avait toujours une dans sa poche en cas de besoin. Il assortissait
veste et pantalon sans souci d'élégance ou de mode, enfilait par distraction des chaussettes de couleurs différentes

et chaque fois qu'il le pouvait vivait en manches de chemise car il ne faisait pas la différence entre la chaleur et le froid. Ses plus grandes orgies consistaient à jouer au poker jusqu'à deux heures du matin avec sa fille Laura, dans un silence absolu et avec des haricots en guise d'argent. Claudia, son épouse patiente et belle, était exaspérée parce qu'à la maison il se comportait comme un somnambule, sans même savoir trouver un verre, fermer une porte ou prendre des glaçons dans le réfrigérateur, et il avait la faculté presque magique d'ignorer ce qu'il ne supportait pas. Malgré tout, les traits les plus étranges de sa personnalité étaient son air impénétrable qui ne laissait jamais rien transparaître de ses pensées, et son impitoyable talent pour résumer une conversation en deux mots ou mettre fin à une discussion frénétique par un monosyllabe lapidaire.

Toutefois, ses camarades d'université et ses collègues de travail ne comprenaient pas son étourderie domestique car ils le tenaient pour un travailleur intelligent, ordonné et d'une effroyable sérénité, qui prenait des airs d'hurluberlu pour mieux donner le change. Irascible devant les problèmes faciles et d'une grande patience avec les causes perdues, il avait un caractère bien trempé, à peine modéré par un sens de l'humour imperturbable et narquois. Le Président Virgilio Barco avait sans doute apprécié l'utilité de sa réserve et son penchant pour les mystères, car il l'avait chargé des négociations avec la guérilla et des programmes de réinsertion des criminels dans les zones de conflits, et c'est à ce titre qu'il avait obtenu la signature des accords de paix avec le M-19. Le Président Gaviria, qui rivalisait avec lui en matière de secrets d'Etat et de silences insondables, lui confia en outre les problèmes de sécurité et d'ordre public dans l'un des pays les moins sûrs et les plus chaotiques du monde. Rafael Pardo prit ses fonctions avec son cabinet au grand complet dans sa serviette, et pendant deux semaines il dut demander la permission d'utiliser les toilettes et le téléphone des autres. Mais le Président le consultait sur tout pour un oui ou pour un non et l'écoutait dans les réunions difficiles comme si ses mots avaient une valeur prémonitoire. Un soir qu'ils étaient restés seuls, le Président lui demanda :

« Dites-moi don Rafael, il ne vous est jamais venu à l'esprit qu'un de ces individus pourrait se livrer à la justice sans que nous puissions retenir contre lui la moindre charge permettant de le jeter en prison ? »

C'était le nœud du problème : harcelés par la police, les terroristes ne se décidaient pas à se rendre parce qu'ils n'avaient aucune garantie ni pour eux ni pour leurs familles, et de son côté l'Etat, s'il les arrêtait, n'avait aucune preuve pour les condamner. L'idée était de trouver une formule juridique qui leur permettrait de passer aux aveux en échange de leur propre sécurité et de celle de leurs familles. Rafael Pardo avait déjà réfléchi au problème quand il appartenait au gouvernement précédent, et il avait encore sur lui quelques notes égarées au fond de sa serviette lorsque Gaviria lui posa la question. Elles constituaient un début de solution : celui qui se livrerait à la justice verrait sa peine réduite s'il avouait un délit passible de jugement, et il aurait droit à une remise de peine supplémentaire s'il abandonnait à l'Etat des biens ou une somme d'argent. C'était tout, mais pour le Président ce fut lumineux car cette ébauche coïncidait avec sa volonté politique de mener une stratégie qui ne fût ni de paix ni de guerre mais de justice, et qui priverait le terrorisme de tout argument sans renoncer à l'indispensable menace de l'extradition.

Le Président Gaviria en toucha deux mots à son ministre de la Justice, Jaime Giraldo Angel. Celui-ci saisit l'idée au vol, car il songeait depuis un certain temps déjà au moyen de porter le problème du trafic de drogue devant les tribunaux. De plus, tous deux voyaient dans l'extradition des trafiquants colombiens un instrument pour les obliger à se rendre.

Avec ses airs de savant dans la lune, sa précision verbale et son habileté précoce à se servir d'un ordinateur, Giraldo Angel paracheva la formule de quelques idées personnelles et de quelques autres puisées dans le Code pénal. Du samedi au dimanche, il rédigea un brouillon sur son ordinateur portable de journaliste, et le lundi matin à la première heure il le montra au Président, encore raturé et amendé de sa main. Le titre, écrit au stylo à plume, était l'embryon d'un document historique : *Soumission à la justice.*

Gaviria est très méticuleux quand il s'agit des projets qu'il défend, et il ne portait les siens devant le Conseil des ministres que s'il était certain qu'ils seraient approuvés. Si bien qu'il examina dans les moindres détails le brouillon avec Giraldo Angel et Rafael Pardo, qui n'est pas avocat mais dont les rares avis sont toujours précieux. Puis il envoya la version la plus élaborée au conseil de sécurité où Giraldo Angel trouva le soutien nécessaire en la personne du général Oscar Botero, ministre de la Défense, et en celle du directeur des affaires criminelles, Carlos Mejia Escobar, un jeune juriste compétent, qui fut chargé un peu plus tard de l'application du décret. Le général Maza Márquez ne s'opposa pas au projet, bien que dans la lutte contre le cartel de Medellín il considérât inutile toute option autre que la guerre. « Le pays ne s'en sortira pas tant qu'Escobar sera en vie », avait-il coutume de dire. Car il était convaincu qu'Escobar ne se rendrait que s'il avait l'assurance de pouvoir poursuivre ses affaires depuis la prison et sous la protection du gouvernement.

Dans le projet présenté au Conseil des ministres il était précisé qu'il ne s'agissait pas d'entrer en pourparlers avec le terrorisme pour conjurer un malheur de l'humanité dont les premiers responsables étaient les pays consommateurs. Bien au contraire : il s'agissait, dans le cadre de la lutte contre le trafic de drogue, de donner à l'extradition une portée juridique plus grande en proposant la non-extradition comme la première d'une série de mesures et de garanties destinées à récompenser ceux qui se livreraient à la justice.

La date limite après laquelle aucun crime ne pourrait être pris en considération par les juges fut l'objet de discussions cruciales. Elle signifiait qu'il ne saurait y avoir de remises de peine pour les crimes commis après la date de publication du décret. Le secrétaire général de la Présidence, Fabio Villegas, était celui qui s'opposait avec le plus de lucidité à la fixation d'une date limite, en s'appuyant sur un argument solide : passé ce délai pour les délits susceptibles de remises de peine, le gouvernement se retrouverait sans politique. Cependant, la majorité des ministres se rangea aux côtés du Président et décida de garder le principe de la date limite, au risque de voir le décret devenir un sauf-conduit pour que les criminels continuent de commettre leurs crimes jusqu'à ce qu'il leur plaise de se livrer à la justice.

Afin que le gouvernement ne puisse être soupçonné de pourparlers illégaux ou indignes, le Président Gaviria et Giraldo Angel s'accordèrent pour ne recevoir aucun émissaire direct des Extradables tout le temps que dureraient les procès et de ne négocier ni avec eux ni avec personne aucun cas tombant sous le coup de la loi. C'est-à-dire qu'ils ne discuteraient que d'opérations concrètes et jamais de principes. Le directeur national des affaires criminelles, qui ne dépend pas du pouvoir exécutif et n'est pas nommé par lui, serait chargé d'entrer en contact avec les Extradables ou leurs représentants légaux. Tous les entretiens seraient consignés par écrit et enregistrés.

Le projet de décret, mis au point avec une rapidité fébrile et une discrétion peu communes en Colombie, fut approuvé le 5 septembre 1990. En vertu de ce décret d'état de siège n° 2047, ceux qui se livreraient à la justice et avoueraient leurs crimes pourraient bénéficier, en échange, de la non-extradition ; ceux qui, en plus de reconnaître leurs crimes, collaboreraient avec la justice, bénéficieraient en outre d'une remise d'un tiers de leur peine s'ils se rendaient et passaient aux aveux, et d'un sixième de leur peine s'ils dénonçaient d'autres narco-trafiquants. Au total : la remise pouvait aller jusqu'à la moitié de la condamnation requise pour un ou tout délit relevant de l'extradition. C'était la justice dans son expression la plus simple et la plus pure : la corde et le garrot. Le Conseil des ministres signa le décret en même temps qu'il approuva trois extraditions et en refusa trois autres, afin de bien souligner que pour le nouveau gouvernement la non-extradition n'existait qu'en fonction du décret.

En fait, plus qu'un simple décret, il s'agissait pour le Président de la République de la mise en œuvre d'une politique bien définie dans la lutte contre le terrorisme et la criminalité et non pas contre le terrorisme des seuls trafiquants. Devant le conseil de sécurité, le général Maza Márquez se gardait bien de dire tout haut ce qu'il pensait tout bas du décret, mais quelques années plus tard, lors de sa campagne électorale pour les présidentielles, il le condamna sans pitié comme « un leurre de cette époque ». « On a en son nom maltraité la majesté de la justice, écrivit-il alors, et jeté par-dessus bord la respectabilité historique du droit pénal. »

La route fut longue et difficile. Les Extradables — connus dans le monde entier comme la raison sociale de Pablo Escobar — rejetèrent d'emblée le décret mais laissèrent une porte entrouverte pour tenter d'obtenir beaucoup plus. Ils invoquaient comme motif principal que le décret ne disait pas de manière indiscutable et claire qu'ils ne seraient pas extradés. Ils voulaient aussi qu'on les considère comme des adversaires politiques et non comme des criminels de droit commun, et qu'on les traite comme les guérilleros du M-19, qui avaient été amnistiés et dont le mouvement avait été légalisé en parti politique. Un de ses membres était ministre de la Santé et tous les autres participaient à la campagne pour les élections à l'Assemblée constituante. Les Extradables voulaient aussi être détenus dans des prisons de haute sécurité, à l'abri de leurs ennemis, et exigeaient des garanties pour la vie de leurs familles et de leurs partisans.

On a dit qu'en promulguant ce décret, le gouvernement avait cédé aux pressions des barons de la drogue qui avaient enlevé les journalistes. En réalité, le projet était déjà à l'étude bien avant l'enlèvement de Diana Turbay, et le décret avait été promulgué quand les Extradables, frappant encore plus fort, kidnappèrent presque en même temps Francisco Santos et Marina Montoya. Plus tard, quand ils estimèrent que huit otages ne suffisaient pas pour obtenir ce qu'ils voulaient, ils enlevèrent Maruja Pachón et Beatriz Villamizar. Ils avaient leur chiffre magique : neuf journalistes. Et, condamnée à l'avance, la sœur d'un homme politique réchappé de la justice personnelle d'Escobar. D'une certaine façon, avant même que le décret n'ait prouvé son efficacité, le Président Gaviria était déjà la victime de sa propre invention.


Diana Turbay Quintero avait, comme son père, le sens et la passion du pouvoir et une vocation de leader qui avaient décidé de sa vie. Elle avait grandi parmi les plus grands noms de la politique et, dès lors, il était difficile que sa vision du monde n'aille pas dans ce sens. « Diana était un homme d'Etat, a dit une de ses amies qui la comprenait et l'aimait. Et son souci majeur était de mettre toute la force de son opiniâtre volonté au service du pays. » Mais le pouvoir, comme l'amour, est à double tranchant : plus on l'exerce et plus on en souffre. Il conduit à un état de pure extase en même temps qu'à son contraire : la recherche d'un bonheur irrésistible et fuyant, comparable à celle d'un amour idéalisé que l'on désire et que l'on craint, que l'on poursuit mais que l'on n'atteint jamais.

Diana connaissait cet état et avait un insatiable appétit de tout connaître, d'être partout, de découvrir le pourquoi et le comment de toute chose et sa raison de vivre. D'aucuns, qui la fréquentèrent et l'aimèrent, le remarquaient dans les incertitudes de son cœur et pensent qu'elle ne fut que très peu souvent heureuse.

Il est impossible de savoir — sans lui avoir posé la question — lequel des deux tranchants du pouvoir lui avait porté les blessures les plus profondes. Elle avait dû les ressentir dans sa chair quand, à vingt-huit ans, secrétaire privée et bras droit de son père, elle avait été prise dans les bourrasques du pouvoir. Ses amis, innombrables, ont dit qu'elle était une des personnes les plus intelligentes et les mieux informées qu'ils aient jamais connues, qu'elle avait une capacité d'analyse étonnante et la faculté divine de percevoir les intentions occultes des gens. Ses ennemis disent sans ambages qu'elle était un trublion derrière le trône. D'autres, en revanche, pensent qu'elle avait fait fi de sa propre vie pour mieux préserver envers et contre tous celle de son père, et qu'elle avait pu être l'instrument de courtisans et autres flagorneurs.

Elle était née le 8 mars 1950, sous le signe inclément des Poissons, alors que son père était déjà sur la liste des présidentiables. C'était une dirigeante-née, quel que soit l'endroit où elle vivait : collège Andino de Bogota, Sacred Heart de New York, université de Santo Tomás de Aquino, à Bogota, où elle fit son droit mais ne l'acheva pas.

Sa venue tardive au journalisme, qui par bonheur est un pouvoir sans trône, dut signifier pour elle des retrouvailles avec le meilleur d'elle-même. Elle fonda la revue *Hoy x Hoy* et le journal télévisé *Criptón* qui étaient pour elle le moyen le plus direct d'œuvrer en faveur de la paix. « Je ne suis plus en mesure de me battre contre quiconque et je n'ai nulle envie de chercher querelle à personne, avait-elle dit alors. Je suis tout entière pour la conciliation. » Sa conviction était si forte qu'elle initia des pourparlers de paix avec Carlos Pizarro, un des commandants du M-19 qui avait lancé une roquette presque dans la pièce où se trouvait le Président Turbay. Une amie racontait en riant : « Diana avait compris qu'il fallait se comporter comme un joueur d'échecs et non comme un boxeur qui se bat contre le monde entier. »

Si bien que son enlèvement, outre le drame humain qu'il posait, avait à l'évidence une connotation politique difficile à manier. L'ancien Président Turbay avait déclaré en public comme en privé qu'il n'avait aucune nouvelle des Extradables, ce qui lui semblait la prudence même tant que l'on ignorerait leurs exigences, mais en réalité il avait reçu un message peu après l'enlèvement de Francisco Santos. Il en avait fait part à Hernando Santos dès que celui-ci était rentré d'Italie et il l'avait invité chez lui pour qu'ils définissent une ligne d'action commune. Santos l'avait trouvé dans la pénombre de son immense bibliothèque, terrassé par la certitude que Diana et Francisco seraient exécutés. Mais ce qui l'impressionna le plus, comme tous ceux qui à cette époque rencontrèrent Julio César Turbay, fut la dignité avec laquelle il supportait cette épreuve.

Le message qui leur était adressé remplissait trois feuillets écrits à la main en lettres majuscules non signés et précédés d'une surprenante introduction : « Les Extradables vous adressent leurs salutations respectueuses. » Seul le style concis, direct et sans équivoque, caractéristique de Pablo Escobar garantissait l'authenticité du document. Il commençait par la revendication de l'enlèvement des deux journalistes qui, d'après la lettre, étaient « en bonne santé et dans des conditions de détention que l'on peut considérer comme normales et bonnes dans de tels cas ». La suite était un cahier de doléances faisant état de bavures policières. A la fin, le document réaffirmait les trois conditions indispensables à la libération des otages :

arrêt total des opérations militaires contre les narco-trafiquants à Medellín et à Bogota ; retrait du Corps d'élite, le groupe d'intervention spéciale de la police antidrogue ; destitution de son commandant et de vingt officiers désignés comme responsables de tortures et de l'assassinat de plus de quatre cents jeunes gens de la commune du nord-est de Medellín. Si ces conditions n'étaient pas remplies, les Extradables déclareraient une guerre d'extermination, en commettant des attentats à la dynamite dans les grandes villes et en assassinant des juges, des hommes politiques et des journalistes. La conclusion était simple : « S'il y a un coup d'Etat, tant mieux, nous n'avons plus rien à perdre. »

La réponse écrite et sans négociations préalables devait être remise dans les trois jours à l'Hôtel Intercontinental de Medellín, où une chambre serait réservée au nom d'Hernando Santos. Les intermédiaires pour les contacts suivants seraient désignés par les Extradables eux-mêmes. Hernando Santos se rangea à l'avis de l'ex-Président Turbay, qui était de ne divulguer ni ce premier message ni les suivants tant qu'ils ne disposeraient d'aucune information concrète. « Nous ne pouvons accepter de porter au Président des messages dont nous ne connaissons pas les signataires, conclut Turbay, ni aller au-delà de ce qu'autorise la dignité. »

Julio César Turbay proposa à Hernando Santos d'écrire chacun une réponse puis de les fondre en une lettre commune. Il en résulta, pour l'essentiel, une déclaration solennelle affirmant que ni l'un ni l'autre n'avaient le pouvoir d'intervenir dans les affaires du gouvernement mais qu'ils étaient prêts à faire connaître tout manquement à la loi ou atteinte aux droits de l'homme que les Extradables dénonceraient preuves à l'appui. Quant aux opérations de police, ils rappelaient qu'ils n'avaient aucune autorité pour les empêcher et qu'ils ne pouvaient prétendre que l'on destitue sans preuves les vingt officiers et encore moins écrire des articles dans la presse pour faire état d'une situation dont ils ignoraient tout.

Aldo Buenaventura, notaire, fanatique de tauromachie depuis ses lointaines années d'études au Lycée national de Zipaquirá, vieil ami d'Hernando Santos qui avait en lui la confiance la plus absolue, porta la réponse. Il était à peine entré dans la chambre 308 de l'Hôtel Intercontinental qu'on l'appela au téléphone.

« Monsieur Santos ?

— Non répondit Aldo, mais je viens de sa part.

— Vous avez le pli ? »

La voix était si impérative qu'Aldo se demanda s'il ne s'agissait pas de Pablo Escobar lui-même, et il répondit oui. Deux hommes jeunes aux allures de cadres d'entreprise montèrent dans la chambre. Aldo leur remit la lettre. Ils lui serrèrent la main, s'inclinèrent avec courtoisie et sortirent.

Une semaine ne s'était pas écoulée que Julio César Turbay et Hernando Santos reçurent la visite de l'avocat antioquien Guido Parra Montoya, qui leur apportait une autre lettre des Extradables. Parra n'était pas inconnu des milieux politiques de Bogota, mais il semblait toujours surgir de l'ombre. Agé de quarante-huit ans, il avait siégé deux fois à la Chambre des députés comme suppléant de deux élus libéraux et une troisième comme député de l'Alliance nationale populaire (Anapo) d'où était issu le M-19. Il avait été conseiller du bureau juridique de la Présidence sous le gouvernement de Carlos Lleras Restrepo. Le 10 mai 1990, à Medellín, où il exerçait depuis des années comme avocat, il avait été arrêté pour complicité avec le terrorisme puis relâché deux semaines plus tard faute de preuves. En dépit de ces incidents de parcours, on le considérait comme un juriste compétent et comme un bon négociateur.

Cependant, en tant qu'émissaire secret des Extradables il était sans doute la personne la moins susceptible de passer inaperçue. Il était de ceux qui prennent les décorations au sérieux, s'habillait en gris platine, l'uniforme des chefs d'entreprise de l'époque, et portait des chemises de couleur vive et des cravates juvéniles à gros nœuds selon la mode italienne d'alors. Il avait des manières cérémonieuses et une rhétorique bruyante, et plus qu'affable il était obséquieux. Une conduite suicidaire quand on est le serviteur de deux maîtres. Devant un ancien Président de la République et le directeur du journal le plus important du pays, il ne put contrôler sa langue : « Illustre docteur Turbay, mon très cher monsieur Santos, disposez de ma personne autant qu'il vous plaira », dit-il, et il commit une de ces erreurs qui peuvent être fatales :

« Je suis l'avocat de Pablo Escobar. »

Hernando Santos saisit la bourde au vol.

« Alors vous nous apportez une lettre de lui ?

— Non, rectifia Guido sans ciller. Elle est des Extradables. Mais vous devez adresser votre réponse à Escobar car il pèsera dans la négociation. »

La distinction était importante car Escobar ne laissait jamais de traces qui puissent servir à la justice. Dans la correspondance qui aurait pu le compromettre, comme celle concernant les négociations pour libérer des otages, l'écriture était en lettres d'imprimerie et les feuillets signés « Les Extradables » ou d'un pseudonyme quelconque : Manuel, Gabriel, Antonio. Dans celle où il se faisait accusateur, Escobar utilisait son écriture habituelle quelque peu enfantine et signait de ses nom et prénoms sans manquer d'apposer l'empreinte de son pouce. Pendant qu'il retenait les journalistes en otage, on aurait pu avec raison douter de tout, même de son existence. Les Extradables n'étaient peut-être qu'un de ses pseudonymes, mais le contraire pouvait aussi être vrai : qui sait si l'identité et le nom de Pablo Escobar n'étaient pas une simple dénomination des Extradables ?

Guido Parra semblait toujours prêt à aller plus loin que

ce que les Extradables proposaient dans leurs lettres. Mais il fallait les lire avec une loupe. En réalité, il cherchait à obtenir pour ses clients un statut politique identique à celui des guérilleros. De plus, il abordait de front l'internationalisation du problème de la drogue dans le but d'y impliquer les Nations unies. Mais devant le refus très ferme d'Hernando Santos et de l'ancien Président Turbay, il se replia sur d'autres solutions. Ainsi s'ouvrirent des pourparlers aussi longs que stériles qui, tout compte fait, ne débouchèrent sur rien.

Dès le second message des Extradables, Hernando Santos et Julio César Turbay avaient pris contact avec le Président de la République. César Gaviria les reçut un soir, à huit heures et demie, dans sa bibliothèque privée. Il était plus serein que de coutume et désireux d'avoir des nouvelles récentes des otages. Les deux hommes l'informèrent de l'échange de lettres et de la médiation de Guido Parra.

« Un mauvais émissaire, dit le Président. Très intelligent, bon avocat mais très dangereux. Pourtant, il a l'oreille d'Escobar. »

Le Président lut les lettres avec cette puissance de concentration qui impressionnait tout le monde : comme s'il se faisait invisible. Sa lecture achevée, ses commentaires étaient prêts et complets, ses conjectures pertinentes, et il n'y avait pas un mot à y ajouter. Il leur dit qu'aucun des services secrets n'avait la moindre idée de l'endroit où pouvaient se trouver les otages. La nouveauté pour le Président de la République fut donc la confirmation qu'ils étaient bel et bien aux mains de Pablo Escobar.

Gaviria donna ce soir-là la preuve de son aptitude à ne rien laisser au hasard avant de prendre une décision définitive. Il n'écartait pas la possibilité que les lettres soient fausses, que Guido Parra joue pour lui-même, ou encore fasse le jeu de quelqu'un qui n'avait rien à voir avec Escobar. Ses interlocuteurs partirent moins optimistes qu'à leur arrivée car, semblait-il, le Président considérait le cas comme une grave affaire d'Etat dans laquelle il n'accordait que peu ou pas de place à ses sentiments personnels.

La principale difficulté pour parvenir à un accord venait de Pablo Escobar qui modifiait ses conditions au gré de l'évolution de ses problèmes, afin de retenir les otages plus longtemps et d'obtenir des avantages supplémentaires et imprévus en attendant que l'Assemblée constituante se prononce sur l'extradition et, pourquoi pas, sur une amnistie. Dans la correspondance qu'il entretenait avec les familles des prisonniers, Escobar ne fut jamais clair sur ce point. Mais il l'était dans ses échanges très secrets avec Guido Parra qu'il informait de l'évolution stratégique et des perspectives à long terme de la négociation. « Il faut que tu transmettes toutes nos inquiétudes à Santos pour éviter que les choses se compliquent, lui disait-il dans une lettre. Il le faut parce que nous voulons qu'il soit écrit noir sur blanc que nous ne serons jamais extradés pour aucun crime vers aucun pays. » Il exigeait aussi des précisions quant aux aveux et insistait sur les conditions de sécurité dans les prisons spéciales et les garanties pour les familles et pour ses hommes, deux points essentiels.

Les liens d'Hernando Santos avec l'ancien Président Turbay, qui avaient toujours été politiques, devinrent personnels et affectifs. Les deux hommes pouvaient demeurer des heures assis l'un en face de l'autre dans le silence le plus absolu. Pas un jour ne s'écoulait sans qu'ils n'échangent par téléphone des impressions intimes, des hypothèses secrètes, des faits nouveaux. Ils allèrent jusqu'à élaborer un code clandestin pour se communiquer les informations confidentielles.

Ce ne fut pas facile. Hernando Santos est un homme exerçant des responsabilités hors du commun qui peut d'un mot détruire ou sauver une vie. Emotif, les nerfs à fleur de peau, il possède un sens de la tribu qui joue un grand rôle dans ses décisions. Ceux qui partagèrent sa vie pendant la détention de son fils craignirent que le chagrin ne le tue. Il ne mangeait plus, ne dormait plus, et bondissait à la première sonnerie du téléphone dont il gardait le combiné à portée de la main. Pendant ces mois si douloureux, il ne participa à presque aucune réunion, suivit des séances de soutien psychiatrique pour pouvoir faire face à la mort de son fils qu'il croyait inévitable, et passa ses journées reclus dans son bureau ou chez lui, absorbé dans la contemplation de sa magnifique collection de timbres-poste et de lettres roussies lors d'accidents d'avion. Sa femme, Elena Calderón, la mère de ses sept enfants, était morte sept ans plus tôt et sa solitude était réelle. Ses problèmes cardiaques et ophtalmologiques s'aggravèrent, et il ne faisait aucun effort pour retenir ses larmes. Son plus grand mérite, en ces dramatiques circonstances, fut de tenir le journal à l'écart de sa tragédie personnelle.

María Victoria, sa bru, fut l'une des personnes qui, en ces jours amers, lui apportèrent un soutien essentiel. Elle garde des jours qui suivirent l'enlèvement le souvenir d'une maison envahie par la famille et les amis de son époux, qui buvaient du café et du whisky affalés sur les tapis jusque tard dans la nuit. Ils parlaient toujours de la même chose, tandis que l'impact de l'événement et les traits de la victime s'estompaient peu à peu. En arrivant d'Italie, Hernando se rendit tout droit chez María Victoria et étreignit sa belle-fille avec une émotion qui acheva de la bouleverser. Mais lorsqu'on en vint aux aspects confidentiels de l'enlèvement il la pria de le laisser seul avec les hommes. María Victoria, qui est une femme réfléchie et avec du caractère, prit soudain conscience de n'avoir pas pesé lourd dans cette famille d'hommes. Elle pleura une journée entière, mais quand elle se releva sa décision d'occuper désormais la place qui lui revenait dans sa propre maison l'avait rendue plus forte. Hernando comprit ses raisons, allant même jusqu'à se faire reproche de ses négligences, et sut trouver en elle le meilleur des soutiens pour apaiser son chagrin. A partir de ce jour, une confiance indestructible scella leurs rapports, téléphoniques, épistolaires, directs, par l'intermédiaire d'autrui, voire même télépathiques, car durant les conseils de famille les plus difficiles il suffisait que leurs regards se croisent pour que l'un sache ce que l'autre pensait ou devait dire. Elle eut de très bonnes idées, dont celle de publier dans le journal des notes de la rédaction en clair pour transmettre à Pacho des nouvelles amusantes de la vie familiale.

Les victimes dont on parla le moins furent Liliana Rojas Arias, l'épouse du cameraman Orlando Acevedo, et Martha Lupe Rojas, la mère de Richard Becerra. Elles portaient le même nom sans qu'aucun lien familial ou amical ne les unisse et devinrent inséparables. « Moins à cause du chagrin que pour nous tenir compagnie », a dit Liliana.

Liliana donnait le sein à Erick Yesid, son fils alors âgé d'un an et demi, quand la chaîne de télévision l'informa que Diana et toute son équipe avaient été enlevées. Elle avait vingt-quatre ans, était mariée depuis trois ans et vivait à l'étage chez ses beaux-parents, à San Andrés, un quartier sud de Bogota. « Elle est si gaie, déclara une de ses amies, qu'elle ne méritait pas un aussi grand malheur. » Gaie et originale, car une fois remise du choc initial, Liliana assit son bébé devant le téléviseur à l'heure des informations afin qu'il voie son père, et ce jour après jour sans relâche jusqu'à sa libération.

La chaîne fit savoir à Liliana et à Martha Lupe qu'elle leur viendrait en aide, et quand le bébé de Liliana tomba malade, elle prit toutes les dépenses à sa charge. Nydia Quintero, la mère de Diana Turbay, les appela pour tenter de les apaiser, ce dont elle avait elle-même besoin. Elle leur promit de n'entreprendre auprès du gouvernement aucune démarche qui ne prenne en compte l'équipe tout entière et de leur communiquer toute information qu'elle pourrait avoir sur les otages. Ce qu'elle fit.

Martha Lupe vivait avec ses deux filles alors âgées de quatorze et onze ans, et elle dépendait de Richard. Celui-ci leur avait dit, en partant avec le groupe de Diana, qu'il ne serait pas absent plus de trois jours, si bien qu'au bout d'une semaine elle commença de s'inquiéter. Martha déclara plus tard qu'elle ne croyait pas aux prémonitions, mais il n'empêche qu'elle ne cessa d'appeler le journal jusqu'à ce qu'on lui avoue qu'il y avait quelque chose d'anormal. Peu après, l'enlèvement du groupe fut rendu public. A partir de ce jour, elle laissa la radio allumée en permanence dans l'espoir que Richard allait revenir, et appela la chaîne chaque fois que son cœur lui disait de le faire. Elle était inquiète car son fils était le plus fragile de l'équipe. « Mais je ne pouvais que pleurer et prier », dit-elle. Nydia Quintero la convainquit qu'il y avait beaucoup d'autres choses à faire pour libérer les otages. Elle l'invita à ses réunions civiles et religieuses et lui insuffla son envie de se battre. Liliana pensait la même chose d'Orlando, ce qui l'enfermait dans un dilemme : ou il serait le dernier à être exécuté parce qu'il était celui qui avait le moins de valeur, ou il serait le premier parce que la commotion du pays serait aussi grande mais aurait des conséquences moins graves pour les ravisseurs. A cette idée, elle versa des pleurs irrépressibles pendant toute la durée de la détention de son mari. « Tous les soirs après avoir couché le petit, je m'asseyais sur la terrasse et je n'arrêtais pas de pleurer en regardant la porte au cas où il reviendrait », dit-elle. « Et comme ça, soir après soir, jusqu'à ce qu'il revienne enfin. »

A la mi-octobre, Julio César Turbay téléphona à Hernando Santos et lui transmit un message dans leur code confidentiel. « Il y a des magazines très intéressants si tu aimes la corrida. Si tu veux je te les envoie. » Hernando comprit aussitôt qu'il s'agissait d'une nouvelle importante concernant les prisonniers. En effet, une cassette postée à Montería était arrivée chez l'ancien Président Turbay et apportait ce que la famille réclamait avec insistance depuis plusieurs semaines : la preuve que Diana et ses compagnons étaient en vie. La voix était reconnaissable entre toutes : « *Papito*, c'est difficile de te faire parvenir un message dans ces conditions mais on l'a demandé tant de fois qu'ils ont fini par nous autoriser à le faire. » Une seule phrase leur donna des idées pour poursuivre l'action : « On voit et on écoute tout le temps les informations. »

Turbay décida de faire écouter le message au Président et voulut obtenir quelques informations supplémentaires. Le Président Gaviria les reçut après sa journée de travail, dans la bibliothèque de ses appartements privés, comme toujours. Il était détendu et, chose plus rare, loquace. Il ferma la porte, servit un whisky et se permit quelques confidences politiques. La reddition semblait compromise en raison de l'entêtement des Extradables, mais le Président était prêt à débloquer la situation en apportant quelques précisions juridiques à la première mouture du décret. Il y avait travaillé toute l'après-midi et espérait résoudre le problème le soir même. Il leur promit une bonne nouvelle pour le lendemain.

Le lendemain, Julio César Turbay et Hernando Santos revinrent comme convenu et trouvèrent un homme différent, méfiant et sombre, avec qui ils entamèrent une conversation sans issue. « Le moment est très difficile, leur dit Gaviria. J'ai voulu vous aider et je l'ai fait dans la mesure du possible. Mais nous sommes arrivés à un point où je ne peux plus rien. » Il était clair que quelque chose d'important avait changé sa disposition d'esprit. Turbay s'en aperçut sur-le-champ et dix minutes plus tard il se leva de son fauteuil, calme et solennel. « Monsieur le Pré-

sident, dit-il sans l'ombre d'un ressentiment, vous agissez
en fonction de votre mandat et nous comme les pères de
famille que nous sommes. Je vous comprends et je vous
supplie de ne rien faire qui puisse nuire à votre rôle de chef
d'Etat. » Et il conclut en désignant le fauteuil présidentiel : « Si j'étais assis à cette place, je ferais la même
chose. »

Gaviria se leva, très pâle, et les raccompagna jusqu'à
l'ascenseur. Un huissier descendit avec eux et leur ouvrit la
portière de la voiture devant le perron de la résidence. Ni
l'un ni l'autre ne dirent mot et ils s'enfoncèrent dans la
nuit à peine tombée de ce mois d'octobre pluvieux et
triste. Le vacarme de la circulation leur parvenait atténué
à travers les vitres blindées.

« Il n'y a rien à faire de ce côté, soupira Turbay après
un long moment de méditation. Entre hier soir et aujour-
d'hui il s'est passé quelque chose que le Président ne peut
pas nous dire. »

Ce dramatique entretien avec le Président Gaviria
décida Nydia Quintero à occuper le devant de la scène.
Elle était la nièce de l'ancien Président Turbay qu'elle
avait épousé et dont elle avait eu quatre enfants, parmi lesquels Diana, l'aînée. Sept ans avant l'enlèvement, son
mariage avec l'ancien Président avait été annulé par le
Vatican et elle avait épousé en secondes noces le député
libéral Gustavo Balcázar Monzón. Son expérience de première dame du pays lui permettait de connaître les limites
officielles d'un ancien chef d'Etat, surtout dans les rapports avec un de ses successeurs. « La seule chose à faire,
déclara plus tard Nydia, était de rappeler au Président
Gaviria ses obligations et ses responsabilités. » Ce fut ce
qu'elle tenta, sans grandes illusions.

Son action publique, avant même que soit connue la
nouvelle de l'enlèvement, atteignit des proportions
incroyables. Dans tout le pays, aux heures des informations, elle fit occuper des stations de radio et des chaînes

de télévision par des enfants qui lisaient une pétition en faveur de la libération des otages. Le 19 octobre, « jour de la réconciliation nationale », elle obtint que dans plusieurs villes on célèbre à midi une messe pour l'entente entre tous les Colombiens. A Bogota, le rassemblement eut lieu sur la place Bolívar, et à la même heure il y eut dans plusieurs quartiers des manifestations pour la paix au cours desquelles on agita des mouchoirs blancs. On alluma une torche qui ne devait s'éteindre que le jour où les otages seraient libérés sains et saufs. Sur son initiative, les journaux télévisés montraient en début d'émission les photos des prisonniers, comptaient les jours de détention, et à mesure qu'ils étaient libérés, supprimaient les photos à l'écran. C'est aussi grâce à elle que fut lancé un appel en faveur de la libération des otages avant chaque coup d'envoi de chaque match de football dans chaque ville du pays. Et la reine de beauté 1990, Maribel Gutiérrez, commença son discours de remerciements par un appel à la libération des prisonniers.

Nydia assistait aux réunions de famille des autres otages, allait voir les avocats, entreprenait des démarches secrètes par le biais de la Fondation *Solidaridad por Colombia* qu'elle préside depuis vingt ans, et avait le sentiment de tourner en rond. C'était trop pour un caractère comme le sien, résolu, passionné, sensible jusqu'à la clairvoyance. Elle s'enquit des démarches des uns et des autres, jusqu'au jour où elle comprit qu'ils étaient tous dans une impasse. Ni Turbay, ni Hernando Santos ni personne, quelle que soit son influence, ne pourrait faire pression sur le Président pour qu'il négocie avec les ravisseurs. Cette conviction lui sembla définitive quand son ex-mari lui raconta l'échec de sa dernière entrevue avec le Président Gaviria. Elle décida alors d'agir pour son propre compte, et ouvrit un deuxième front de pourparlers privés pour tenter d'obtenir la mise en liberté de sa fille par la voie la plus directe.

De son côté, la Fondation *Solidaridad por Colombia* reçut

dans ses bureaux de Medellín un appel téléphonique anonyme disant avoir des informations de première main sur
Diana. La personne déclara qu'un de ses anciens amis, qui
habitait une propriété près de Medellín, avait glissé dans
son sac à provisions un bout de papier où il était écrit que
Diana se trouvait là-bas. Pendant qu'ils regardaient les
matchs de football, disait la voix au bout du fil, les geôliers s'imbibaient de bière jusqu'à rouler sous la table, et
ils n'opposeraient aucune résistance à un commando de
libération. Pour plus de sécurité, l'ami en question proposait d'envoyer un plan de la propriété. Le message était si
convaincant que Nydia se rendit à Medellín pour
répondre. « J'ai demandé à mon informateur, a-t-elle
ensuite raconté, qu'il ne fasse part à personne de ce qu'il
savait et je lui ai fait comprendre le danger pour ma fille,
et même pour ses geôliers, de toute opération de libération
par la force. »

Mais en apprenant que Diana était à Medellín, l'idée lui
vint de rendre visite à Martha Nieves et Angelita Ochoa,
les sœurs de Jorge Luis, Fabio et Juan David Ochoa, amis
personnels notoires de Pablo Escobar poursuivis pour trafic de stupéfiants et enrichissement illégal. « J'y suis allée
en souhaitant de toutes mes forces qu'elles m'aident à
entrer en contact avec Escobar », expliqua Nydia plus tard
en évoquant ces journées amères. Les deux sœurs Ochoa
lui racontèrent les exactions commises par la police et
dont leurs familles étaient l'objet, l'écoutèrent avec intérêt
et se montrèrent émues par son cas, mais déclarèrent
qu'elles ne pouvaient rien tenter auprès de Pablo Escobar.

Martha Nieves savait ce que signifiait être un otage.
Elle-même avait été enlevée en 1981 par le M-19 qui avait
exigé de sa famille une rançon de millionnaire. Escobar
avait alors réagi en créant un groupe de choc, le MAS
(Mort aux ravisseurs), qui avait fini par la libérer au bout
de trois mois d'une guerre sanglante avec le M-19. Sa sœur
Angelita se considérait elle aussi victime de la violence

policière et toutes deux égrenèrent la liste interminable des perquisitions, mauvais traitements et autres innombrables atteintes aux droits de l'homme.

Nydia ne perdit rien de sa fougue et continua de se battre. En dernière instance, elle leur demanda de remettre au moins une lettre de sa part à Escobar. Elle en avait déjà envoyé une par l'intermédiaire de Guido Parra, mais n'avait pas obtenu de réponse. Les sœurs Ochoa refusèrent, par crainte qu'Escobar ne les accuse plus tard de lui avoir porté préjudice. Toutefois, à la fin de l'entretien, elles se montrèrent plus sensibles à la véhémence de Nydia qui rentra à Bogota avec la conviction d'avoir entrebâillé une porte ouvrant d'un côté sur la libération de sa fille et de l'autre sur la reddition pacifique des trois frères Ochoa. Il lui parut donc opportun d'informer le Président de cette initiative.

Gaviria la reçut sans attendre. Nydia alla droit au but en rapportant les plaintes des sœurs Ochoa sur le comportement de la police. Le Président la laissa parler, ne lui posant de temps à autre qu'une ou deux questions en apparence sans rapport mais très pertinentes. A l'évidence, il ne souhaitait pas donner aux accusations l'importance que leur accordait Nydia. Celle-ci voulait pour sa part trois choses : que les otages soient libérés, que le Président prenne les choses en main afin d'empêcher une intervention armée qui risquerait de tourner au désastre, et qu'il repousse la date limite pour la reddition des Extradables. Le Président lui donna l'assurance que, dans le cas de Diana comme dans celui des autres otages, aucune opération pour les libérer ne serait tentée sans l'autorisation des familles.

« Telle est notre politique », dit-il.

Même ainsi, Nydia se demandait si le Président avait pris les mesures suffisantes pour que personne ne décide du contraire sans son autorisation.

Un mois ne s'était pas écoulé que Nydia retourna voir

les sœurs Ochoa chez une amie commune. Elle rendit visite aussi à une belle-sœur de Pablo Escobar qui lui conta en détail les exactions des policiers dont ses sœurs et elle-même étaient les victimes. Nydia avait apporté pour Escobar une lettre de deux feuillets et demi au format de bureau, avec des marges étroites, couverts d'une écriture fleurie, et rédigés dans un style juste et expressif obtenu après plusieurs brouillons. Elle voulait à toute force toucher le cœur d'Escobar. Elle commençait par dire qu'elle ne s'adressait pas au combattant capable de n'importe quoi pour parvenir à ses fins mais à Pablo, à l'homme « cet être sensible qui adore sa mère et donnerait sa vie pour elle, qui a une femme et des petits enfants innocents et sans défense qu'il désire protéger ». Elle comprenait qu'Escobar avait enlevé les journalistes comme un moyen pour tenter de rallier l'opinion publique à sa cause, mais elle considérait qu'il avait atteint son but. En conséquence, concluait-elle, « montrez-vous comme l'être humain que vous êtes, et dans un geste large et humanitaire que le monde comprendra, rendez-nous nos otages ».

L'émotion semblait gagner la belle-sœur d'Escobar à mesure qu'elle lisait la lettre. « Soyez certaine que cette lettre le touchera beaucoup, dit-elle après une pause, comme si elle s'adressait à elle-même. Tout ce que vous faites l'émeut et cette lettre ne peut que servir la cause de votre fille. » Elle replia la lettre, la glissa dans l'enveloppe qu'elle cacheta elle-même.

« Partez tranquille, dit-elle à Nydia avec une sincérité qui ne faisait aucun doute. Pablo aura la lettre aujourd'hui même. »

Nydia rentra le soir même à Bogota pleine d'espoir dans les résultats de sa missive et décidée à exiger du Président ce que Turbay n'avait pas osé demander : une trêve dans les opérations de police tandis que l'on négocierait la libération des otages. Gaviria lui répondit sans préambule qu'il ne pouvait prendre une telle mesure. « Offrir une alternative juridique était une chose, déclara-t-il plus tard. Mais l'arrêt des opérations de police aurait servi la cause d'Escobar et non celle des otages. »

Nydia sentit qu'elle était en présence d'un homme de pierre pour qui la vie de sa fille ne comptait pas. Elle dut retenir une bouffée de colère tandis que le Président lui expliquait que le problème des forces de l'ordre n'était pas négociable, que celles-ci n'avaient de permission à demander à personne pour agir et que lui-même ne pouvait les sommer de se mettre hors la loi. L'entretien fut désastreux.

Devant l'inutilité de leurs démarches auprès du Président de la République, Julio César Turbay et Hernando Santos décidèrent de frapper à d'autres portes, et ils convinrent que celle des Notables était la meilleure. Le groupe était formé des anciens Présidents Alfonso López Michelsen et Misael Pastrana, du député Diego Montaña Cuéllar et du cardinal Mario Revollo Bravo, archevêque de Bogota. Au mois d'octobre, les familles des otages se réunirent avec eux chez Hernando Santos. Elles commencèrent par rendre compte de leurs entretiens avec le Président Gaviria. Pour López Michelsen seule comptait la possibilité de réformer le décret en y ajoutant des précisions juridiques qui pourraient relancer la politique de soumission à la justice. « Il faut se creuser la cervelle », dit-il. Pastrana était favorable à une accélération de la reddition. Mais avec quelles armes ? Hernando Santos rappela à Montaña Cuéllar qu'il pouvait mobiliser en ce sens la guérilla.

Au terme d'un large échange de vues et d'informations, López Michelsen tira la première conclusion. « Nous allons faire le jeu des Extradables », dit-il. Et il proposa de rendre publique une lettre pour que l'on sache que les Notables s'étaient faits les porte-parole des familles des otages. A l'unanimité ils confièrent à López Michelsen le soin de la rédiger.

Deux jours plus tard le premier brouillon était prêt. Au cours d'une nouvelle réunion à laquelle participèrent Guido Parra et un autre avocat de Pablo Escobar, les Notables lurent le document qui, pour la première fois, considérait le trafic de stupéfiants comme un délit collectif *sui generis*, une thèse qui ouvrait une voie nouvelle à la négociation. Guido Parra bondit.

« Un délit *sui generis*, s'écria-t-il, émerveillé. Mais c'est génial ! »

Il réélabora le concept à sa manière, lui donnant le sens d'un privilège céleste à la frontière nébuleuse du délit de droit commun et du délit politique, qui rendait possible le rêve des Extradables de bénéficier d'un traitement identique à celui, politique, des guérilleros. A la première lecture, chacun y alla du sien. A la fin, un des avocats d'Escobar demanda aux Notables d'exiger du Président Gaviria une lettre qui garantirait de manière expresse et indiscutable la vie sauve à Escobar.

« Je regrette, dit Hernando Santos, scandalisé par la demande, mais je n'entre pas dans ce jeu-là.

— Et moi, encore moins », renchérit Turbay.

López Michelsen refusa de façon énergique. L'avocat demanda alors qu'ils lui obtiennent un rendez-vous avec le Président Gaviria afin que celui-ci réponde sur parole de la vie d'Escobar.

« C'est un sujet que nous ne pouvons traiter ici », conclut López Michelsen.

Avant que les Notables se réunissent pour rédiger le brouillon de leur déclaration, Pablo Escobar était déjà informé de leurs intentions secrètes. C'est la seule explication aux directives désespérées qu'il dicta à Guido Parra dans une lettre pressante : « Je te donne carte blanche pour trouver le moyen de te faire inviter par les Notables à leurs échanges d'idées. » Puis il énumérait une série de décisions prises par les Extradables pour barrer la route à toute autre initiative.

La lettre des Notables fut prête en vingt-quatre heures et comportait un fait nouveau par rapport à leurs démarches antérieures. « Nos bons offices ont pris une dimension nouvelle qui ne se limite pas à l'obtention d'une libération circonstancielle mais tend à trouver, pour tous les Colombiens, une paix globale. » C'était une définition nouvelle qui ne pouvait que redonner espoir. Le Président Gaviria s'y montra favorable mais il crut pertinent d'établir une ligne de partage des eaux afin d'éviter toute équivoque sur la position du gouvernement, et il donna l'ordre au ministre de la Justice de publier une mise en garde précisant que la seule politique du gouvernement était de faire passer la reddition des terroristes par leur soumission à la justice.

Escobar fut en désaccord sur toute la ligne. Aussitôt après avoir lu la lettre des Notables dans la presse datée du 11 octobre, il laissa éclater sa colère dans une réponse qu'il envoya à Guido Parra afin que celui-ci la fasse circuler dans les milieux politiques de Bogota. « La lettre des Notables frise le cynisme, disait-il. Ils veulent que nous relâchions tout de suite les otages parce que le gouvernement tarde à répondre à nos exigences. Ils croient peut-être que nous allons une fois de plus nous laisser berner ? » La position des Extradables, poursuivait-il, est celle déjà exprimée dans leur première lettre. « Elle n'a pas de raison de changer, puisque nous n'avons obtenu aucune réponse positive à ce que nous avions demandé dans notre première lettre. Ceci est une affaire sérieuse et nous n'avons nulle envie de jouer au plus fin. »

En fait, à cette date, Escobar avait des années-lumière d'avance sur les Notables. Il exigeait que le gouvernement lui assigne un territoire où il serait en sécurité – un campement-prison disait-il, comme en avait eu le M-19 alors que touchaient à leur fin les pourparlers sur les termes de la reddition de la guérilla. Une semaine auparavant, il avait envoyé à Guido Parra une lettre détaillée sur la prison spéciale qu'il voulait. Il disait que l'endroit idéal, à douze kilomètres de Medellín, était une propriété au nom d'un de ses hommes de paille que la municipalité d'Envigado pouvait louer et aménager en prison. « Comme les dépenses seront élevées, les Extradables verseront une pension équivalente aux coûts », disait-il plus loin. Et il terminait par une péroraison ahurissante et confidentielle : « Je te dis tout cela pour que tu ailles voir le maire d'Envigado de ma part et que tu lui expliques la chose. Je veux que tu lui demandes d'écrire et de rendre publique une lettre au ministre de la Justice disant que selon lui les Extradables ne veulent pas du décret 2047 parce qu'ils craignent pour leur vie, et donc que la municipalité d'Envigado, comme contribution à la paix à laquelle a droit le peuple colombien, propose d'aménager une prison spéciale qui apportera protection et sécurité à ceux qui se rendront. Dis-leur tout ça bien en face et sans équivoque pour qu'ils parlent à Gaviria du campement. » L'objectif avoué d'Escobar était d'obliger le ministre de la Justice à donner une réponse publique. « Je sais qu'elle fera l'effet d'une bombe », poursuivait-il. Et il concluait avec une audace incroyable : « Avec ça, on finira par les mener là où on veut. »

Cependant, le ministre refusa la proposition dans les termes où elle était faite et Escobar se vit obligé de baisser le ton dans une autre lettre où, pour la première fois, il offrait plus que ce qu'il demandait. En échange du campement-prison, il promettait de résoudre les conflits entre les différents cartels, clans et bandes armées, garantissant la reddition d'une centaine de trafiquants repentis et l'ouverture d'une voie définitive vers la paix. « Nous ne demandons ni amnistie, ni dialogue, ni rien de ce qu'ils disent ne pouvoir nous donner », précisait-il. C'était une reddition pure et simple, « alors que tout le monde dans ce pays réclame le dialogue et un statut politique ». Il alla même jusqu'à dédaigner ce qui était pour lui le plus important : « Je n'ai pas peur de l'extradition car je sais que s'ils me prennent vivant ils me tueront comme ils l'ont fait avec tous les autres. »

Sa tactique était alors de faire passer le courrier des otages à prix d'or. « Dis à M. Santos, écrivait-il dans une autre lettre, que s'il veut des preuves que son fils est vivant, il doit d'abord publier le rapport d'America's Watch, une interview à Juan Méndez, son directeur, et un rapport sur les massacres, les tortures et les disparitions à Medellín. » Mais à cette date, Hernando Santos avait appris à manier la situation. Il se rendait compte que ces allées et venues de propositions et contre-propositions l'épuisaient, lui autant que ses adversaires. Et parmi eux Guido Parra, qui, fin octobre, était à bout de nerfs. Il répondit à Escobar qu'il ne publierait pas une ligne sur quoi que ce soit et qu'il ne recevrait plus son émissaire tant qu'il n'aurait pas la preuve indiscutable que son fils était en vie. Alfonso López Michelsen lui apporta son soutien en menaçant de quitter le groupe des Notables.

Ce fut efficace. Deux semaines plus tard, Guido Parra téléphona à Hernando Santos d'une auberge de muletiers. « Je viens en voiture avec ma femme et je serai chez vous vers onze heures, dit-il. Je vous apporte un délicieux dessert et vous n'avez pas idée du plaisir qu'il m'a fait et surtout qu'il vous fera. » Hernando Santos ne tenait plus en place car il croyait que Guido Parra venait avec Francisco. En fait il n'y avait que sa voix enregistrée sur une mini-cassette. Il leur fallut attendre avant de l'écouter car ils n'avaient pas le bon magnétophone, puis au bout de deux heures quelqu'un découvrit qu'elle fonctionnait sur le répondeur téléphonique.

Pacho Santos aurait pu exercer tous les métiers sauf celui de professeur de diction. Ses mots vont aussi vite que ses pensées, et ses idées se télescopent car elles jaillissent toutes en même temps. Mais ce soir-là, le contraire les surprit. Pacho Santos s'exprimait avec lenteur, d'une voix posée, et la construction de ses phrases était parfaite. Il y avait en fait deux messages, un pour sa famille, l'autre pour le Président Gaviria, enregistré une semaine plus tôt. L'astuce trouvée par les ravisseurs, qui consistait à faire lire à Pacho les titres du journal comme preuve de la date d'enregistrement, fut une erreur qu'Escobar ne leur pardonna sans doute pas. Luis Cañon, le chroniqueur judiciaire d'*El Tiempo*, s'en saisit pour faire le coup le plus brillant de sa carrière :

« Il est à Bogota », dit-il.

En effet, l'édition que Pacho avait lue comportait un titre de dernière minute qui n'avait été imprimé que pour l'édition locale vendue au nord de la ville. L'information valait de l'or, et elle aurait été déterminante si Hernando Santos ne s'était pas opposé à une libération par la force.

Pour lui ce fut comme une résurrection, surtout parce que le contenu du message lui apportait la certitude que, depuis sa captivité, son fils approuvait la façon dont il menait toute l'affaire de l'enlèvement. Dans la famille, tout le monde avait toujours eu le sentiment que Pacho était plus vulnérable que ses frères en raison de son tempérament fougueux et de son caractère instable, et personne ne pouvait imaginer qu'il serait en possession de toutes ses facultés et aussi maître de lui après soixante jours de captivité.

Hernando convoqua toute la famille chez lui et lui fit écouter le message jusqu'au petit matin. Seul Guido succomba à ses angoisses. Il pleura. Hernando s'approcha de lui pour le consoler et s'aperçut que la sueur qui trempait sa chemise avait l'odeur de la panique.

« Je sais très bien que ce n'est pas la police qui me tuera, dit Guido Parra à travers ses larmes. Pablo Escobar aura ma peau parce que j'en sais trop. »

María Victoria ne cilla pas. Elle voyait que Parra jouait avec les sentiments d'Hernando, qu'il exploitait sa faiblesse et lâchait quelque chose d'une main pour en prendre deux fois plus de l'autre. Guido Parra dut le sentir à un moment quelconque de la nuit, car il dit à Hernando Santos : « Cette femme est comme un bloc de glace. »

Le 7 novembre les choses en étaient là quand ils enlevèrent Maruja et Beatriz. Toute la stratégie des Notables partit à vau-l'eau. Le 22 novembre, comme il l'avait annoncé, Diego Montaña Cuéllar proposa à ses collègues la dissolution du groupe, et les Notables remirent alors au Président Gaviria, au cours d'une séance solennelle, leurs conclusions sur les propositions de fond des Extradables.

Si le Président Gaviria avait espéré que la publication du décret de soumission entraînerait une reddition massive et immédiate des narco-trafiquants, sa déception dut être grande. Les réactions de la presse, des milieux politiques, des juristes les plus éminents et même des avocats des Extradables qui avaient fait des propositions valables soulignèrent la nécessaire révision du décret 2047. Pour commencer, la marge d'interprétation était très grande et chaque juge pouvait décider à sa guise d'extrader quelqu'un ou non. De plus, les preuves décisives contre les agissements des cartels se trouvaient à l'étranger alors même que la coopération avec les Etats-Unis s'était relâchée et que les délais pour les obtenir étaient trop courts. La solution, que le décret ne mentionnait pas, était de reculer les délais et de faire en sorte que la Présidence de la République soit seule chargée d'apporter en Colombie les preuves de la culpabilité des Extradables.

Alberto Villamizar non plus n'avait pas trouvé dans ce décret le soutien qu'il escomptait. Ses relations avec Hernando Santos et l'ancien Président Turbay, ainsi que les premières réunions avec les avocats de Pablo Escobar, lui avaient permis de se faire une idée globale de la situation. A première vue, il eut le sentiment que le décret de soumission, utile mais insuffisant, ne lui laissait qu'une marge de manœuvre très étroite pour libérer sa femme et

sa sœur. Le temps passait et il n'avait aucune nouvelle
d'elles, pas même la plus petite preuve qu'elles étaient
vivantes. La seule occasion qu'il avait eue de communiquer
avec elles avait été une lettre envoyée par l'intermédiaire
de Guido Parra, dans laquelle il leur insufflait à toutes
deux l'optimisme et l'assurance qu'il ne ferait rien d'autre
que se consacrer à leur libération. « Je sais que tu es dans
une situation terrible, mais aies confiance », avait-il écrit
à Maruja.

En vérité, Villamizar agissait à l'aveugle. Il n'y avait de
porte à laquelle il n'ait frappé et son seul espoir, tout au
long de cet interminable mois de novembre, fut l'assurance donnée par Rafael Pardo que le Président Gaviria
songeait à promulguer un décret complémentaire venant
renforcer le n° 2047. « Il est prêt », disait Rafael Pardo
qui passait chez lui presque tous les soirs et le tenait au
courant de ses démarches sans que Villamizar soit très
convaincu que cette voie était la bonne. Ses longues
conversations avec Hernando Santos et l'ancien Président
Turbay l'avaient persuadé que les négociations étaient au
point mort. Il ne croyait pas Guido Parra qu'il connaissait
depuis qu'il rôdait dans les couloirs du Congrès et qu'il
trouvait opportuniste et louche. Cependant, bonne ou
mauvaise, c'était sa seule carte et il avait décidé de la jouer
à fond. Il ne pouvait rien faire d'autre et le temps pressait.

A sa demande, l'ancien Président Turbay et Hernando
Santos convoquèrent Guido Parra à la condition qu'il
accepte la présence de Santiago Uribe, autre avocat d'Escobar qui jouissait d'une réputation de sérieux. Guido
Parra voulut commencer la réunion par ses habituelles
considérations, mais Alberto Villamizar le fit redescendre
sur terre en le tançant comme seuls les Santanderiens
savent le faire.

« Je ne suis pas venu ici pour entendre vos salades, dit-
il. Je n'irai pas par quatre chemins. Ici, c'est vous qui foutez la merde parce que vous réclamez des conneries alors

qu'il n'y a qu'une chose qui compte et une seule : les narcos doivent se rendre et avouer ce qu'ils veulent pourvu
qu'ils en prennent pour douze ans. C'est la loi un point
c'est tout. En échange ils obtiendront des remises de peine
et ils auront la vie sauve. Le reste c'est de la foutaise. »

Pris de court, Guido Parra ne trouva aucune réplique à
la hauteur.

« Mon cher monsieur, lui dit-il, vous oubliez une
chose, le gouvernement dit qu'ils ne seront pas extradés, et
c'est aussi ce que tout le monde dit. Mais où est-ce écrit
dans le décret ? »

Villamizar fut d'accord sur ce point. Si le gouvernement
disait qu'il n'y aurait pas d'extradition car tel était le sens
de la loi, il fallait alors convaincre ce même gouvernement
de corriger ses ambiguïtés. Le reste – interprétations subtiles du délit *sui generis*, refus de passer aux aveux, immoralité de la délation – n'était que des digressions rhétoriques de Guido Parra. Pour les Extradables, dont le nom
disait bien ce qu'il voulait dire, il était clair qu'à ce stade
la seule exigence réelle et péremptoire était de ne pas être
extradés. De sorte que Villamizar ne crut pas impossible
d'obtenir que cette précision soit ajoutée au décret. Mais
auparavant, il exigea de Guido Parra la même franchise et
la même détermination que celle exigée par les Extradables. Il voulut savoir, en premier lieu, jusqu'où Parra
était autorisé à négocier, et en second lieu une fois le
décret modifié dans quels délais les otages seraient libérés.
Guido Parra fut formel :

« Vingt-quatre heures après ils seront libres, dit-il.

— Tous, bien entendu, dit Villamizar.

— Tous. »

# Chapitre 5

Un mois après l'enlèvement, le régime absurde auquel étaient soumises Maruja et Beatriz s'était fissuré. Elles n'avaient plus à demander la permission de se lever et se servaient du café ou changeaient de chaîne de télévision à leur guise. A l'intérieur de la pièce elles étaient toujours tenues de chuchoter, mais leurs mouvements étaient devenus plus spontanés. Maruja n'était plus contrainte de s'étouffer dans l'oreiller pour tousser, bien qu'elle prît un minimum de précautions pour qu'on ne l'entende pas du dehors. Le déjeuner et le dîner, composés des mêmes haricots, des mêmes lentilles, des mêmes lambeaux de viande séchée, et de soupe en sachet, n'avaient pas changé.

Les geôliers bavardaient beaucoup entre eux sans autre précaution que celle de parler bas. Ils échangeaient des informations sanglantes sur ce que leur avait rapporté la chasse aux policiers la nuit à Medellín, leurs exploits de *machos* et leurs drames amoureux. Maruja était parvenue à les convaincre qu'au cas où un commando donnerait l'assaut pour les libérer, ils feraient mieux de les protéger afin de s'assurer au moins d'être bien traités et jugés avec clémence. Au début, leur fatalisme incurable les avait fait paraître indifférents, mais la tactique d'apaisement porta ses fruits, et ils ne pointaient plus leurs armes sur les prisonnières quand elles dormaient et cachaient leurs pistolets-mitrailleurs enveloppés dans un chiffon derrière le téléviseur. Cette dépendance réciproque et leur souffrance commune finirent par imposer à leurs relations une touche d'humanité.

Le caractère de Maruja ne lui permettait pas de garder pour elle quoi que ce soit qui puisse la contrarier. Elle se défoulait sur les geôliers dressés à la bagarre, et les toisait avec une détermination terrifiante : « Tuez-moi », leur disait-elle. Parfois elle s'en prenait à Marina, dont la complaisance envers les geôliers la révoltait et dont les fantasmes apocalyptiques la mettaient hors d'elle. Marina levait quelquefois les yeux au ciel sans raison et lançait un commentaire démoralisant ou une prédiction sinistre.

« Derrière le patio il y a un garage où les tueurs rangent leurs voitures, dit-elle un jour. Ils sont là, jour et nuit, armés de fusils, prêts à nous tuer. »

L'incident le plus grave eut lieu une après-midi, quand Marina lança ses habituelles diatribes contre les journalistes qui n'avaient pas mentionné son nom dans une émission de télévision consacrée aux otages.

« Ce sont tous des salauds », dit-elle.

Maruja bondit :

« Ah non alors ! répliqua-t-elle, furieuse. Un peu de respect. »

Marina ne répondit rien et, plus tard, sa sérénité retrouvée, elle lui demanda pardon. En réalité, elle vivait dans un monde à part. D'une beauté jadis notoire, elle avait soixante-quatre ans, de grands et beaux yeux noirs et une chevelure argentée qui conservait son éclat en dépit du malheur. Mais elle n'avait plus que la peau sur les os. A l'arrivée de Beatriz et de Maruja, il y avait deux mois qu'elle ne parlait à personne sauf aux geôliers, et il lui avait fallu du temps et des efforts pour s'habituer à elles. La peur avait fait des ravages : elle avait perdu vingt kilos et son moral était au plus bas. Marina était l'ombre d'elle-même.

Elle avait épousé très jeune un chiropracteur fort apprécié dans le monde du sport, un homme bien bâti et au grand cœur, qui l'avait aimée sans réserve et dont elle avait eu quatre filles et trois fils. C'était elle qui portait la culotte, chez elle comme chez les autres, car elle se sentait obligée de s'occuper des problèmes d'une famille nombreuse d'Antioquia. Elle était comme leur seconde mère, aussi bien en raison de son autorité que de son zèle, mais elle s'occupait aussi de tous ceux qui savaient aller droit à son cœur.

Elle vendait des voitures et des assurances-vie, moins par nécessité qu'en raison d'une indépendance indomptable, et elle semblait capable de vendre tout ce qui lui tombait sous la main pour disposer de son propre argent selon son bon plaisir. Cependant, ses amis les plus proches souffraient de voir qu'une femme qui possédait autant de qualités puisse être frappée par tant de malheurs. Son époux avait dû recevoir des soins psychiatriques qui l'avaient rendu inapte au travail pendant près de vingt ans, elle avait perdu deux frères dans un terrible accident de la route, un troisième était mort terrassé par un infarctus, un quatrième avait péri écrasé par le poteau d'un feu rouge dans un accident confus de la circulation, et un cinquième qui avait une vocation de vagabond avait disparu sans laisser de traces.

Sa situation était sans issue. Elle s'était rangée à l'avis général selon lequel on ne l'avait enlevée que pour avoir sous la main un otage important à assassiner sans faire échouer les négociations sur la reddition. Mais après soixante jours de captivité, elle commençait à penser que ses bourreaux envisageaient peut-être d'obtenir quelques avantages en échange de sa vie.

Toutefois, il était curieux que même à ses pires moments elle passe de longues heures à se faire les ongles des pieds et des mains avec une application méticuleuse. Elle les limait, les polissait, les recouvrait d'un vernis incolore qui leur donnait l'aspect de ceux d'une femme plus jeune. Elle portait un soin égal à l'épilation de ses sourcils et de ses jambes. Une fois surmontés les premiers tiraillements, Maruja et Beatriz lui vinrent en aide et surent peu à peu comment la prendre. Elle avait avec Beatriz d'interminables conversations sur les gens qu'elle aimait bien et ceux qu'elle n'aimait pas, et leurs chuchotis exaspéraient les geôliers. Maruja essayait de la consoler. Toutes deux souffraient d'être les seules à la savoir vivante, hormis les ravisseurs, et de ne pouvoir le dire à personne.

Pendant cette période, l'unique détente fut le retour inopiné du chef cagoulé qui était venu les voir le premier jour. Gai et optimiste, il leur dit qu'elles seraient sans doute libres avant le 9 décembre, date prévue pour les élections à l'Assemblée constituante. Maruja donna une signification particulière à la nouvelle, car la date était celle de son anniversaire, et l'idée de le fêter en famille l'emplit d'une joie prématurée. Ce fut une illusion éphémère : une semaine plus tard, le même chef leur annonça qu'elles ne seraient libérées ni le 9 décembre ni plus tard, en tout cas ni à Noël ni au Jour de l'An. Le coup fut très dur pour Maruja et Beatriz. Maruja avait un début de phlébite et de vives douleurs dans les jambes. Beatriz eut une crise d'étouffements et l'ulcère de son estomac se remit à saigner. Un soir, folle de douleur, elle supplia Lamparón de faire exception au règlement et de la laisser aller tout de suite aux toilettes. Il acquiesça après avoir longtemps hésité, en la prévenant qu'elle prenait de grands risques. Mais cela ne servit de rien. Beatriz continuait de geindre comme un chiot, se sentait mourir, et Lamparón, dans un accès de pitié, obtint du majordome une dose de Buscapine.

En dépit de leurs multiples efforts, les otages ne possédaient aucun indice fiable de l'endroit où elles se trouvaient. La crainte des geôliers que des voisins les entendent, les bruits et les éclats de voix qui leur parvenaient de l'extérieur, leur laissaient croire qu'elles étaient dans une zone urbaine. Le coq fou qui chantait à n'importe quelle heure du jour et de la nuit en était peut-être la confirmation, car les coqs enfermés à des étages élevés perdent la notion du temps. Elles entendaient souvent une voix appeler la même personne : « Rafael. » Les petits avions volaient en rase-mottes et l'hélicoptère continuait de s'approcher si près qu'elles le sentaient au-dessus de la maison. Marina ne cessait d'affirmer, sans qu'on en ait jamais eu la moindre preuve, qu'un officier supérieur venait s'assurer du bon fonctionnement de la maison. Pour Maruja et Beatriz, ce n'était là qu'une des élucubrations de Marina et, pourtant, chaque fois que l'hélicoptère se posait, le régime pénitentiaire retrouvait une rigueur toute militaire : la maison propre et rangée comme une caserne, la porte fermée de l'intérieur et cadenassée, les chuchotements généralisés, les armes prêtes et la nourriture un peu moins infecte.

Au début du mois de décembre, quatre nouveaux geôliers remplacèrent ceux qui les avaient surveillées depuis le jour de l'enlèvement. L'un d'eux était si étrange et singulier qu'il semblait tout droit sorti d'un film comique. Les autres l'appelaient *el Gorila*, le Gorille, car il avait tout de cet animal : énorme, fort comme un gladiateur, la peau noire comme de l'encre et couverte de poils frisés. Il ne parvenait pas à baisser sa voix de stentor et personne n'osait l'y contraindre. Il éveillait chez les autres un sentiment d'infériorité manifeste. Au lieu d'être en short comme tout le monde, il portait une tenue de gymnastique. La cagoule et le tricot de corps moulant soulignaient un torse parfait où brillait une médaille de l'Enfant Jésus, des bras superbes avec un bracelet brésilien porte-bonheur à un poignet, et des mains énormes dont les lignes s'inscrivaient comme marquées au fer rouge au creux des paumes décolorées. C'était à peine s'il tenait dans la pièce et chacun de ses mouvements laissait derrière lui un sillage de désordre. Pour les otages, qui avaient appris à s'entendre avec les geôliers précédents, ce fut une mauvaise surprise. Surtout pour Beatriz, qu'il détesta au premier coup d'œil.

Otages et geôliers avaient au moins un sentiment en commun : l'ennui. Comme prélude aux festivités de Noël, les maîtres de maison firent une neuvaine avec un prêtre de leurs amis, complice ou innocent. Ils prièrent, chantèrent des *villancicos* en chœur, distribuèrent des friandises aux enfants et burent du vin de pomme, la boisson officielle de la famille. A la fin, ils exorcisèrent la maison en l'aspergeant d'eau bénite. Il en fallut une telle quantité qu'ils durent l'apporter dans des jerrycans. Le prêtre parti, la femme entra dans la cellule et aspergea le téléviseur, les matelas, les murs. Les trois otages demeurèrent interloquées. « C'est de l'eau bénite, disait la femme en secouant la main. C'est pour qu'il ne nous arrive rien. » Les geôliers se signèrent, tombèrent à genoux et reçurent l'averse purificatrice avec une ferveur angélique.

Ce climat de prière et de fête, si caractéristique de la région d'Antioquia, dura tout le mois de décembre. Au point que Maruja avait pris soin de cacher aux geôliers que le 9 était le jour de son anniversaire : cinquante-trois ans qu'elle ne paraissait pas. Beatriz avait promis de garder le secret, mais les geôliers l'apprirent la veille à la télévision en regardant l'émission que les enfants de Maruja dédiaient à leur mère.

Ils ne cachèrent pas leur émotion de se sentir, en quelque sorte, mêlés à l'intimité de l'émission. « Doña Maruja, disait l'un d'eux, comme M. Villamizar est jeune, comme il a l'air d'être un homme bien, et comme il vous aime. » Ils espéraient que Maruja leur présenterait ses filles et qu'ils pourraient sortir avec elles. Toutefois, regarder ces images en captivité c'était comme être mort et voir la vie de l'au-delà, sans pouvoir s'y associer et sans que les vivants le sachent. Le lendemain, à onze heures du matin, le majordome et sa femme firent irruption à l'improviste avec une bouteille de champagne colombien, des verres pour tout le monde et un gâteau qui avait l'air nappé de pâte dentifrice. Ils souhaitèrent à Maruja un bon anniversaire, lui prodiguèrent de grandes démonstrations d'affection et chantèrent *Happy Birthday* en chœur avec les geôliers. Ils mangèrent, burent et laissèrent Maruja en proie à des sentiments contradictoires.

En se réveillant le 26 novembre, Juan Vitta apprit qu'il serait libéré en raison de son mauvais état de santé. Paralysé par la terreur car ces derniers jours il s'était senti mieux que jamais, il crut que la nouvelle était un subterfuge pour livrer le premier cadavre à l'opinion publique. Si bien que lorsque le geôlier lui dit, quelques heures plus tard, de se préparer à être libéré, la panique le gagna. « J'aurais voulu mourir de ma belle mort, raconta-t-il par la suite, mais si tel était mon destin, il fallait bien l'assumer. » Ils lui donnèrent l'ordre de se raser et de se changer, ce qu'il fit avec la certitude qu'il s'habillait pour ses propres funérailles. Ils lui donnèrent des instructions sur ce qu'il devait faire une fois libre et surtout sur la façon de brouiller ses déclarations à la presse pour que la police n'ait aucun indice permettant de tenter un coup de force. Peu après midi, ils firent plusieurs tours en voiture dans des quartiers labyrinthiques de Medellín, et le relâchèrent sans autre forme de procès au coin d'une rue.

Juan Vitta libéré, ils déplacèrent Hero Buss et l'emmenèrent dans un quartier chic, en face d'un club d'aérobic pour jeunes filles. L'occupant de la maison était un mulâtre noceur et dépensier. Sa femme, âgée de trente-cinq ans et enceinte de sept mois, se parait dès l'heure du petit déjeuner de bijoux de valeur tape-à-l'œil. Ils avaient un enfant en bas âge qui habitait ailleurs avec sa grand-mère, et dont Hero Buss occupa la chambre remplie de jouets. A la façon dont la famille l'adopta, il se prépara à une longue séquestration.

Le couple dut bien s'amuser avec cet Allemand qui ressemblait à un partenaire de Marlène Dietrich, mesurait deux mètres de haut et un de large, avait à cinquante ans l'air d'un adolescent et de l'humour à revendre, et parlait un espagnol mijoté à la sauce caribéenne de Carmen Santiago, son épouse. Il avait encouru de graves risques comme correspondant de plusieurs radios et journaux allemands en Amérique latine, en particulier au Chili sous le régime de Pinochet où il avait passé toute une nuit sous la menace d'être fusillé à l'aube. De sorte qu'il avait la peau dure et qu'il était capable de voir le côté folklorique de sa captivité.

En effet, il y avait de quoi s'amuser dans cette maison où, de temps à autre, débarquait un émissaire, les poches pleines de billets de banque pour couvrir les frais, mais où il n'y avait jamais un sou. Le couple se hâtait de tout dépenser en fêtes et en babioles, et au bout de quelques jours il ne restait même plus de quoi acheter à manger. Les fins de semaine, ils organisaient des fêtes et des banquets avec leurs frères, cousins et amis intimes. Les enfants s'emparaient de la maison. Pour l'avoir vu souvent sur le petit écran, ils avaient tout de suite reconnu, non sans émotion, le géant allemand qu'ils traitaient comme une vedette de feuilleton. Trente personnes au moins, qui n'avaient rien à voir avec l'enlèvement, demandèrent à Hero Buss des photos et des autographes, mangèrent et dansèrent avec lui à visage découvert dans cette maison de fous où il vécut jusqu'à la fin de sa détention.

Les dettes achevèrent de faire perdre la tête aux maîtres de maison qui mirent en gage le téléviseur, le magnétoscope, la chaîne hi-fi, et tout ce qui leur tombait sous la main, pour pouvoir nourrir leur otage. Les bijoux disparurent du cou, des bras et des oreilles de la femme, au point qu'elle n'en porta plus un seul. Une nuit, l'homme réveilla Hero Buss pour qu'il lui prête de l'argent car sa femme commençait à avoir des contractions, et ils n'avaient pas un centime pour payer l'hôpital. Hero Buss lui prêta les cinquante mille pesos qui lui restaient.

Ils le libérèrent le 11 décembre, quinze jours après Juan Vitta. Pour l'occasion, ils lui achetèrent une paire de chaussures qu'il ne put mettre car, après plusieurs heures de recherche, ils n'avaient trouvé que du quarante-quatre alors qu'il chaussait du quarante-six. Ils achetèrent aussi un pantalon et une chemise deux tailles en dessous de la sienne parce qu'il avait perdu seize kilos. Ils lui rendirent ses appareils photo, sa serviette avec ses carnets de notes dissimulés dans la doublure, les cinquante mille pesos de l'accouchement et quinze mille qu'il leur avait prêtés auparavant afin de rembourser la monnaie des courses qu'ils dépensaient pour eux. Ils lui offrirent beaucoup plus, mais la seule chose qu'il leur demanda fut de lui obtenir une interview de Pablo Escobar. La réponse ne vint jamais.

La bande qui lui avait tenu compagnie pendant les derniers jours le fit monter dans une voiture et, après avoir longtemps tourné dans les quartiers résidentiels de Medellín pour brouiller les pistes, le déposa à quelques mètres du journal *El Colombiano*, avec tout son équipement et un communiqué dans lequel les Extradables reconnaissaient son combat en faveur des droits de l'homme en Colombie et dans plusieurs pays d'Amérique latine, et où ils réaffirmaient leur volonté d'accepter la politique de soumission sans autre condition que des garanties juridiques pour leur sécurité et celle de leurs familles. Journaliste jusqu'au bout, Hero Buss tendit son appareil au premier passant venu et lui demanda de prendre la photo de la libération.

Diana et Azucena apprirent la bonne nouvelle à la radio, et leurs geôliers leur promirent qu'elles seraient les suivantes. Mais ils le leur avaient dit tant de fois qu'elles n'y croyaient plus. Au cas où seule l'une des deux serait libérée, chacune avait écrit une lettre à sa famille pour la donner à celle qui partirait. Mais plus rien ne se passa et elles ne surent plus rien jusqu'au 13 décembre, deux jours après la libération d'Hero Buss, quand Diana fut réveillée par des chuchotements et des mouvements bizarres dans la maison. Elle bondit du lit le cœur battant à l'idée qu'on allait les libérer. Elle prévint Azucena et, avant qu'on leur dise quoi que ce soit, elles bouclèrent leurs bagages.

Diana dans son journal et Azucena dans le sien racontent cet instant dramatique. Diana était sous la douche quand un des geôliers ordonna tout de go à Azucena de se tenir prête à partir. Elle seule. Dans le livre qu'elle publia peu après, Azucena rapporte l'épisode avec une admirable simplicité.

« Je suis entrée dans la pièce, et tandis que doña Diana était dans la salle d'eau, j'ai mis les vêtements de rechange que j'avais posés sur la chaise. Quand elle est sortie et m'a vue, elle s'est redressée, m'a regardée et m'a dit :

— On s'en va, Azu ?

Ses yeux brillaient et elle attendait une réponse avec anxiété. Je ne pouvais pas prononcer un mot. J'ai baissé la tête, j'ai respiré un grand coup et j'ai dit :

— Non, il n'y a que moi qui pars.

— Je suis très contente, a dit Diana, je savais que ça serait comme ça. »

Diana nota dans son journal : « J'ai senti mon cœur se serrer, mais je lui ai dit que j'étais contente pour elle, qu'elle parte tranquille. » Elle remit à Azucena la lettre à Nydia qu'elle avait écrite à temps pour le cas où elle ne serait pas libérée. Dans cette lettre elle demandait à sa mère de fêter Noël avec les enfants. Comme Azucena pleurait, elle la prit dans ses bras pour la consoler. Puis elle l'accompagna jusqu'à la voiture et là, elles s'étreignirent une dernière fois. Azucena se retourna pour la regarder à travers la vitre arrière et Diana lui dit au revoir de la main. Une heure plus tard, dans la voiture qui la conduisait à l'aéroport de Medellín où elle devait prendre l'avion pour Bogota, Azucena entendit à la radio un journaliste demander à son mari ce qu'il était en train de faire quand il avait appris la nouvelle de la libération. Il répondit la vérité :

« J'étais en train d'écrire un poème pour Azucena. »

C'est ainsi que tous deux purent réaliser leur rêve d'être ensemble le 16 décembre pour fêter leur quatrième anniversaire de mariage.


Richard et Orlando, de leur côté, excédés de dormir à même le sol dans un cachot puant, convainquirent les geôliers de les changer de pièce. On les enferma dans la chambre où avait été enchaîné le mulâtre dont ils n'avaient plus rien su. Ils découvrirent avec épouvante que le matelas était couvert de grandes taches de sang frais, qui pouvaient venir de longues tortures ou de coups de couteau expéditifs.

Ils avaient appris la libération d'Hero Buss et d'Azucena par la radio et la télévision. Leurs geôliers leur avaient dit que la prochaine fois ce serait leur tour. Le 17 décembre, très tôt, un chef qu'ils connaissaient sous le nom d'*el Viejo*, le Vieux, et qui n'était autre que don Pacho, le geôlier de Diana, entra sans frapper dans la pièce où se trouvait Orlando.

« Habillez-vous comme il faut, on s'en va », dit-il.

Orlando eut à peine le temps de se raser et de s'habiller et ne put prévenir Richard, qui était dans la même maison mais dans une autre pièce. Les geôliers lui remirent un communiqué destiné à la presse, lui firent chausser des lunettes aux verres épais, et *el Viejo*, seul avec lui dans la voiture, fit les tours et détours rituels dans différents quartiers de Medellín avant de lui tendre cinq mille pesos pour prendre un taxi et de le déposer devant un square qu'Orlando n'avait jamais vu car il connaissait très mal la ville. Il était neuf heures et, en ce lundi matin, le temps était frais et l'air diaphane. Orlando ne pouvait croire qu'il était en train de héler en vain des taxis occupés, alors que jusqu'au dernier moment il avait pensé qu'il serait plus facile à ses ravisseurs de le tuer que de prendre le risque de le libérer vivant. Il entra dans la première cabine téléphonique et appela sa femme.

Liliana donnait le bain à son bébé et courut répondre, les mains pleines de savon. Elle entendit une voix étrange et calme :

« Chérie, c'est moi. »

Elle pensa qu'on se moquait d'elle et faillit raccrocher, quand elle reconnut la voix. « Seigneur Dieu », s'écriat-elle. Orlando était si pressé qu'il eut à peine le temps de lui dire qu'il se trouvait à Medellín et qu'il ne serait à Bogota que dans la soirée. L'angoisse tenailla Liliana toute la journée parce qu'elle n'avait pas reconnu tout de suite la voix de son mari. Juan Vitta lui avait dit, le jour où il avait été libéré, que la captivité avait changé Orlando au point qu'on avait peine à le remettre, mais il n'avait pas pensé que sa voix aussi pouvait être méconnaissable. Le choc fut plus grand encore l'après-midi, à l'aéroport, quand Liliana se fraya un chemin entre la cohorte de journalistes et ne reconnut pas l'homme qui l'embrassa. Mais tel était Orlando après quatre mois de détention, gros, pâle, avec une moustache teinte et rugueuse. Ils avaient décidé, chacun de leur côté, de faire un autre enfant aussitôt qu'ils se retrouveraient. « Mais il y avait tant de monde autour de nous que ce soir-là ce fut impossible », déclara plus tard Liliana en éclatant de rire. Ils rattrapèrent comme il se doit les heures perdues, et neuf mois plus tard un garçon naquit puis des jumeaux l'année suivante.

La vague de libérations – que les autres otages et les familles reçurent comme une bouffée d'optimisme – renforça Pacho Santos dans sa conviction qu'en ce qui le concernait, rien n'indiquait que les choses étaient aussi en bonne voie. Il pensait que Pablo Escobar s'était contenté de se défausser pour forcer l'Assemblée constituante à voter l'amnistie et la non-extradition, et qu'il gardait dans sa manche trois atouts majeurs : la fille d'un ancien Président de la République, le fils du directeur du journal le plus important du pays, et la belle-sœur de Luis Carlos Galán. Mais Beatriz et Marina sentaient l'espoir renaître, même si Maruja refusait de se bercer d'interprétations hâtives. Elle avait le moral au plus bas, et l'approche de Noël acheva de la déprimer. Elle détestait les fêtes du calendrier, n'avait jamais décoré ni crèches ni arbres de Noël, ni distribué de cadeaux ou envoyé de cartes de vœux, et rien ne la déprimait autant que les réveillons funèbres où tout le monde chante de tristesse ou pleure de bonheur. Le majordome et sa femme préparèrent un dîner infect. Beatriz et Marina firent un effort pour se mettre à table, mais Maruja avala deux somnifères foudroyants et se réveilla sans regrets.

Le mercredi suivant, Alexandra consacra son émission hebdomadaire au réveillon de Noël chez Nydia avec, autour de l'ancien Président, la famille Turbay au grand complet, les proches de Beatriz, ceux de Maruja, et Alberto Villamizar. Les enfants étaient là eux aussi, au premier plan : les deux fils de Diana et le fils d'Alexandra. Maruja pleura d'émotion, car son petit-fils parlait, alors qu'il balbutiait à peine la dernière fois qu'elle l'avait vu. Pour conclure, Villamizar expliqua en détail et d'une voix posée l'état d'avancement de ses démarches. Maruja résuma l'émission par une phrase juste : « Ce fut terrible et merveilleux à la fois. »

Le message de Villamizar remonta le moral de Marina

Montoya. Elle redevint soudain plus humaine et montra sa grandeur d'âme. Elle écoutait et commentait les informations avec un sens politique surprenant. En analysant les décrets, elle parvint à la conclusion qu'elles avaient plus de chances que jamais d'être libérées. Sa santé s'améliora au point qu'elle transgressait les règles et parlait d'une voix normale, belle et bien timbrée.

Le 31 décembre fut pour elle un grand soir. Le matin, Damaris avait apporté le petit déjeuner en leur disant qu'ils fêteraient le Nouvel An comme il se doit, avec du champagne colombien et une rouelle de porc. Pour la première fois loin des siens, Maruja sentit que ce serait le soir le plus triste de sa vie et elle se laissa gagner par la dépression. Beatriz toucha le fond. Elles n'avaient envie de rien et surtout pas de s'amuser. Marina, en revanche, accueillit la nouvelle avec joie et n'économisa aucun argument pour remonter le moral de tout le monde, y compris celui des geôliers.

« Soyons justes, disait-elle à Maruja et à Beatriz. Eux aussi sont loin de leur famille et nous, on doit leur rendre ce Nouvel An le plus agréable possible. »

Le soir où elle avait été enlevée, on lui avait donné trois chemises de nuit, mais elle n'en avait utilisé qu'une seule et gardait les deux autres dans son sac de toile. Plus tard, à l'arrivée de Maruja et de Beatriz, on leur avait distribué des survêtements qui étaient comme leur uniforme de prisonnières et qu'elles lavaient tous les quinze jours.

Personne ne se souvint des chemises de nuit jusqu'à l'après-midi du 31 décembre, quand Marina donna libre cours à son enthousiasme. « Je vous propose une chose, dit-elle. J'ai trois chemises de nuit qu'on va mettre pour qu'elles nous portent bonheur toute l'année. » Et elle demanda à Maruja :

« Quelle couleur tu veux, ma fille ? »

Maruja dit que ça lui était égal. Marina décida que la verte lui siérait mieux, donna la rose à Beatriz et garda la blanche pour elle. Puis elle tira du sac un petit étui à maquillage et leur proposa de se maquiller les unes les autres. « Pour être belles ce soir », dit-elle. Maruja, pour qui le déguisement avec les chemises de nuit était suffisant, la rabroua d'un ton acerbe. « La chemise de nuit, passe encore, dit-elle. Mais barbouillée comme une folle ? Et dans cet état ? Ah, non, Marina, pas ça. » Marina haussa les épaules.

« Eh bien moi, oui. » Comme elles n'avaient pas de miroir, elle tendit à Beatriz les produits de beauté et s'assit sur le lit pour que l'autre la maquille. Beatriz s'y appliqua avec goût, à la lueur de la veilleuse : une touche de blush pour dissimuler la pâleur mortelle de la peau, du rouge pour les lèvres, de l'ombre sur les paupières. Toutes deux constatèrent avec surprise combien cette femme autrefois célèbre pour son charme et sa beauté pouvait encore être belle. Beatriz se contenta d'une queue de cheval et de son air de collégienne.

Ce soir-là, Marina déploya sa grâce irrésistible d'Antioquienne. Les geôliers l'imitèrent et chacun dit ce qui lui passait par la tête avec la voix que Dieu lui avait donnée. Sauf le majordome qui, même au plus fort de l'ivresse, continuait à chuchoter. Lamparón, enhardi par l'alcool, fit cadeau à Beatriz d'une lotion pour homme. « Pour que vous sentiez bon quand des milliers de gens vous serreront dans leurs bras le jour où vous serez libres. » La phrase n'échappa pas à l'imbécile de majordome qui déclara que c'était le présent d'un amoureux frustré. Une nouvelle vague de panique déferla sur Beatriz.

Outre les prisonnières, il y avait le majordome, sa femme et les quatre geôliers de garde. Beatriz avait une boule dans la gorge qui l'étouffait. Maruja se sentait gagnée par la nostalgie et la honte, et ne pouvait dissimuler son admiration pour Marina, superbe, rajeunie par le fard, avec sa chemise blanche, sa chevelure de neige, sa voix délicieuse. Il était impensable qu'elle soit heureuse, mais elle parvint à donner le change. Elle plaisantait avec les geôliers, qui soulevaient leur cagoule pour boire. Parfois, n'en pouvant plus de chaleur, ils demandaient aux otages de se retourner pour pouvoir respirer. A minuit pile, alors que les sirènes des pompiers hurlaient et que les cloches des églises sonnaient, ils étaient entassés dans la pièce, les uns assis sur le lit, les autres sur le matelas, ruisselants de sueur. L'hymne national retentit à la télévision. Maruja se leva et leur donna à tous l'ordre de se mettre debout pour le chanter avec elle. A la fin, elle leva son verre de vin de pomme et porta un toast à la paix en Colombie. La fête s'acheva une demi-heure plus tard, les bouteilles vides. Dans le plat il ne restait que l'os de la rouelle et quelques reliefs de salade de pommes de terre.

Les otages accueillirent la relève des geôliers avec un soupir de soulagement, car elles retrouvaient ceux qui avaient été là le soir de leur enlèvement et qu'elles savaient comment prendre. Surtout Maruja, déprimée par son mauvais état de santé. Au début, la terreur s'était traduite par des douleurs diffuses qui l'obligeaient à prendre des positions inconfortables. Plus tard, le régime inhumain imposé par les gardiens les transforma en troubles organiques sérieux. Au début du mois de décembre, on lui avait interdit d'aller aux toilettes pendant toute une journée pour la punir de son esprit rebelle, mais la punition levée elle ne put rien faire. Ce fut le début d'une cystite chronique à laquelle succéda une hémorragie qui dura jusqu'à la fin de sa captivité.

Marina, qui avait appris de son époux l'art du massage sportif, s'efforça tant bien que mal de la remettre sur pied. Elle avait encore l'humeur joyeuse du Nouvel An, se montrait optimiste et prodigue en anecdotes : elle était vivante. Son nom et sa photo dans une campagne télévisée en faveur des otages lui rendirent la joie et l'espoir. De nouveau elle-même, elle sentait qu'elle existait, qu'elle était là. Pendant la première étape de la campagne on la vit toujours à l'écran, puis un beau jour plus rien. Ni Maruja ni Beatriz n'eurent le courage de lui dire qu'on l'avait peut-être rayée de la liste des otages parce que plus personne ne la croyait encore en vie.

Pour Beatriz, le 31 décembre était un jour important car elle avait décidé qu'à cette date elle serait libre. La déception l'accabla au point que ses compagnes de prison ne savaient que faire pour elle. A un moment, Maruja dut cesser de la regarder car elle perdait tout contrôle d'elle-même, éclatait en sanglots, et dans cet espace pas plus grand qu'une salle d'eau elles en arrivèrent à s'ignorer. La situation devint insoutenable.

Après la toilette, quand les heures se faisaient interminables, la meilleure distraction était encore les lents massages des jambes avec la crème dont les geôliers les pourvoyaient en quantité suffisante pour qu'elles ne sombrent pas dans la folie. Un jour, Beatriz se rendit compte qu'il n'y en avait presque plus.

« Quand on n'aura plus de crème, qu'est-ce qu'on va faire ? demanda-t-elle à Maruja.

— Eh bien, on en redemandera, répondit Maruja sur un ton aigre-doux. (Et elle ajouta, plus cinglante encore :) sinon on avisera. D'accord ?

— Ne me réponds pas comme ça, s'écria Beatriz en laissant éclater sa colère. Au fond, c'est de ta faute si je suis ici ! »

L'explosion était inévitable. En l'espace d'un instant elle lâcha toute la tension accumulée depuis tant de jours et tant de nuits d'horreur. Il était surprenant que l'incident n'ait pas éclaté plus tôt et avec plus d'animosité. Beatriz se tenait à l'écart, ravalait tout et ruminait ses rancœurs sans même les savourer. Qu'une simple phrase lancée sans le vouloir remue tôt ou tard l'agressivité refoulée sous l'effet de la terreur était un moindre mal. Cependant, le geôlier n'était pas de cet avis et, craignant une bagarre plus vive, menaça Beatriz et Maruja de les séparer et de les enfermer dans des pièces différentes.

Toutes deux prirent peur, car le danger d'une agression sexuelle demeurait. Convaincues que les geôliers n'essaieraient pas de les violer aussi longtemps qu'elles resteraient ensemble, elles tremblaient à l'idée, terrible entre toutes, qu'on puisse les séparer. Par ailleurs, les geôliers allaient toujours par deux, se disputaient souvent, et semblaient se surveiller les uns les autres comme pour éviter des incidents graves avec les otages.

La répression des geôliers créait un climat malsain dans la cellule. Ceux qui montèrent la garde en décembre avaient apporté un magnétoscope et regardaient des films de violence à forte connotation érotique quand ce n'était pas de la pornographie pure et simple. Une tension insupportable régnait parfois dans la pièce. Quand elles utilisaient les toilettes, les prisonnières devaient laisser la porte entrouverte, et plus d'une fois elles surprirent un des geôliers en train de les épier. L'un d'eux, entêté à vouloir tenir la porte, faillit avoir les doigts tranchés le jour où Beatriz, de rage, la claqua. Le second tour de garde revint à un couple de geôliers homosexuels que des attouchements pervers maintenaient dans un état de perpétuelle excitation, et qui ne cessaient de se donner en spectacle. La réaction excessive de Lamparón au moindre geste de Beatriz, le parfum dont il lui avait fait cadeau, l'impertinence du majordome étaient des facteurs de perturbation. Leurs histoires de viols de jeunes inconnues, leurs perversions érotiques, leurs plaisirs sadiques finissaient par empoisonner l'atmosphère.

Le 12 janvier, peu avant minuit, sur la demande de Maruja et de Marina inquiètes pour Beatriz, le majordome fit venir un médecin. C'était un homme jeune, bien habillé et très courtois, qui portait une cagoule de soie jaune assortie à sa tenue et se montra d'emblée compétent malgré le peu de confiance qu'inspirait son visage masqué. Il avait une assurance apaisante. Il portait une serviette en cuir fin, grande comme une valise, où il y avait un stéthoscope, un tensiomètre, un électrocardiographe à batterie, un laboratoire portatif pour des analyses à domicile et d'autres instruments pour les interventions d'urgence. Il pratiqua un examen minutieux des trois otages, fit des analyses d'urine et de sang.

Pendant qu'il les auscultait, il dit tout bas à Maruja : « Personne n'a plus honte que moi de vous voir dans cette situation. Je veux vous dire que l'on m'a conduit ici de force. J'ai très bien connu Luis Carlos Galán et j'ai voté pour lui. Vous ne méritez pas d'endurer tout cela, mais essayez de tenir bon. La sérénité vous fera du bien. » Maruja apprécia ses explications mais fut interloquée par l'élasticité de sa morale. Il tint le même discours à Beatriz, mot pour mot.

Le médecin diagnostiqua chez l'une comme chez l'autre un stress sévère et un début de dénutrition, et il ordonna d'enrichir et d'équilibrer leur alimentation. A Maruja, qui souffrait en plus de problèmes circulatoires et d'une infection urinaire, il prescrivit un traitement à base de Vasotón, de diurétiques et de calmants. A Beatriz il prescrivit des calmants pour son ulcère à l'estomac. Mais il se contenta de prodiguer des conseils à Marina, qu'il avait déjà examinée auparavant, afin qu'elle s'occupe de sa santé. Elle ne l'écouta pas. Enfin il leur recommanda au moins une heure de promenade quotidienne.

A partir de ce jour, chacune reçut une boîte de vingt comprimés de tranquillisants à prendre à raison d'un le matin et un le soir. En cas de nécessité extrême elles pouvaient prendre à la place un somnifère puissant qui leur permettait de fuir l'horreur de l'enfermement. Un quart de comprimé suffisait pour perdre conscience pendant quatre heures.

Cette nuit-là, elles sortirent dans le patio plongé dans l'obscurité et marchèrent sous le regard apeuré des geôliers qui tenaient leurs pistolets-mitrailleurs pointés sur elles, le cran de sécurité levé. Au début, la tête leur tournait et Maruja devait s'appuyer aux murs pour ne pas tomber. Puis, avec l'aide des geôliers et parfois celle de Damaris, elles finirent par s'habituer, et au bout de deux semaines Maruja parvint à faire d'un pas rapide mille tours de patio, soit deux kilomètres. Leur moral s'améliora et la convivialité aussi.

Le patio fut avec la chambre le seul endroit de la maison qu'elles connurent. Les promenades s'effectuaient toutes lumières éteintes, mais par nuit claire elles distinguaient un grand lavoir à moitié en ruine, du linge étendu sur du fil de fer et un amoncellement de caisses brisées et d'ustensiles inutilisables. Au-dessus de l'auvent du lavoir, il y avait un étage avec une fenêtre fermée aux vitres poussiéreuses tendues de papier journal. Les prisonnières pensaient que les geôliers y dormaient quand ils n'étaient pas de garde. Il y avait une porte qui ouvrait sur la cuisine, une autre sur la chambre des otages, et un portail en vieilles planches qui ne touchait pas le sol. C'était le portail du monde. Plus tard, elles se rendirent compte qu'il donnait sur une paisible prairie où broutaient des agneaux et couraient des poules égarées. Il paraissait facile de l'ouvrir et de s'évader, mais il était gardé par un berger allemand qui semblait incorruptible. Pourtant, Maruja l'amadoua au point qu'il n'aboyait plus quand elle s'approchait pour le caresser.

Azucena libérée, Diana resta seule avec elle-même. Elle regardait la télévision, écoutait la radio et de temps à autre lisait les journaux, avec plus d'intérêt que jamais. Mais être informée sans pouvoir rien commenter avec personne était pire que de ne rien savoir. Elle ne se plaignait pas de la façon dont les geôliers la traitaient et elle reconnaissait leurs efforts pour lui être agréables. « Je ne tiens pas à décrire ce que je ressens à chaque instant, et ce n'est d'ailleurs pas facile : la douleur, l'angoisse et les jours passés dans la terreur », écrivit-elle dans son journal. Elle craignait pour sa vie, tenaillée par la peur constante d'une libération armée. Les signes de remise en liberté se réduisirent à une phrase insidieuse : « C'est pour bientôt. » Elle était terrorisée à l'idée qu'il s'agissait peut-être d'une tactique prolongée à l'infini dans l'attente que l'Assemblée constituante siège et prenne des décisions concrètes quant à l'extradition et à l'amnistie. Don Pacho, qui auparavant restait à bavarder de longues heures avec elle et la tenait au courant de tout, devenait chaque jour plus distant. Sans motif aucun, on cessa de lui apporter la presse. A la télévision, les informations et même les feuilletons étaient diffusés au rythme d'un pays paralysé par l'exode du Nouvel An.

Pendant plus d'un mois on lui avait fait croire qu'elle verrait Pablo Escobar en chair et en os. Elle avait travaillé ses gestes, peaufiné ses arguments, cherché le ton, certaine de pouvoir amorcer avec lui un début de négociation. Mais l'éternelle attente l'avait conduite à un pessimisme d'une profondeur insondable.

Au milieu de tant d'horreur l'image de sa mère la protégeait. Elle avait hérité son tempérament passionné, sa foi inébranlable et son sommeil paisible de femme heureuse. Toutes deux avaient le pouvoir de communiquer entre elles, une faculté qui, pendant les mois ténébreux de la séquestration de Diana, fut comme un fluide miraculeux. Chaque mot de Nydia à la radio ou à la télévision, chacun de ses gestes ou chaque accentuation, aussi involontaire soit-elle, transmettaient à Diana des messages imaginaires dans les ténèbres de la captivité. « J'ai toujours senti que mon ange gardien c'était elle », écrivit-elle. Elle était sûre qu'au milieu de tant de frustrations, le succès final revien-

drait à la dévotion et à la force de sa mère. Encouragée par
cette certitude, elle nourrit l'illusion qu'elle serait remise
en liberté le jour de Noël.

Cette illusion la tint éveillée pendant le réveillon qu'or-
ganisèrent pour elle les occupants de la maison, avec un
grand barbecue, de l'eau-de-vie, des disques de salsa, des
pétards et des ballons de toutes les couleurs. Diana crut
que c'était une fête d'adieu. Plus encore : sur le lit, elle
avait posé la valise qu'elle avait préparée dès le mois de
novembre pour ne pas perdre une minute quand on viendrait la chercher. La nuit était glaciale et dans les arbres les
hurlements du vent ressemblaient à ceux d'une meute de
loups, mais elle y voyait l'augure de temps meilleurs.
Quand on distribua les cadeaux aux enfants elle songea
aux siens et se consola à la pensée que le lendemain soir
elle serait auprès d'eux. Le rêve devint plus tangible quand
les geôliers lui firent cadeau d'une veste de cuir, fourrée,
choisie peut-être à dessein pour cette nuit de tempête. Elle
était certaine que sa mère l'attendait pour dîner, comme
tous les ans, et qu'elle avait accroché à la porte d'entrée la
couronne de gui avec une petite carte à son intention :
*Bienvenue.* Elle avait raison. Diana était si sûre qu'on allait
la libérer qu'elle attendait encore après qu'à l'horizon les
derniers lampions de la fête s'étaient éteints et qu'un autre
jour s'était levé, plein d'incertitudes.

Le mercredi suivant, elle zappait devant le téléviseur,
lorsqu'elle reconnut soudain le petit garçon d'Alexandra
Uribe. C'était l'émission de Noël d'*Enfoque.* Sa surprise fut
plus grande encore quand elle vit se dérouler sous ses yeux
la fête de Noël que, dans la lettre qu'elle avait donnée à
Azucena, elle avait demandé à sa mère d'organiser. Il y
avait la famille de Beatriz, celle de Maruja et toute la
famille Turbay : les deux enfants de Diana, ses frères, et au
milieu son père, grand et abattu. « Nous n'avions pas du
tout envie de faire la fête, déclara plus tard Nydia. Mais
j'avais décidé de faire comme le voulait Diana, et en une

heure j'ai décoré un arbre de Noël et installé une crèche dans la cheminée. » Malgré la volonté de chacun de ne pas montrer sa tristesse aux prisonniers, ce fut moins une fête de Noël qu'une cérémonie de deuil. Mais Nydia était à ce point certaine que Diana serait libre le soir même qu'elle avait accroché la couronne de gui et la pancarte avec ce mot en lettres dorées : *Bienvenue*. « J'avoue mon chagrin de ne pas avoir pu être avec tout le monde ce soir-là, écrivit Diana dans son journal. Mais cela m'a fait du bien, je me suis sentie tout près d'eux, j'étais contente de les voir tous réunis. » La maturité de María Carolina l'enchanta, l'air sérieux de Miguelito l'inquiéta, et elle se souvint dans un accès de panique qu'il n'était pas encore baptisé ; la tristesse de son père l'attrista, elle fut émue de voir sa mère qui avait déposé pour elle un cadeau dans la crèche et accroché la pancarte de bienvenue à la porte.

Après cette déception, au lieu de se laisser abattre, Diana se révolta contre le gouvernement. Elle avait soutenu avec ferveur la publication du décret 2047, sur lequel elle avait fondé ses illusions au mois de novembre. Les démarches de Guido Parra la réconfortaient ainsi que l'action des Notables, l'expectative créée par la nouvelle Assemblée constituante, et les ajustements éventuels de la politique de soumission. Mais la frustration de Noël rompit les digues de son entendement. Elle se demanda, scandalisée, pourquoi le gouvernement ne cherchait pas une autre forme de dialogue en marge de l'absurde pression des enlèvements. Elle savait très bien que le chantage rend toute action difficile et le laissa entendre. « En cela, écrivit-elle, je suis bien une Turbay, mais je crois qu'avec le temps, la situation s'est retournée. » Elle ne comprenait pas la passivité des dirigeants face à ce qu'elle croyait être des faux-semblants de la part des ravisseurs. Elle ne comprenait pas pourquoi le gouvernement ne sommait pas avec plus d'énergie les Extradables de se rendre, puisque sa politique envers eux était claire et qu'il avait cédé à quelques exigences raisonnables. « Dans la mesure où on ne les oblige à rien, peut-on lire dans son journal, ils se sentent plus à l'aise et prennent tout leur temps en sachant que l'arme qu'ils détiennent est la plus efficace. » Il lui semblait que le système des bons offices était devenu une partie d'échecs où chacun avançait ses pions jusqu'à ce que l'un des adversaires l'emporte par échec et mat. « Mais moi, quel pion suis-je sur cet échiquier-là ? » se demandait-elle. Et elle répondait sans détours : « Je ne peux m'empêcher de penser que nous sommes des détritus. » Mais elle réserva le coup de grâce au groupe des Notables qui, à cette date, s'était déjà dissous : « Ils ont commencé par un travail éminemment humanitaire et ils ont fini par rendre service aux Extradables. »

Un des geôliers dont le tour de garde de janvier prenait fin fit irruption dans la chambre de Pacho Santos.

« Cette fois c'est foutu, dit-il. Ils vont tuer des otages. »

Selon lui c'était par représailles, à cause de la mort des frères Prisco. Le communiqué était prêt et serait diffusé dans les prochaines heures. Ils tueraient en premier Marina Montoya, puis un otage tous les trois jours dans l'ordre suivant : Richard Becerra, Beatriz, Maruja et Diana.

« Vous serez le dernier, conclut le geôlier en guise de consolation. Mais ne vous en faites pas, au deuxième mort le gouvernement cédera. »

Terrorisé, Pacho fit ses comptes : selon les informations du geôlier, il n'avait plus que dix-huit jours à vivre. Il écrivit alors à sa femme et à ses enfants, sans faire de brouillon, une lettre de six feuillets de cahier d'écolier, en lettres minuscules bien séparées, comme des caractères d'imprimerie mais plus lisibles que d'habitude, d'une main ferme et avec la conscience que c'était moins une lettre d'adieu qu'un testament.

« Je veux que ce drame, quelle qu'en soit l'issue, finisse le plus tôt possible afin que nous puissions tous vivre en paix », écrivit-il pour commencer. Sa gratitude allait d'abord à María Victoria, aux côtés de qui il était devenu un homme, un citoyen et un père, et la seule chose qu'il regrettait était d'avoir accordé trop d'importance à son travail et pas assez à la vie de sa famille. « Je descends au tombeau avec ce remords », poursuivait-il. Quant à ses enfants, encore en bas âge, il était tranquille car il les savait entre les meilleures mains. « Parle-leur de moi quand ils seront en âge de comprendre ce qui s'est passé et d'assumer sans pathos la souffrance inutile de ma mort. » Il remerciait son père de tout ce qu'il avait fait pour lui dans la vie et ne lui demandait qu'une chose : « qu'avant de venir me rejoindre tu mettes tes affaires en ordre pour éviter des migraines à mes enfants en ces temps difficiles qui s'approchent ». Il aborda de la sorte un sujet qu'il considérait comme « ennuyeux mais fondamental » pour l'avenir : la sécurité matérielle de ses enfants et l'unité de la famille autour d'*El Tiempo*. La première dépendait en grande partie de l'assurance-vie que le journal avait contractée pour sa femme et ses enfants. « Je te demande d'exiger qu'on te donne ce qu'on nous a offert, disait-il, car ce n'est que justice, et à peine, que mes sacrifices pour le journal ne soient pas tout à fait vains. » Quant à l'avenir professionnel, commercial ou politique du journal, sa seule préoccupation était les rivalités et les divergences internes, car il savait que les grandes familles n'ont pas de litiges mineurs. « Ce serait très triste qu'après ce sacrifice *El Tiempo* finisse divisé ou en d'autres mains. » La lettre s'achevait par un ultime remerciement à Mariavé pour tous les bons moments qu'ils avaient passés ensemble.

Le geôlier prit la lettre avec émotion et dit :

« T'inquiète pas, mon pote, je m'en charge. »

En vérité, Pacho n'avait pas dix-huit jours à vivre comme il l'avait calculé mais à peine quelques heures. Il était le premier sur la liste, et l'ordre de l'abattre avait été donné la veille. Martha Nieves Ochoa l'apprit au dernier moment, par hasard et par des tiers, et elle adressa à Escobar une supplique pour qu'il épargne Pacho, convaincue que cette mort finirait de mettre le pays à feu et à sang. Elle ne sut jamais s'il l'avait reçue, mais de fait la sentence concernant Pacho Santos ne fut pas transmise. Elle fut remplacée par l'ordre, cette fois irrévocable, de tuer Marina Montoya.

Marina semblait l'avoir pressenti dès les premiers jours de janvier. Pour des motifs qu'elle ne révéla jamais, elle décida de sortir en promenade avec *el Monje*, son vieil ami, revenu assurer la première relève de l'année. Ils marchaient pendant une heure après avoir regardé la télévision, puis venait le tour de Maruja et de Beatriz avec leurs geôliers. Une nuit, Marina revint très effrayée parce qu'elle avait vu un homme vêtu et cagoulé de noir qui la regardait dans l'obscurité depuis le lavoir. Maruja et Beatriz pensèrent que ce devait être une de ses hallucinations habituelles et n'y prêtèrent pas attention, d'autant que l'absence totale de lumière ne permettait pas de distinguer un homme en noir dans les ténèbres du lavoir. Et à supposer que ce soit vrai, l'homme devait être un habitué de la maison pour ne pas avoir alerté le berger allemand qui avait peur de tout, même de son ombre. *El Monje* dit que ce devait être un revenant qui n'apparaissait qu'à elle.

Cependant, deux ou trois nuits plus tard, elle rentra de la promenade en proie à une véritable panique. L'homme était revenu, noir des pieds à la tête, et l'avait observée un long moment avec une attention qui l'avait épouvantée, sans se soucier de son regard à elle. A la différence des autres nuits, la lune était en son plein et une lumière verdâtre et fantomatique éclairait le patio. Marina tint ces propos devant *el Monje*, qui infirma ses dires mais en usant d'arguments si confus que Maruja et Beatriz ne surent que penser. A partir de cet instant, Marina refusa de sortir en promenade. La frontière entre la réalité et ses fantasmes semblait si ténue que Maruja eut une hallucination réelle une nuit où elle ouvrit les yeux et vit *el Monje* sous la lumière de la veilleuse, accroupi comme à son habitude, mais avec une tête de mort au lieu de la cagoule. Maruja fut d'autant plus terrifiée que la vision lui rappela l'anniversaire de la mort de sa mère, le 23 janvier.

Marina passa la fin de la semaine clouée au lit par un vieux mal de dos qu'elle avait oublié. L'humeur morose des premiers jours la gagna de nouveau. Comme elle ne pouvait pas bouger, Maruja et Beatriz lui venaient en aide. Elles l'emmenaient aux toilettes en la soutenant, la faisaient manger et boire, mettaient un oreiller dans son dos pour qu'elle puisse regarder la télévision de son lit. Plus elles la cajolaient et l'aimaient de tout leur cœur, plus elles se sentaient méprisées.

« Vous voyez comme je suis malade et vous ne m'aidez même pas, leur disait Marina. Moi qui ai tant fait pour vous. »

Parfois elle ne parvenait qu'à accroître le juste sentiment d'abandon qui la tourmentait. En fait, pendant ses crises de prostration, Marina ne trouvait de réconfort que dans les prières acharnées qu'elle murmurait sans trêve pendant des heures entières, et dans le soin qu'elle portait à ses ongles. Au bout de plusieurs jours, lasse de tout, elle s'allongea épuisée sur le lit et soupira :

« Que la volonté de Dieu soit faite. »

Le soir du 22 janvier, elles eurent la visite d'*el Doctor*. Il s'entretint en aparté avec les geôliers et écouta avec attention les commentaires de Maruja et de Beatriz sur la santé de Marina. A la fin, il s'assit au bord du lit pour lui parler. Ce dut être une conversation sérieuse et confidentielle car leurs murmures furent si ténus que personne ne put saisir le moindre mot. *El Doctor* sortit de la pièce de meilleure humeur qu'à son arrivée et promit de revenir bientôt.

Déprimée, Marina garda le lit. De temps à autre elle pleurait. Maruja tentait de lui redonner courage. Elle la remerciait par gestes afin de ne pas interrompre ses prières, lui rendait sa tendresse et lui serrait la main de ses doigts transis de froid. Envers Beatriz, avec qui la relation était plus chaleureuse, elle montrait la même gentillesse. La seule habitude qui la maintenait en vie était de se limer les ongles.

Le mercredi 23 janvier, à dix heures et demie du soir, elles s'installèrent pour regarder *Enfoque*, à l'affût du moindre mot insolite, de la moindre plaisanterie familière, d'un geste inattendu, de changements subtils dans les paroles d'une chanson qui auraient pu dissimuler quelque message codé. Mais elles n'eurent le temps de rien. La musique du générique venait à peine de commencer quand *el Monje* ouvrit la porte et entra, bien que ce soir-là il ne fût pas de garde.

« On vient chercher la grand-mère, dit-il. On l'emmène ailleurs. »

Il prononça ces mots comme s'il l'invitait à une promenade dominicale. Sur son lit, Marina demeura de marbre, plus pâle que jamais, les lèvres blafardes, les cheveux dressés sur la tête. *El Monje* s'adressa à elle sur le ton affectueux d'un petit-fils :

« Préparez vos affaires, grand-mère. Vous avez cinq minutes. »

Il voulut l'aider à se lever. Marina tenta de dire quelque chose, mais aucun son ne sortit de sa bouche. Elle se leva seule, prit dans le sac de grosse toile ses affaires personnelles et se rendit dans la salle d'eau avec la légèreté d'une somnambule, comme si elle ne touchait pas terre. Maruja affronta *el Monje* de sa voix impavide.

« Vous allez la tuer ? »

*El Monje* se raidit.

« On ne demande pas ces trucs-là », dit-il. Puis il se

reprit aussitôt. « Je vous ai déjà dit qu'on l'emmène ailleurs, là où c'est mieux. Parole d'honneur. »
Maruja tenta à tout prix de s'interposer. Comme aucun chef n'était présent, ce qui était plutôt insolite en raison de l'importance de la décision, elle demanda qu'on en fasse venir un pour parler avec lui. Mais l'altercation fut interrompue par l'entrée d'un autre geôlier qui, sans explication aucune, débrancha le poste de radio et le téléviseur et les emporta tandis que dans la pièce s'évanouissait le dernier éclat de la fête. Maruja demanda qu'ils les laissent au moins regarder la fin de l'émission. Beatriz fut plus agressive encore, mais cela ne servit de rien. Les deux geôliers sortirent avec la radio et le téléviseur en disant à Marina qu'ils reviendraient la chercher dans cinq minutes. Maruja et Beatriz, seules dans la chambre, ne savaient que croire ni qui croire, ni dans quelle mesure cette décision inexplicable faisait partie de leurs destins.

Marina s'attarda plus de cinq minutes dans la salle d'eau. Elle revint dans la pièce avec le survêtement rose, des chaussettes d'homme marron et les chaussures qu'elle portait le jour de l'enlèvement. Le survêtement était propre et venait d'être repassé, et les chaussures, moisies par l'humidité, paraissaient trop grandes parce que les pieds de Marina avaient rapetissé de deux pointures après ces quatre mois de souffrances. Marina était toujours aussi pâle, trempée d'une sueur glacée, mais il lui restait encore un brin d'espoir.

« Qui sait s'ils ne vont pas me libérer », dit-elle.

Sans s'être concertées, Maruja et Beatriz décidèrent que, quel que soit le sort de Marina, le plus chrétien était d'entretenir le leurre.

« Cela ne fait aucun doute, dit Beatriz.

— Mais bien sûr, dit Maruja en arborant pour la première fois un sourire radieux. Tu en as de la chance ! »

Marina eut une réaction surprenante. Elle leur demanda, mi-sérieuse mi-ironique, quels messages elles voulaient envoyer à leurs familles. Elles improvisèrent du mieux qu'elles purent. Marina, se moquant un peu d'elle-même, demanda à Beatriz de lui prêter la lotion pour homme que Lamparón lui avait offerte au Nouvel An. Beatriz la lui prêta et Marina déposa une goutte de parfum derrière ses oreilles avec une élégance authentique, se coiffa sans miroir en retouchant du bout des doigts sa belle chevelure de neige ternie, et à la fin fut prête pour le bonheur et la liberté.

En réalité elle était au bord de l'évanouissement. Elle demanda une cigarette à Maruja, s'assit pour fumer sur le lit au moment où les geôliers entraient pour l'emmener. Elle prit tout son temps pour aspirer la fumée et rejeter son angoisse en longues bouffées, tandis qu'elle examinait millimètre par millimètre la misère de cet antre où elle n'avait pas connu un instant de pitié, et où on ne lui accordait même pas la dignité de mourir dans son lit.

Beatriz, pour ne pas pleurer, répéta avec le plus grand sérieux le message pour sa famille : « Si tu as l'occasion de voir mon mari et mes enfants, dis-leur que je vais bien et que je les aime. » Mais Marina n'était déjà plus dans ce monde.

« Ne me demande pas ça, répondit-elle sans même la regarder. Je sais que cette occasion-là, je ne l'aurai jamais. »

Maruja lui apporta un verre d'eau avec deux comprimés de somnifères, une dose suffisante pour la faire dormir pendant trois jours. Elle dut la faire boire parce que Marina ne parvenait pas à placer le verre entre ses lèvres tant ses mains tremblaient. Alors, Maruja vit le fond de ses yeux étincelants et comprit que Marina regardait la vérité en face. Elle savait très bien qui elle était, ce qu'elle valait, et où on l'emmenait, et si elle s'était mise au diapason des deux dernières amies que la vie lui avait données, c'était aussi par compassion.

Avant qu'on ne lui recouvre la tête d'une cagoule neuve,

en laine rose, assortie au survêtement, elle dit au revoir à Maruja, l'embrassa et la serra dans ses bras. Maruja la bénit et lui dit : « Tout ira bien. » Elle embrassa et serra aussi Beatriz dans ses bras et lui dit : « Que Dieu te bénisse. » Beatriz, égale à elle-même jusqu'au bout, garda ses illusions.

« Tu en as de la chance, tu vas revoir ta famille », lui dit-elle.

Marina s'abandonna à ses geôliers sans une seule larme. Ils lui mirent la cagoule derrière devant, les trous pour les yeux et la bouche du côté de la nuque, afin qu'elle ne voie rien. *El Monje* la prit par les deux mains et la tira hors de la maison à reculons. L'autre geôlier ferma la porte à double tour de l'extérieur.

Maruja et Beatriz demeurèrent immobiles devant la porte fermée, sans savoir comment reprendre pied, jusqu'à ce qu'elles entendent dans le garage le bruit d'un moteur qui s'estompa dans le lointain. Alors, elles comprirent qu'ils avaient emporté le poste de radio et le téléviseur pour qu'elles ne sachent pas comment la nuit s'était achevée.

# Chapitre 6

Le lendemain, jeudi 24 janvier, à l'aube, le cadavre de Marina Montoya fut retrouvé dans un terrain vague au nord de Bogota. Elle était comme assise dans l'herbe encore humide de rosée, adossée à une clôture de barbelés, les bras en croix. Le rapport du juge d'instruction 78 la décrit comme une femme d'une soixantaine d'années, avec d'épais cheveux argentés, portant un survêtement rose et des chaussettes d'homme couleur marron. Sous le survêtement elle avait un scapulaire avec une croix en plastique. Quelqu'un, arrivé avant le juge, lui avait volé ses chaussures.

Le cadavre avait la tête recouverte d'une cagoule durcie par le sang séché, passée derrière devant, les trous pour la bouche et les yeux du côté de la nuque, et presque déchiquetée par les orifices d'entrée et de sortie de six balles tirées à plus de cinquante centimètres car elles n'avaient pas laissé de traces sur le tissu ni sur la peau. Le crâne et le côté gauche du visage présentaient plusieurs plaies dont une très nette, au front, comme la marque d'un coup de grâce. Cependant, près du corps trempé par l'herbe mouillée, on ne trouva que cinq douilles de 9 millimètres. Les services techniques de la police judiciaire avaient déjà relevé cinq jeux d'empreintes digitales.

Des élèves du collège San Carlos, situé sur le trottoir d'en face, avaient rôdé dans le coin avec d'autres curieux. Parmi les gens qui se trouvaient sur les lieux pendant les premières constatations, il y avait une fleuriste du Cimetière du Nord qui s'était levée très tôt ce matin-là pour aller inscrire sa fille à une école toute proche. Le cadavre l'avait impressionnée à cause de la qualité des sous-vêtements, de la forme des mains manucurées et de la distinction qui en émanait en dépit du visage criblé de balles. L'après-midi, la grossiste qui, à cinq kilomètres de là, approvisionnait le kiosque du Cimetière du Nord trouva la fleuriste souffrant d'un violent mal de tête et dans un état dépressif inquiétant.

« Vous n'imaginez pas combien c'était triste de voir cette malheureuse abandonnée dans l'herbe, dit la fleuriste. Il fallait voir ses sous-vêtements, son allure de grande dame, ses cheveux blancs, ses mains si fines aux ongles si soignés. »

Alarmée par une telle prostration, la grossiste lui donna un analgésique pour soulager sa migraine et lui dit de ne plus penser à des choses tristes et, surtout, de ne pas se faire de mauvais sang pour des problèmes qui ne la concernaient pas. Ce n'est qu'une semaine plus tard qu'elles se rendirent compte à quel point l'aventure qu'elles avaient vécue était invraisemblable. En effet, la grossiste n'était autre que Marta Pérez, l'épouse de Luis Guillermo Pérez, le fils de Marina.

Le jeudi 24, à dix-sept heures trente, le corps fut admis à l'Institut médico-légal où il demeura jusqu'au lendemain, car on ne pratique jamais d'autopsie de nuit lorsque la mort a été causée par plus d'une balle. Deux cadavres d'hommes trouvés dans la rue le matin attendaient d'être identifiés et autopsiés. Le soir, on amena les corps de deux autres hommes, trouvés aussi dans un champ, et celui d'un enfant de cinq ans.

Le docteur Patricia Alvarez, qui fit l'autopsie de Marina Montoya le vendredi matin 25 janvier, à sept heures trente, trouva dans l'estomac des restes d'aliments identifiables et elle en conclut que la mort devait avoir eu lieu dans la nuit du mercredi 23 au jeudi 24. Elle aussi fut impressionnée par la qualité des sous-vêtements et par les ongles limés et vernis. Elle appela le docteur Pedro Morales, son supérieur, qui pratiquait une autopsie deux tables plus loin, et celui-ci l'aida à découvrir d'autres signes indubitables de la classe sociale à laquelle appartenait le cadavre. Ils établirent une fiche dentaire, prirent des photos, plusieurs radiographies et six autres jeux d'empreintes digitales. Enfin, ils firent une analyse atomique de l'absorption digestive et ne trouvèrent aucun résidu de psychotropes malgré les barbituriques que Maruja Pachón lui avait fait prendre quelques heures avant sa mort.

Les formalités élémentaires accomplies, ils envoyèrent le corps au Cimetière du Sud, où trois semaines plus tôt on avait creusé une fosse commune assez grande pour enterrer deux cents cadavres. On y jeta Marina, les quatre inconnus et le petit garçon.

Il était évident qu'en ce mois de janvier atroce, la situation du pays ne pouvait être pire. Depuis 1984, année où l'on avait assassiné le ministre Rodrigo Lara Bonilla, nous avions vécu toutes sortes d'abominations, mais nous n'étions pas arrivés au bout de nos peines, et le pire était encore devant nous. On assistait au déchaînement d'une violence dont les causes s'étaient aggravées.

Parmi les nombreux et graves facteurs qui avaient plongé le pays dans le chaos, le narco-terrorisme était le plus virulent et le plus cruel de tous. Quatre candidats à la

Présidence de la République avaient été assassinés avant la campagne de 1990. L'assassin de Carlos Pizarro, candidat du M-19, avait agi seul à bord d'un avion de ligne, alors que la victime avait changé quatre fois sa réservation dans le secret le plus absolu et employé des ruses de Sioux pour brouiller ses traces. Ernesto Samper, candidat à la candidature, avait survécu à une rafale de onze balles et fut élu cinq ans plus tard, avec dans le corps quatre projectiles que l'on n'avait pu extraire et qui déclenchaient la sonnerie des portiques de détection de métal dans les aéroports. Une voiture piégée contenant trois cent cinquante kilos de dynamite avait explosé au passage de la voiture blindée du général Maza Márquez, qui en était sorti en traînant un de ses gardes du corps blessé. « Je me suis senti soudain comme suspendu sur la crête d'une vague déferlante », raconta le général. Le choc fut si grave qu'il dut faire appel aux soins d'un psychiatre pour retrouver son équilibre émotionnel. Sept mois plus tard, alors qu'il était encore en traitement, un camion chargé de deux tonnes de dynamite souffla l'énorme immeuble du DAS, provoquant une explosion apocalyptique qui se solda par soixante-dix morts, sept cent vingt blessés et des dégâts matériels considérables. Les terroristes avaient calculé le moment exact où le général entrerait dans son bureau, mais en dépit du cataclysme il n'eut pas une égratignure. La même année, un avion qui venait de décoller explosa en vol, faisant cent sept morts et parmi eux le beau-frère de Pacho Santos, Andrés Escabí, et le ténor colombien Gerardo Arellano. Selon la version la plus répandue, l'attentat visait César Gaviria, alors candidat à la Présidence de la République. Une erreur sinistre car Gaviria n'avait jamais eu l'intention de prendre ce vol. Plus encore : les services de sécurité attachés à sa campagne lui avaient interdit de voyager sur des lignes régulières, et un jour qu'il avait voulu le faire il avait dû y renoncer car les passagers, saisis d'épouvante, demandaient à descendre pour ne pas courir le risque de prendre l'avion avec lui.

Le fait est que le pays semblait pris dans un cercle infernal. D'un côté, les Extradables refusaient de se rendre ou d'atténuer la violence, car la police ne leur accordait aucune trêve. Escobar avait accusé dans tous les médias la police d'investir les communes de Medellín à n'importe quelle heure, de prendre dix jeunes gens au hasard et de les fusiller dans les cafés et les terrains vagues, sans avoir procédé à aucune vérification d'identité. Un coup d'œil suffisait aux policiers pour supposer que la plupart d'entre eux étaient des partisans de Pablo Escobar, ou étaient à son service, ou le seraient demain ou après-demain, de force ou de leur plein gré. Les terroristes, de leur côté, n'en finissaient pas de tuer des policiers en toute impunité, de commettre des attentats et des enlèvements. Quant aux deux plus anciennes et plus puissantes guérillas, l'Armée de Libération Nationale (ELN) et les Forces Armées Révolutionnaires Colombiennes (FARC), elles venaient de répondre à la première proposition de paix du gouvernement Gaviria par toutes sortes d'actes terroristes.

Les plus touchés par cette guerre aveugle furent les journalistes, victimes d'assassinats ou d'enlèvements, quand ils ne désertaient pas leur poste, cédant aux menaces ou à la corruption. Entre septembre 1983 et janvier 1991, les cartels assassinèrent vingt-six journalistes appartenant aux différents secteurs de la presse nationale. Le 17 décembre 1986, Guillermo Cano, le directeur de *El Espectador* et l'homme le plus pacifique qui soit, fut poursuivi et assassiné par deux tueurs armés de pistolets à la porte de son journal. Il conduisait lui-même son break, et bien qu'il fût la personne la plus menacée du pays en raison de ses éditoriaux suicidaires contre le trafic de drogue, il refusait d'utiliser une voiture blindée ou d'engager des gardes du corps. Plus encore, ses ennemis voulurent continuer à le tuer après sa mort et dynamitèrent un buste érigé à sa mémoire à Medellín. Quelques mois plus tard, les narco-trafiquants firent exploser un camion contenant trois cents kilos de dynamite qui réduisirent en cendres les machines du journal.

Une drogue plus pernicieuse que l'héroïne, au nom bien mal choisi, s'introduisit dans la culture nationale : l'argent facile. L'idée prospérait que la loi est le plus grand obstacle au bonheur, que rien ne sert d'apprendre à lire ou à écrire, que l'on vit mieux et plus en sécurité en criminel qu'en homme de bien. Bref : l'état de corruption sociale caractéristique de toute guerre larvée.

L'enlèvement n'était pas une pratique nouvelle dans l'histoire récente de la Colombie. Aucun des quatre Présidents des années précédentes n'avait échappé à l'épreuve d'un rapt déstabilisateur. En février 1976, sous le gouvernement d'Alfonso López Michelsen, le M-19 avait enlevé le président de la Confédération des travailleurs de Colombie, José Raquel Mercado. Jugé et condamné à mort par ses ravisseurs pour trahison de la classe ouvrière, il fut exécuté de deux balles dans la nuque après le refus du gouvernement de céder à une série de revendications politiques.

Le 27 février 1980, pendant la présidence de Julio César Turbay, seize membres d'un commando d'élite de ce même mouvement armé s'emparèrent à Bogota de l'ambassade de la République dominicaine où la réception de la fête nationale de ce pays battait son plein. Pendant soixante et un jours ils retinrent en otage presque tout le corps diplomatique accrédité en Colombie, y compris les ambassadeurs des Etats-Unis, d'Israël et du Vatican. Le M-19 exigeait une rançon de cinquante millions de dollars et la libération de trois cent onze militants emprisonnés. Le Président Turbay refusa de négocier, mais les otages furent libérés sans condition le 28 avril et les ravisseurs quittèrent le pays sous la protection du gouvernement cubain, sollicitée par le gouvernement colombien. Les ravisseurs affirmèrent en privé qu'ils avaient reçu cinq millions de dollars en billets de banque, collectés par la colonie juive de Colombie auprès de ses homologues du monde entier.

Le 6 novembre 1985, un commando du M-19 prit d'assaut le Palais de justice à l'heure de la plus grande affluence, et exigea que la Cour suprême juge le Président de la République Belisario Betancur pour ne pas avoir respecté sa promesse de paix. Le Président refusa de négocier, et l'armée reprit le Palais après dix heures de combats sanglants qui se soldèrent par un nombre indéterminé de disparus et la mort de quatre-vingt-quinze civils dont neuf magistrats de la Cour suprême et son président, Alfonso Reyes Echandía.

Mais à la fin de son mandat, le Président Virgilio Barco ne sut pas négocier la libération d'Alvaro Diego Montoya, le fils de son secrétaire général, enlevé par le cartel. Sept mois plus tard, la fureur de Pablo Escobar éclatait sur le bureau du successeur de Barco, César Gaviria, qui prenait ses fonctions en ayant à résoudre le très grave problème de dix personnalités retenues en otage.

En cinq mois, Gaviria avait pourtant réussi à calmer la tempête et à tenir la cape. Il avait obtenu un consensus politique pour convoquer une Assemblée constituante, investie par la Cour suprême de pouvoirs suffisants pour décider de tout sur tout, y compris les sujets les plus brûlants : l'extradition de citoyens colombiens et l'amnistie. Mais le véritable problème, aussi bien pour le gouvernement que pour les cartels et les guérillas, était l'inefficacité d'un système judiciaire qui ne permettait pas à la Colombie de bâtir une politique de paix avec l'Etat du côté des bons et les criminels de toute nature du côté des méchants. Rien n'était simple en cette période, pas même inculper aux enfants les notions de bien et de mal, et moins encore informer avec objectivité, à quelque bord que l'on appartienne.

La crédibilité du gouvernement n'était pas à la hauteur

de ses remarquables succès politiques, mais plutôt au niveau très bas de ses services de sécurité fustigés par la presse mondiale et les organismes internationaux des droits de l'homme. En revanche, Pablo Escobar jouissait d'un crédit que les guérillas n'avaient jamais connu, même dans leurs meilleurs jours. Les gens en étaient arrivés à croire davantage aux mensonges des Extradables qu'aux vérités du gouvernement.

Le 14 décembre fut promulgué le décret 3030, qui modifiait le 2047 et annulait tous les précédents. Y figurait, entre autres nouveautés, le cumul juridique des peines. C'est-à-dire qu'une personne jugée pour plusieurs délits, que ce soit au cours d'un seul ou de plusieurs procès, ne purgerait que la peine la plus longue et non l'addition des condamnations au titre de ces différents délits. Le décret établissait aussi toute une série de procédures et de délais concernant la transmission, depuis l'étranger, de preuves se rapportant aux procès qui se dérouleraient en Colombie. Mais les deux grands obstacles à la reddition demeuraient intacts : les conditions quelque peu imprécises de la non-extradition, et la date limite pour les délits amnistiables. La reddition et l'aveu étaient maintenus comme les conditions indispensables de la non-extradition et des remises de peine, mais toujours sous réserve que les faits aient été commis avant le 5 septembre 1990, date d'approbation du premier décret. Pablo Escobar fit savoir son désaccord dans un message furibond. Pourtant, il se garda bien de révéler à l'opinion publique un des motifs de sa réaction : l'accélération des échanges de preuves avec les Etats-Unis, qui hâtaient d'autant les jugements d'extradition.

Le plus surpris fut Alberto Villamizar. Ses contacts quotidiens avec Rafael Pardo lui avaient donné des motifs d'espérer un décret plus facile à appliquer. Or, il lui parut

plus dur que le premier. Et il n'était pas le seul à le penser. Le mécontentement était général, si bien que le jour
même de la promulgation on commença à songer à un
troisième décret.

Pour expliquer la sévérité plus grande du décret 3030,
d'aucuns disaient que les membres les plus radicaux du
gouvernement, devant la vague de communiqués concilia-
teurs et la libération inconditionnelle de quatre journalistes, avaient convaincu le Président qu'Escobar était au
pied du mur. En réalité il était plus que jamais en position
de force, car il se servait des otages comme d'un redoutable
moyen de pression, et pouvait agir sur l'Assemblée constituante pour qu'elle supprime l'extradition et proclame
l'amnistie.

En revanche, les trois frères Ochoa acceptèrent tout de
suite la proposition de soumission, ce qui fut interprété
comme une fissure au sommet du cartel de Medellín. Et
cela, même s'ils avaient commencé à négocier leur reddition dès la promulgation du premier décret, en septembre,
date à laquelle un sénateur bien connu d'Antioquia avait
demandé à Rafael Pardo de recevoir une personne dont il
ne voulait pas révéler l'identité à l'avance. C'était Martha
Nieves Ochoa, qui avait pris cette initiative audacieuse et
amorcé ainsi la reddition, à un mois d'intervalle, de ses
trois frères. Fabio, le plus jeune, se rendit le 18 décembre,
Jorge Luis le 15 janvier alors que cela semblait presque
impossible, et Juan David le 16 février. Cinq ans plus
tard, Jorge Luis, toujours en prison, devait répondre sans
l'ombre d'une hésitation à la question d'un groupe de
journalistes américains : « Nous nous sommes rendus
pour sauver notre peau. » Il admit que l'intervention des
femmes de la famille avait été décisive et qu'elles n'avaient
été rassurées qu'une fois leurs frères à l'abri dans la prison
blindée d'Itagüí, une banlieue industrielle de Medellín.
Ce fut, de la part de toute la famille Ochoa, une preuve de
confiance dans l'action d'un gouvernement qui aurait très

bien pu extrader les trois frères aux Etats-Unis pour le restant de leurs jours.

Doña Nydia Quintero, toujours attentive à ses pressentiments, ne sous-estima pas l'importance de la reddition des frères Ochoa. Elle rendit visite à Fabio en prison, trois jours après qu'il se fut livré aux autorités, avec sa fille María Victoria et sa petite-fille María Carolina, la fille de Diana. Selon les règles tribales des Antioquiens, cinq membres de la famille Ochoa, la mère, Martha Nieves, une de ses sœurs et deux jeunes garçons étaient passés la prendre là où elle logeait. Ils la conduisirent à la prison d'Itagüí, un bâtiment blindé situé au sommet d'une petite rue en pente décorée de guirlandes de Noël en papier de toutes les couleurs.

Dans la cellule, outre Fabio le jeune, les attendait don Fabio Ochoa, le père, un patriarche de soixante-dix ans et cent cinquante kilos, aux traits poupins, éleveur de chevaux de selle colombiens et guide spirituel d'une vaste famille d'hommes intrépides et de femmes au caractère bien trempé. Il aimait présider les visites que lui rendait la famille, assis dans un fauteuil pareil à un trône, coiffé de son éternel chapeau d'éleveur, dans une attitude cérémonieuse qui s'accordait bien à son parler lent et traînant et à sa sagesse populaire. A côté de lui se tenait son fils, vif et hâbleur, qui ce jour-là ouvrit à peine la bouche pendant que son père parlait.

Don Fabio commença par un éloge du courage avec lequel Nydia remuait ciel et terre pour sauver Diana. Il fit allusion à la possibilité d'intervenir auprès de Pablo Escobar, en usant d'une formule de rhétorique magistrale : c'est avec le plus grand plaisir qu'il ferait ce qu'il pourrait faire mais il croyait qu'il ne pourrait rien faire. A la fin de la visite, Fabio le jeune pria Nydia d'expliquer au Président l'importance de reculer la date limite figurant au décret de soumission. Nydia expliqua qu'elle ne pouvait le faire mais qu'il leur appartenait d'envoyer une lettre aux autorités compétentes. C'était sa façon à elle d'interdire qu'on l'utilise comme commissionnaire auprès du Président. Fabio le jeune le comprit et lui dit au revoir par une phrase réconfortante : « Tant qu'il y a de la vie, il y a de l'espoir. »

Aussitôt rentrée à Bogota, Nydia reçut d'Azucena la lettre dans laquelle Diana lui demandait de fêter Noël avec ses enfants, et d'Hero Buss un appel pressant la priant de se rendre à Cartagène pour s'entretenir en tête à tête avec lui. La bonne santé et le moral de l'Allemand après trois mois de captivité tranquillisèrent quelque peu Nydia sur la santé de sa fille. Hero Buss avait vu Diana pour la dernière fois une semaine après l'enlèvement, mais les geôliers et les occupants de la maison échangeaient souvent des nouvelles qui parvenaient aux otages, et il savait que Diana allait bien. Le seul danger grave et imminent qui la menaçait était celui d'une intervention armée. « Vous n'imaginez pas ce que ça signifie de savoir qu'à tout moment on peut être tué, dit Hero Buss. Parce que " la loi ", comme ils appellent l'armée ou la police, peut arriver n'importe quand, et qu'ils vivent dans une terreur permanente, prenant le moindre bruit pour le signal d'une opération de commando. » Ses seules recommandations furent d'empêcher à tout prix qu'un groupe d'intervention tente de libérer Diana, et de faire reculer la date limite figurant sur le décret.

Le jour même de son retour, Nydia fit part de ses inquiétudes au ministre de la Justice. Puis, accompagnée de son fils le député Julio César Turbay Quintero, elle alla trouver le général Oscar Botero, alors ministre de la Défense et, angoissée, lui demanda, au nom de tous les otages, d'utiliser ses services secrets et non ses commandos d'élite. Son épuisement était extrême et son intuition de la tragédie chaque jour plus claire. Elle avait des douleurs cardiaques, pleurait à tout bout de champ, faisait l'impossible pour se dominer, mais les mauvaises nouvelles ne cessaient de la harceler. Après avoir entendu à la radio un message des Extradables qui menaçaient de jeter devant le Palais présidentiel les cadavres des otages enfermés dans des sacs de toile si les termes du deuxième décret n'étaient pas modifiés, Nydia, en proie à un désespoir mortel, appela le Président de la République. Il était en réunion avec le conseil de sécurité et c'est Rafael Pardo qui prit la communication.

« Je vous supplie de demander au Président et au membres du conseil de sécurité s'ils ont besoin, pour modifier le décret, qu'on jette devant leur porte des sacs contenant les cadavres des otages. »

Elle était dans le même état d'agitation quelques heures plus tard quand elle demanda au Président lui-même le report de la date limite. Il avait déjà entendu dire que Nydia se plaignait de son insensibilité à la douleur d'autrui, et il s'efforça de se montrer patient et clair. Il lui expliqua que le décret 3030 venait tout juste d'être publié, et que la moindre des choses était d'en attendre les effets. Mais pour Nydia, les arguments du Président n'étaient qu'une excuse afin de ne pas faire ce qu'il aurait dû faire au moment opportun.

« Il faut reculer la date limite pour sauver la vie des otages, répliqua Nydia, fatiguée de ces atermoiements. C'est le seul point qui fait obstacle à la reddition des terroristes. Repoussez-la et ils libéreront Diana. »

Gaviria fut inflexible. Il était pourtant convaincu que la date limite était, en effet, l'obstacle majeur à sa politique de reddition, mais il hésitait à y toucher de peur que les Extradables croient qu'ils pourraient obtenir ce qu'ils voudraient en enlevant des otages. La réunion, dans les prochains jours, de l'Assemblée constituante soulevait de grandes espérances et autant d'incertitudes, et il ne pouvait permettre que le gouvernement amnistie les barons de la drogue par faiblesse. « Ni l'assassinat de quatre candidats à la Présidence de la République ni aucun enlèvement n'ont jamais ébranlé la démocratie, devait dire plus tard César Gaviria. Elle ne fut en danger que lorsque exista la tentation, ou le risque, ou la rumeur d'une éventuelle amnistie. » C'est-à-dire le risque inacceptable que l'on prenne aussi en otage la conscience de l'Assemblée constituante. Gaviria avait déjà décidé qu'en ce cas sa détermination sereine et irrévocable serait de dissoudre l'Assemblée.

Depuis quelque temps déjà, Nydia projetait de demander à l'ancien Président Turbay de faire quelque chose qui mobiliserait le pays tout entier en faveur des otages : une manifestation monstre devant le Palais présidentiel, une grève générale, une protestation officielle devant le siège des Nations unies. Mais Julio César Turbay l'en dissuadait. « Il a toujours été comme ça, responsable et mesuré, devait dire plus tard Nydia. Mais moi je savais que la douleur était en train de le tuer. » Cette certitude, loin de la réconforter, l'angoissait plus encore. C'est alors qu'elle décida d'envoyer au Président de la République une lettre confidentielle « pour le décider à faire ce qu'il savait être nécessaire ».

Le docteur Gustavo Balcázar, inquiet de voir son épouse Nydia dans un tel état de dépression, la convainquit le 24 janvier d'aller passer quelques jours dans sa maison de Tabio, à une heure de route de Bogota, dans la savane, pour tenter de retrouver autant que possible quelque sérénité. Elle n'y était pas retournée depuis l'enlèvement de sa fille, et elle emporta une statuette de la Vierge, deux cierges qui pouvaient brûler quinze jours chacun, et tout ce dont elle avait besoin pour ne pas être coupée de la réalité. Elle passa une nuit interminable dans la solitude glacée de la savane, implorant à genoux la Vierge Marie de mettre Diana à l'abri dans une bulle invulnérable où personne ne lui manquerait de respect, où elle ne connaîtrait pas la peur, où les balles ne l'atteindraient pas. A cinq heures du matin, après quelques heures d'un sommeil agité, elle s'assit à la table de la salle à manger et se mit à rédiger de toute son âme une lettre au Président de la République. L'aube la surprit en train de griffonner des idées fugitives entre deux sanglots, de déchirer en pleurs les feuilles du brouillon et de les recopier au propre le visage baigné de larmes.

A l'inverse de ce qu'elle avait prévu, elle écrivait la lettre la plus judicieuse et la plus dure qu'elle ait jamais écrite. « Je ne prétends pas rédiger un document public. Je veux émouvoir le Président de mon pays, et dans le respect qu'il m'inspire, lui adresser, outre ces quelques réflexions pesées avec soin, une requête angoissée mais raisonnable. » En dépit de la promesse du Président, maintes fois réitérée, qu'une opération de commando ne serait jamais tentée pour libérer Diana, Nydia laissa le constat écrit de sa supplique prémonitoire : « Tout le pays sait et vous savez aussi que, si au cours d'une perquisition ils tombent sur les otages, une terrible tragédie pourrait s'ensuivre. » Convaincue que le deuxième décret comportait des obstacles qui avaient interrompu le processus de libération engagé par les Extradables avant Noël, Nydia, gagnée par une frayeur nouvelle et légitime, attira l'attention du Président sur un nouveau et réel danger : faute d'une mesure urgente pour éliminer ces obstacles, les otages couraient le risque qu'on laisse à l'Assemblée constituante le soin de trancher. « Cela signifierait que les familles et le pays tout entier connaîtraient encore pendant d'interminables mois l'angoisse et l'affolement qui aujourd'hui les oppressent. » Et elle concluait par une formule pleine d'élégance : « Mes convictions et le respect que je porte au premier magistrat de la nation m'interdisent de vous soumettre une quelconque idée, mais je me sens autorisée à vous supplier, pour protéger des vies innocentes, de ne pas sous-estimer le danger que représente le temps. » La lettre, achevée et recopiée d'une écriture lisible, tenait sur un peu plus de deux pages. Nydia laissa un message au secrétariat privé de la Présidence pour qu'on lui indique où l'envoyer.

Ce matin-là, l'information selon laquelle les chefs de la bande des Prisco avaient été tués tomba comme la foudre. Il s'agissait de David Ricardo et Armando Alberto Prisco Lopera, accusés du meurtre de sept hommes politiques au cours de ces dernières années et aussi d'être le cerveau des opérations d'enlèvements, en particulier de celui de Diana Turbay et de son équipe. L'un était mort sous le nom de Francisco Muñoz Serna, mais quand Azucena Liévano vit la photo dans les journaux, elle reconnut Don Pacho, l'homme qui s'était occupé d'elle et de Diana. La mort des frères Prisco, en ces moments de confusion, fut une perte irréparable pour Escobar qui ne tarda pas à le faire savoir.

Dans un communiqué menaçant, les Extradables déclarèrent que David Ricardo n'était pas mort au combat mais criblé de balles par la police sous les yeux de sa femme enceinte et de ses jeunes enfants. Le communiqué affirmait que son frère Armando n'était pas, lui non plus, mort les armes à la main comme l'avait raconté la police, mais assassiné dans une propriété de Rionegro, bien qu'il soit resté paralysé à la suite d'un attentat. Sur les images du journal télévisé régional, poursuivait le communiqué, on distinguait très bien son fauteuil roulant.

C'était ce communiqué dont les geôliers avaient parlé à Pacho Santos. Il fut rendu public le 25 janvier, en même temps que l'annonce de l'exécution prochaine de deux otages et de celle, qui avait déjà eu lieu, de Marina Montoya. La nouvelle surprit tout le monde car on croyait qu'elle avait été assassinée tout de suite après avoir été enlevée, au mois de septembre.

« C'est ce que je voulais dire en mentionnant les sacs de cadavres dans mon message au Président, déclara plus tard Nydia en évoquant ces atroces journées. Non par impulsivité ou sous le coup de la colère ou encore parce que j'avais besoin d'un suivi psychiatrique. Mais parce que c'est ma fille qu'ils allaient tuer, peut-être à cause de mon incapacité à convaincre ceux qui auraient pu l'empêcher. »

Le désespoir d'Alberto Villamizar ne pouvait être moindre. « Ce fut le jour le plus horrible de ma vie », dit-il alors, certain que les exécutions ne se feraient pas attendre. Mais qui serait la prochaine victime ? Diana, Pacho, Maruja, Beatriz, Richard ? C'était une loterie fatale à laquelle il ne voulait même pas penser. Furieux, il téléphona au Président Gaviria.

« Vous devez faire cesser ces opérations de commando, dit-il.

— Non, Alberto, répondit Gaviria avec son calme impitoyable. On ne m'a pas élu pour cela. »

Villamizar raccrocha, effrayé de sa propre audace. « Et maintenant qu'est-ce que je fais ? » se demanda-t-il. Pour commencer, il sollicita l'aide des anciens Présidents López Michelsen et Misael Pastrana, et celle de monseigneur Darío Castrillón, l'évêque de Pereira. Tous trois, dans des déclarations publiques, condamnèrent les méthodes des Extradables et demandèrent que soit préservée la vie des otages. Sur les ondes de RCN, López Michelsen lança un appel au gouvernement et à Escobar pour qu'ils mettent fin à la guerre et recherchent une solution politique.

Mais la tragédie était déjà consommée. Quelques minutes avant l'aube du 21 janvier, Diana avait écrit la dernière page de son journal. « Cela va faire cinq mois et nous seuls savons ce que cela veut dire. Je ne veux pas perdre la foi ni l'espoir de rentrer chez moi saine et sauve. »

Elle n'était plus seule. Après la libération d'Azucena et d'Orlando, elle avait demandé à être avec Richard et après Noël on le lui avait accordé. Ce fut une chance pour tous les deux. Ils bavardaient jusqu'à épuisement, écoutaient la radio jusqu'au petit matin et avaient acquis ainsi l'habitude de dormir le jour et de vivre la nuit. Ils apprirent la mort des Prisco en entendant une conversation entre les geôliers. L'un d'eux pleurait. L'autre, convaincu que c'était la fin et faisant sans doute allusion aux otages, demanda : « Et maintenant, qu'est-ce qu'on fait avec la marchandise ? » Celui qui pleurait n'y réfléchit pas à deux fois.

« On les liquide », dit-il.

Après le petit déjeuner, Diana et Richard ne purent trouver le sommeil. Quelques jours auparavant, on leur avait annoncé qu'ils déménageraient. La nouvelle ne les avait pas étonnés, car ils étaient ensemble depuis à peine un mois et on les avait déjà transférés à deux reprises dans des refuges proches en prévision d'un assaut, réel ou imaginaire, de la police. Le 25, peu avant onze heures du matin, ils étaient dans la chambre de Diana en train de commenter à voix basse le dialogue des geôliers quand ils entendirent un hélicoptère du côté de Medellín.

Depuis quelques jours, les services de renseignement de la police avaient reçu de nombreux appels anonymes leur signalant des mouvements de gens armés dans le hameau de Sabaneta, commune de Copacabana, et en particulier dans plusieurs propriétés du nom d'Alto de la Cruz, Villa del Rosario et La Bola. Les geôliers de Diana et de Richard avaient peut-être prévu d'emmener leurs prisonniers jusqu'à Alto de la Cruz, la propriété la plus sûre parce que située au sommet d'une colline escarpée et boisée d'où l'on dominait toute la vallée de Medellín. Les appels téléphoniques ainsi que d'autres indices avaient décidé la police à perquisitionner la maison. C'était une opération militaire d'envergure. Cependant, les geôliers ne faisaient même plus attention aux hélicoptères qui s'approchaient souvent sans que rien ne se produise. Soudain, l'un d'eux passa la tête par la porte et poussa le terrible cri :

« Voilà la loi ! »

Diana et Richard prirent tout leur temps car la police ne pouvait arriver à un meilleur moment : les quatre geôliers étaient les moins durs de tous et ils semblaient trop effrayés pour se défendre. Diana se brossa les dents et passa un chemisier blanc qu'elle avait lavé la veille, chaussa ses tennis, enfila le jean qu'elle portait sur elle le jour de son arrivée et qui était devenu trop grand tant elle avait maigri. Richard changea de chemise, prit ses appareils photo qu'on lui avait rendus depuis peu. Les geôliers semblaient affolés par le bruit croissant des hélicoptères qui survolaient la maison, s'éloignaient vers la vallée et revenaient en rase-mottes. Ils crièrent aux otages de se hâter et les poussèrent vers la porte. Ils leur donnèrent des chapeaux blancs pour que, des hélicoptères, on les prenne pour des paysans de la région, et jetèrent sur Diana un châle noir. Richard enfila sa veste de cuir. Les geôliers leur intimèrent l'ordre de courir en direction de la montagne et eux-mêmes se dispersèrent, leurs armes pointées vers le ciel pour tirer dès que les hélicoptères seraient à leur portée. Diana et Richard grimpèrent un sentier pierreux. La pente était très raide, et le soleil brûlant tombait comme du plomb du centre du ciel. Au bout de quelques mètres et alors que les hélicoptères étaient en vue, Diana se sentit épuisée. A la première rafale, Richard se jeta à terre. « Ne bouge pas, cria Diana. Fais le mort. » Et elle s'écroula à côté de lui, face contre terre.

« Ils m'ont tuée, hurla-t-elle. Je ne peux pas bouger les jambes. »

Elle ne souffrait pas et demanda à Richard de regarder son dos, parce qu'avant de tomber elle avait senti au niveau de la taille comme une décharge électrique. Richard souleva sa chemise et vit, à hauteur de l'os iliaque gauche, un minuscule petit trou, net, sans trace de sang.

Comme les coups de feu se rapprochaient, Diana insistait, désespérée, pour que Richard la laisse et s'enfuie, mais il demeura près d'elle en attendant de l'aide pour la mettre à l'abri. Il glissa dans sa main une image de la Sainte Vierge qu'il avait toujours sur lui et pria avec elle. Soudain les coups de feu cessèrent et les membres du Corps d'élite apparurent sur le sentier, armes braquées. Agenouillé près de Diana, Richard leva les mains et dit : « Ne tirez pas ! » Un des membres du commando le regarda d'un air ébahi et demanda :

« Où est Pablo ?

— Je ne sais pas. Je suis Richard Becerra, le journaliste. Elle, c'est Diana Turbay et elle est blessée.

— Prouvez-le », dit l'homme.

Richard tendit sa carte d'identité. Aidés de quelques paysans surgis des broussailles, ils transportèrent Diana dans un hamac improvisé avec un drap et la couchèrent dans l'hélicoptère. La douleur était devenue insupportable, mais Diana était calme et lucide, et savait qu'elle allait mourir.

Une demi-heure plus tard, l'ancien Président Turbay reçut un appel téléphonique d'un militaire qui l'informa que sa fille Diana et Francisco Santos avaient été libérés à Medellín grâce à l'intervention du Corps d'élite. Il appela aussitôt Hernando Santos, qui poussa un hurlement de victoire et donna l'ordre aux standardistes du journal de prévenir toute la famille, où qu'elle se trouve. Puis il appela chez Alberto Villamizar et lui transmit la nouvelle telle qu'on venait de la lui donner. « C'est formidable ! » s'écria Villamizar. Sa joie était sincère, mais il se rendit compte aussitôt que, Pacho et Diana libérés, les seuls otages qu'Escobar pouvait assassiner étaient Beatriz et Maruja.

Tout en passant quelques coups de fil urgents, il alluma la radio et constata que l'information n'avait pas encore été diffusée. Il allait composer le numéro de Rafael Pardo quand la sonnerie du téléphone retentit. C'était de nouveau Hernando Santos qui lui dit, le cœur brisé, que Julio César Turbay venait de démentir la première information. L'otage libéré n'était pas Francisco Santos mais Richard Becerra, et Diana était blessée. Toutefois, Hernando était moins contrarié par l'erreur de Julio César Turbay que par la consternation de celui-ci pour lui avoir donné une fausse joie.

Martha Lupe Rojas n'était pas chez elle quand on l'appela de la chaîne de télévision pour l'informer que son fils Richard avait été relâché. Elle était allée chez ses frères et, comme elle écoutait en permanence les informations, elle avait emporté son inséparable poste à transistor. Mais ce jour-là, pour la première fois depuis l'enlèvement de Richard, il ne fonctionna pas.

Dans le taxi qui la conduisait au journal après que quelqu'un lui eut dit que son fils était libre, la voix familière de Juan Gossaín, journaliste à la radio, la ramena à la réalité : les informations en provenance de Medellín étaient encore confuses. On avait la preuve que Diana Turbay était morte mais on ne savait rien de précis au sujet de Richard Becerra. Martha Lupe se mit à prier à voix basse. « Mon Dieu, faites que les balles passent à côté de lui et ne le touchent pas. » Au même moment, Richard appelait chez elle de Medellín pour lui dire qu'il était sain et sauf, mais personne ne décrocha. Le cœur de Martha Lupe bondit quand elle entendit Gossaín crier d'émotion :

« Formidable ! Formidable ! Le cameraman Richard Becerra est vivant ! »

Martha Lupe éclata en sanglots et ne put contrôler ses larmes que tard dans la nuit, quand elle accueillit son fils à la rédaction du journal *Criptón*. Elle s'en souvient encore : « Il n'avait que la peau et les os, il était pâle et barbu, mais vivant. »

Rafael Pardo avait appris la nouvelle quelques minutes plus tôt dans son bureau, par le coup de téléphone d'un ami journaliste qui voulait une confirmation de l'intervention du Corps d'élite. Il appela le général Maza Márquez puis le directeur de la police, le général Gómez Padilla, mais ni l'un ni l'autre n'étaient au courant d'une quelconque opération de commando. Quelques minutes plus tard Gómez Padilla l'appela et lui dit qu'un accrochage fortuit avait eu lieu avec le Corps d'élite qui recherchait Escobar. Les patrouilles, ajouta Gómez Padilla, n'avaient aucune information sur la présence de ravisseurs dans le secteur.

Dès qu'il avait reçu la nouvelle de Medellín, l'ancien Président Turbay avait tenté de joindre Nydia dans sa maison de Tabio, mais le téléphone était en dérangement. Il envoya le chef de ses gardes du corps, en voiture, la prévenir que Diana était sauve et qu'elle était à l'hôpital de Medellín pour des examens de routine. Nydia apprit la nouvelle à deux heures de l'après-midi et, au lieu de pousser un cri de joie comme les autres membres de la famille, elle eut une réaction de douleur et de stupéfaction.

« Ils ont tué Diana », s'écria-t-elle.

En route vers Bogota, elle écoutait les informations à la radio tandis que l'incertitude grandissait. « Je pleurais, dit-elle plus tard. Mais j'avais cessé de crier, les larmes coulaient toutes seules. » Elle s'arrêta chez elle pour se changer avant d'aller à l'aéroport où le vieux Fokker présidentiel, qui volait par pure volonté divine après presque trente ans de travaux forcés, attendait la famille. On croyait encore que Diana était en réanimation mais Nydia, elle, ne croyait rien ni personne sauf son instinct. Elle alla tout droit vers le téléphone et demanda à parler au Président de la République.

« Ils ont tué Diana, Monsieur le Président, dit-elle.

C'est votre œuvre, c'est votre faute, c'est la faute de votre
cœur de pierre. »
    Le Président se réjouit de pouvoir la contredire par une
bonne nouvelle.
    « Non, madame, dit-il de sa voix la plus posée. Il
semble qu'il y ait eu une opération de commando et rien
n'est encore clair. Mais Diana est vivante.
    — Non, répliqua Nydia. Elle est morte. »
    Le Président, qui était en communication directe avec
Medellín, était sûr de ce qu'il avançait.
    « Et qui vous a dit cela ? »
    Elle répliqua sur un ton de conviction absolue :
    « Mon cœur de mère. »
    Son cœur ne s'était pas trompé. Une heure plus tard,
María Emma Mejía, la conseillère du Président pour les
affaires de Medellín, monta dans l'avion qui emportait la
famille Turbay et lui apprit la mauvaise nouvelle. Diana
était morte vidée de son sang après plusieurs heures d'une
intervention chirurgicale qui, de toute façon, aurait été
inutile. Diana avait perdu connaissance dans l'hélicoptère
qui la transportait du lieu de l'accrochage à Medellín et
n'était pas revenue à elle. Elle avait la colonne vertébrale
fracturée au niveau de la taille par une balle explosive de
haute vélocité et de calibre moyen, qui s'était fragmentée
à l'intérieur de son corps et avait entraîné une paralysie
générale dont elle n'aurait jamais guéri.
    Nydia reçut une commotion brutale quand elle la vit à
l'hôpital, nue sur la table du bloc opératoire, recouverte
d'un drap ensanglanté, le visage inexpressif et blême car
elle avait perdu tout son sang. Elle avait une énorme inci-
sion à hauteur de la poitrine par laquelle les médecins
avaient introduit le poing pour lui faire un massage cardiaque.
    En sortant du bloc opératoire, Nydia, au-delà de toute
douleur et de tout désespoir, convoqua à l'hôpital même
une conférence de presse féroce. « C'est l'histoire d'une

mort annoncée », déclara-t-elle pour commencer. Convaincue, selon ce qu'on lui avait dit à son arrivée à Medellín, que Diana avait été victime d'une opération armée dirigée depuis Bogota, elle fit le décompte minutieux de toutes les requêtes que la famille et elle-même avaient adressées au Président de la République pour que la police n'intervienne pas. Elle dit que les Extradables, dans leur folie criminelle, étaient responsables de la mort de sa fille, mais que le gouvernement et le Président de la République en personne l'étaient tout autant. Surtout le Président qui « avec indolence et même avec froideur et indifférence, n'avait pas écouté ceux qui le suppliaient de ne pas tenter de libérer les otages par la force ni de mettre leur vie en danger ».

Cette déclaration péremptoire, retransmise en direct par tous les médias, suscita une réaction de solidarité de la part de l'opinion publique et l'indignation du gouvernement. Le Président convoqua Fabio Villegas, son secrétaire général, Miguel Silva, son secrétaire privé, Rafael Pardo, son conseiller à la sécurité, et Mauricio Vargas, son conseiller de presse. L'objectif était de rédiger un démenti énergique aux déclarations de Nydia. Mais une réflexion plus profonde les mena à la conclusion que l'on ne saurait démentir la douleur d'une mère. Gaviria se rangea à cet avis et mit un terme à la réunion en décrétant :

« Nous irons à l'enterrement. »

Lui et tous les membres du gouvernement.

La colère de Nydia ne lui accorda aucun répit. Elle avait envoyé, par l'intermédiaire d'une personne dont elle oublia par la suite le nom, la lettre que la mort de Diana rendait désormais sans objet, peut-être pour que le Président garde sur la conscience son contenu prémonitoire. « Evidemment, je n'attendais pas de réponse », dit-elle.

A la fin du service funèbre célébré dans la cathédrale, où peu de fois s'était réuni autant de monde, le Président se leva, parcourut seul la nef centrale sous les regards des fidèles, les flashs des photographes, les caméras de télévision, et tendit la main à Nydia, certain qu'elle ne la prendrait pas. Mais Nydia la lui serra avec une répulsion glaciale. En réalité, elle était soulagée car elle craignait que le Président ne l'embrasse. En revanche, elle fut sensible au baiser de condoléances de son épouse, Ana Milena.

Mais les choses n'en restèrent pas là. Les condoléances et autres obligations avaient à peine pris fin que Nydia sollicita une nouvelle audience au Président Gaviria, pour l'informer d'un point important dont il devait prendre connaissance avant de prononcer, le jour même, son discours sur la mort de Diana. Miguel Silva lui transmit la demande mot pour mot, et le Président eut alors le sourire que Nydia ne lui verrait jamais.

« Elle vient en finir avec moi, dit-il. Mais qu'elle vienne, bien sûr. »

Il la reçut comme d'habitude. Nydia entra dans le bureau, vêtue de noir mais avec une expression différente : simple et douloureuse. Elle alla droit au but et le fit comprendre dès sa première phrase :

« Je viens vous rendre un service. »

A la grande surprise du Président, elle commença par présenter ses excuses pour avoir cru qu'il avait ordonné l'opération au cours de laquelle Diana avait trouvé la mort. Elle savait à présent qu'il n'était pas au courant. Mais elle voulait lui dire aussi que ce jour-là on lui avait menti, parce que le commando n'avait pas pour mission de trouver Pablo Escobar mais de libérer les otages, dont le lieu de détention avait été révélé sous la torture par un tueur tombé aux mains de la police. Le tueur, expliqua Nydia, avait été retrouvé mort sur les lieux de l'affrontement.

Elle parla avec précision et fermeté dans l'espoir d'éveiller l'intérêt du Président, mais elle n'entrevit aucune lueur de compassion. « C'était un bloc de glace », dit-elle plus tard en évoquant cette journée. Sans savoir ni à quel moment ni pour quelle raison, et surtout sans pouvoir se retenir, elle éclata en sanglots. Alors, son caractère, qu'elle avait pourtant réussi à dominer, reprit le dessus, elle changea d'attitude et de sujet et tout à trac reprocha au Président son indifférence et sa froideur, et lui fit grief de ne pas avoir rempli l'obligation que lui imposait son mandat et qui était de sauver la vie des otages.

« Imaginez un peu, conclut-elle, que votre fille se soit trouvée dans cette même situation. Qu'auriez-vous fait ? » Elle le regarda droit dans les yeux, mais son exaltation était telle que le Président ne put l'interrompre. Il raconta plus tard : « Elle me posait des questions sans me laisser le temps d'y répondre. » Nydia, en effet, le coupa par une autre question : « Ne croyez-vous pas, Monsieur le Président, que vous vous êtes trompé dans la façon de traiter ce problème ? » Pour la première fois un doute assombrit le visage du Président. « Jamais je n'avais autant souffert », devait-il avouer des années plus tard. Mais il ne laissa voir qu'un battement de cils et dit, d'une voix naturelle :
« C'est possible. »

Nydia se leva, lui tendit la main en silence et sortit du bureau sans lui laisser le temps de lui ouvrir la porte. Miguel Silva entra aussitôt et trouva le Président très frappé par l'histoire du tueur mort. Sans perdre de temps, le Président Gaviria écrivit une lettre personnelle au procureur général pour qu'une enquête soit ouverte et les coupables châtiés.

La plupart des gens pensaient que le commando avait agi pour tenter de capturer Escobar ou un parrain important mais que, même dans cette logique, c'était une action stupide et un échec irrémédiable. Selon la version donnée par la police tout de suite après les événements, Diana était morte au cours d'une opération de recherche à laquelle participaient des hélicoptères et des soldats d'infanterie. Ceux-ci étaient tombés de façon fortuite sur le groupe qui emmenait Diana Turbay et le cameraman Richard Becerra. Dans leur fuite, un des ravisseurs avait tiré dans le dos de Diana qui avait eu la colonne vertébrale fracturée. Le cameraman était sain et sauf. Diana avait été transportée dans un hélicoptère de la police à l'hôpital général de Medellín où elle était morte à seize heures trente-cinq.

La version de Pablo Escobar était très différente et coïncidait pour l'essentiel avec ce que Nydia avait raconté au Président Gaviria. Selon lui, la police avait monté l'opération parce qu'elle savait que les ravisseurs n'étaient pas loin. Elle avait arraché l'information sous la torture à deux de ses hommes de main, dont il communiqua les véritables noms et prénoms ainsi que le numéro de carte d'identité. Ceux-ci, toujours selon le communiqué d'Escobar, avaient été arrêtés et torturés par la police et l'un d'eux avait servi de guide aux chefs de l'opération. Diana avait été tuée par un policier alors qu'elle tentait d'échapper à la fusillade après avoir été libérée par les ravisseurs. Enfin, le texte précisait que la police avait fait passer pour des hommes d'Escobar trois paysans innocents qui avaient trouvé la mort au cours de l'accrochage. Ce communiqué donnait au chef du cartel de Medellín la satisfaction de pouvoir dénoncer les violations des droits de l'homme auxquelles se livraient les forces de l'ordre.

Richard Becerra, seul témoin disponible, fut assailli par les journalistes le soir même de la tragédie, dans un salon de la Direction générale de la police à Bogota. Il portait encore la veste de cuir noir qu'il avait sur lui le jour de son enlèvement et le chapeau de paille que lui avaient donné les geôliers pour qu'on le prenne pour un paysan. Il n'était pas dans un état d'esprit propice à éclaircir les faits.

Ses confrères les plus compréhensifs eurent le sentiment

que, dans la confusion des événements, il n'avait pu se faire une opinion. Il déclara que le projectile qui avait tué Diana avait été tiré à dessein par un des ravisseurs, mais ne put fournir aucune preuve pour étayer ses dires. Tout le monde pensa, au-delà des conjectures, que Diana avait été tuée par accident, prise sous les tirs croisés de la fusillade. Il appartenait à présent au procureur général de faire toute la lumière, comme le lui avait demandé dans sa lettre le Président Gaviria après les révélations de Nydia Quintero.

Mais le drame n'était pas terminé. Devant l'incertitude générale quant au sort de Marina Montoya, les Extradables diffusèrent un nouveau communiqué le 30 janvier, dans lequel ils reconnaissaient avoir, le 23 du même mois, donné l'ordre de l'exécuter. Mais : « Pour des motifs dus à la clandestinité et à des problèmes de communication, nous ne saurions dire, à ce jour, si elle a été exécutée ou libérée. Si elle a été exécutée, nous ne comprenons pas pourquoi la police n'a pas retrouvé le corps. Si elle a été libérée, la parole est à sa famille. » Sept jours s'étaient donc ainsi écoulés entre le moment où l'ordre d'assassiner Marina Montoya avait été donné et celui où l'on avait entrepris de rechercher son cadavre.

Quand Pedro Morales, le médecin légiste qui avait participé à l'autopsie, lut le communiqué dans la presse, il pensa que le cadavre de Marina Montoya était celui de cette dame si bien mise et aux ongles si soignés. Cependant, dès que son identité fut confirmée, quelqu'un se réclamant du ministère de la Justice téléphona à l'Institut médico-légal pour que personne ne sache que le cadavre avait été jeté dans une fosse commune.

Luis Guillermo Pérez Montoya, le fils de Marina, sortait déjeuner quand la radio diffusa la nouvelle. A l'Institut médico-légal on lui montra la photo de la femme défigurée par les balles, et il mit du temps à reconnaître sa mère.

L'information était sur toutes les ondes, et au Cimetière du
Sud la foule était si dense qu'il fallut mobiliser les forces
de police et frayer un passage à Luis Guillermo Pérez pour
qu'il puisse parvenir jusqu'à la fosse. Selon les règlements de la médecine légale, un corps
non identifié doit être enterré avec un numéro de série
tatoué sur le torse, les bras et les jambes afin qu'on puisse
le reconnaître même s'il est démembré. Il doit être enveloppé dans un plastique noir comme celui des sacs poubelle, et attaché par les chevilles et les poignets avec des
cordes résistantes. Le corps de Marina Montoya, selon ce
que put constater son fils, était nu et couvert de boue, et
il avait été jeté n'importe comment dans la fosse, sans les
tatouages d'identification obligatoires. A côté, se trouvait
le cadavre de l'enfant enterré en même temps qu'elle,
enveloppé dans le survêtement rose.

Dans l'amphithéâtre, une fois le cadavre lavé au jet, son
fils examina la dentition et eut un instant d'hésitation. Il
croyait se rappeler qu'il manquait à Marina une prémo-
laire gauche alors que la dentition du cadavre était complète. Mais quand il regarda les mains et les posa sur les
siennes, il n'eut plus aucun doute : elles étaient identiques. Pourtant, une suspicion devait demeurer dans l'esprit de Luis Guillermo Pérez, peut-être pour toujours : il
était convaincu que le cadavre de sa mère avait été identifié tout de suite après avoir été découvert, mais qu'on
l'avait envoyé à la fosse commune sans remplir les obligations légales afin qu'il n'en reste aucune trace qui puisse
inquiéter l'opinion publique ou entraver l'action du gouvernement.

La mort de Diana, avant même la découverte du cadavre
de Marina, marqua pour le pays un point de non-retour.
Quand Gaviria avait refusé de modifier le deuxième
décret, il n'avait cédé ni aux protestations de Villamizar ni

aux suppliques de Nydia. En résumé, il arguait qu'on ne pouvait juger les décrets en fonction des enlèvements mais de l'intérêt public, de la même façon qu'Escobar séquestrait des personnes non pas pour précipiter la reddition mais pour obtenir la non-extradition et l'amnistie. Ces réflexions le décidèrent à modifier une dernière fois le décret. C'était difficile après avoir résisté aux prières de Nydia et à tant d'autres souffrances, mais il résolut de ne pas se dérober. Villamizar en fut informé par Rafael Pardo. Pour lui, l'attente semblait sans fin. Il ne connaissait aucun répit, vivait l'oreille collée au poste de radio, attentif à la sonnerie du téléphone, et son soulagement était immense quand il n'apprenait pas de mauvaise nouvelle. Il téléphonait à Pardo à tout instant. « Est-ce que les choses avancent ? lui demandait-il. Jusqu'où va nous mener cette situation ? » Pardo l'apaisait en lui administrant de petites doses de rationalisme. Tous les soirs il rentrait chez lui dans le même état. « Il faut changer ce décret ou ils vont tuer tout le monde », disait-il. Pardo le rassurait. Enfin, le 28 janvier, ce fut au tour de Rafael Pardo de décrocher son téléphone pour lui dire que le décret définitif était sur le bureau du Président. Le retard était dû au fait que tous les ministres devaient le signer, et qu'on ne trouvait nulle part celui de la Communication, Alberto Casas Santamaría. Pardo finit par le joindre et, avec l'élégance d'un vieil ami, lui lança cette sommation :

« Monsieur le ministre. Ou vous êtes ici dans une demi-heure pour signer le décret, ou vous n'êtes plus ministre. »

Le 29 janvier fut promulgué le décret 303 qui levait tous les obstacles ayant jusqu'alors empêché les narco-trafiquants de se rendre. Comme on l'avait craint au gouvernement, tout le monde pensait qu'il s'agissait d'un acte de repentir après la mort de Diana, et nul n'aurait pu faire croire à autre chose. Il donna lieu à de nouvelles divergences entre ceux qui l'interprétaient comme une concession faite aux barons de la drogue sous la pression d'une opinion publique en état de choc, et ceux qui le considéraient comme une réaction courageuse du Président, même si pour Diana il était trop tard. En tout cas, le Président Gaviria le signa par conviction, en sachant très bien que son retard serait interprété comme une preuve d'insensibilité et sa décision comme un acte de faiblesse.

Le lendemain matin, à sept heures, le Président rappela Villamizar, qui lui avait téléphoné la veille pour le remercier d'avoir promulgué le décret. Gaviria écouta ses arguments dans le silence le plus absolu et partagea l'angoisse qu'il avait éprouvée le 25 janvier.

« Ce fut une journée terrible pour tout le monde », dit-il.

Villamizar appela ensuite Guido Parra, l'esprit soulagé.

« Vous ne viendrez plus nous raconter à présent que ce décret n'est pas le bon », lui dit-il. Guido Parra l'avait lu à la virgule près.

« Ça va, dit-il. Il n'y a plus aucun problème. Vous vous rendez compte de tout ce qu'on aurait pu éviter ! »

Villamizar voulut savoir quelle serait la prochaine étape.

« Il n'y en aura pas, dit Guido Parra. C'est une question de quarante-huit heures. »

Les Extradables firent aussitôt savoir dans un communiqué qu'en réponse aux sollicitations de plusieurs personnalités du pays, les exécutions annoncées avaient été suspendues. Ils faisaient sans doute allusion aux messages de López Michelsen, Misael Pastrana et Castrillón diffusés à la radio, mais pouvaient tout aussi bien vouloir dire qu'ils étaient satisfaits du décret. « Nous respecterons la vie des otages qui demeurent en notre pouvoir », disait le communiqué. Pour preuve de bonne volonté, ils annonçaient qu'un nouvel otage serait libéré le jour même. Vil-

lamizar, qui se trouvait avec Guido Parra, bondit de surprise.

« Comment, un otage, s'écria-t-il. Vous m'aviez dit
qu'ils seraient tous libérés. »

Guido Parra demeura de marbre :

« Calmez-vous, Alberto, lui dit-il. Dans une semaine
tout au plus. »

# Chapitre 7

Maruja et Beatriz ignoraient que Diana et Marina étaient mortes. Sans téléviseur, sans poste de radio, sans autres informations que celles de l'ennemi, il leur était impossible de deviner la vérité. Les contradictions des geôliers avaient invalidé la version selon laquelle Marina avait été transférée dans une autre maison, de sorte que toute conjecture les ramenait à la seule alternative possible : ou elle était libre, ou elle était morte. Pour dire les choses d'une autre manière : auparavant elles étaient les seules à la savoir vivante et à présent elles étaient les seules à ignorer qu'on l'avait tuée.

L'incertitude quant au sort réservé à Marina avait transformé le lit inoccupé en fantôme. *El Monje* était revenu une demi-heure après qu'ils l'avaient emmenée. Telle une ombre, il s'était glissé dans la pièce et pelotonné dans un coin. Beatriz lui avait demandé à brûle-pourpoint :

« Qu'est-ce que vous avez fait de Marina ? »

*El Monje* lui raconta que deux nouveaux chefs, qui n'étaient pas entrés dans la pièce, les attendaient dans le garage. Il leur avait demandé où ils emmenaient Marina et

l'un d'eux avait répondu, furieux : « Espèce de sale mer-
deux, ici on ne pose pas de questions. » Ensuite, ils lui
avaient donné l'ordre de rentrer et de laisser Marina avec
Barrabás, le geôlier qui montait la garde avec lui.

De prime abord, la version était plausible. En effet, il
semblait difficile qu'*el Monje* ait pu partir et revenir en si
peu de temps s'il avait participé au meurtre, et plus difficile encore qu'il ait eu le cœur de tuer une femme qui
n'était plus qu'une épave mais qu'il semblait aimer
comme sa grand-mère et qui le cajolait comme un petit-
fils. Barrabás, en revanche, passait pour un sanguinaire et
un sans-cœur qui, de surcroît, tirait vanité de ses crimes.
L'incertitude se fit plus inquiétante à l'aube, quand des
gémissements d'animal blessé réveillèrent Maruja et Beatriz. C'était *el Monje* qui sanglotait. Il ne voulut pas toucher au petit déjeuner, et plusieurs fois elles l'entendirent
soupirer : « C'est horrible, ils ont emmené la grand-
mère. » Cependant, il ne laissa jamais entendre qu'elle
était morte. Mais l'entêtement avec lequel le majordome
refusait de rendre le téléviseur et le poste de radio augmentait leurs craintes qu'elle n'ait été assassinée.

Damaris revint après plusieurs jours d'absence, dans un
état d'esprit qui ne fit qu'accroître la confusion. Au cours
d'une des promenades nocturnes dans le patio, Maruja lui
demanda où elle était allée, et Damaris lui répondit d'une
voix criante de vérité : « Je me suis occupée de doña
Marina. » Puis, sans même laisser à Maruja le temps de
penser, elle ajouta : « Elle ne vous oublie pas et elle m'a
demandé de bien vous embrasser. » Puis, toujours comme
si de rien n'était, elle précisa que Barrabás n'était pas rentré parce qu'il était chargé de sa protection. A partir de ce
moment, chaque fois que Damaris sortait pour une raison
ou pour une autre, elle revenait avec des nouvelles de
Marina d'autant moins plausibles qu'elles étaient de jour
en jour meilleures. Et elle concluait par cette formule
rituelle :

« Doña Marina se porte à merveille. »

Maruja n'avait aucune raison de croire Damaris plutôt qu'*el Monje* ou n'importe quel autre geôlier, mais elle n'en avait pas non plus de douter de leurs propos en ces circonstances où tout semblait possible. Si Marina était vivante, le seul motif de les priver de distractions et d'informations était de leur cacher d'autres vérités, bien pires à entendre.

Rien ne semblait assez échevelé pour l'imagination débridée de Maruja. Jusqu'alors, elle avait caché ses inquiétudes à Beatriz de crainte qu'elle ne puisse supporter la vérité. Mais Beatriz était invulnérable. Aidée de ses rêves, elle avait écarté d'emblée la possibilité que Marina soit morte. Son frère Alberto lui apparaissait, aussi réel que dans la réalité, et lui décrivait par le menu toutes ses démarches, la façon dont elles progressaient, les petits riens qui manquaient pour qu'elles soient libres. Elle rêvait que son père la rassurait en lui disant que les cartes de crédit oubliées dans son sac avaient été retrouvées. Ses visions étaient si nettes que, dans son souvenir, elle les confondait avec la réalité.

Vers cette même époque, un jeune geôlier de dix-sept ans, qui se faisait appeler Jonas, terminait sa période de garde. Il écoutait de la musique dès sept heures du matin sur un lecteur de cassettes nasillard, passant et repassant ses chansons favorites jusqu'à saturation, à un volume assourdissant, et criait à tue-tête par-dessus les refrains : « Putain de vie, saloperie, dans quoi je me suis mis. » Quand il était plus calme, il parlait de sa famille avec Beatriz. Parfois, il frôlait des abîmes en poussant un soupir impénétrable : « Si vous saviez qui est mon père ! » Il ne révéla jamais son nom mais cette énigme et bien d'autres encore contribuaient à alourdir chaque jour davantage l'atmosphère de la pièce.

Le majordome, gardien du confort domestique, dut informer ses supérieurs de la tension ambiante, car deux chefs firent leur apparition dans un esprit de conciliation. Ils refusèrent de rendre le téléviseur et le poste de radio, mais s'efforcèrent d'améliorer le quotidien. Ils promirent des livres mais n'en apportèrent que très peu, dont un roman de Corín Tellado, firent porter des magazines mais aucun d'actualité, accrochèrent un spot lumineux à la place de l'ampoule bleue et donnèrent l'ordre de l'allumer de sept à huit le matin et le soir afin qu'elles puissent lire, mais Beatriz et Maruja, habituées à la pénombre, ne purent supporter la trop forte clarté. De surcroît, le spot chauffait et l'air dans la pièce devenait irrespirable.

Maruja s'abandonna à l'inertie des moribonds. Allongée nuit et jour sur le matelas, elle feignait de dormir, tournée vers le mur pour ne pas avoir à parler, touchant à peine à la nourriture. Beatriz occupa le lit vide et trouva refuge dans les mots croisés et autres jeux des magazines. Aussi dure et douloureuse fût-elle, la réalité était la réalité : dans la pièce il y avait davantage de place pour quatre que pour cinq, moins de tension et plus d'air pour respirer.

Jonas finit son tour de garde fin janvier et les quitta en leur donnant une preuve de confiance. « Je vais vous raconter quelque chose, leur dit-il, à condition que vous ne révéliez jamais qui vous l'a dit. » Et il leur livra l'information qui lui rongeait les sangs :

« Doña Diana Turbay est morte. »

Le choc les réveilla. Pour Maruja ce fut l'instant le plus terrible de sa captivité. Beatriz s'efforçait de ne pas penser à ce qui lui semblait irrémédiable : « S'ils ont tué Diana, la prochaine c'est moi. » En fait, depuis le 1er janvier, quand elle avait compris qu'elles ne seraient pas libérées pour le Jour de l'An, elle ne cessait de se dire : « Ou ils me relâchent ou je me laisse mourir. »

Un jour que Maruja jouait aux dominos avec un des geôliers, *el Gorila* se palpa la poitrine et dit : « Je sens un truc très bizarre là-dedans. Qu'est-ce que ça peut bien être ? » Maruja interrompit son jeu, le toisa avec tout le

mépris dont elle était capable, et dit : « Ou ce sont des gaz
ou c'est un infarctus.  » *El Gorila* laissa tomber le pistolet-
mitrailleur, se leva, terrorisé, posa sa main grande ouverte
sur sa poitrine, doigts écartés, et s'écria dans un hurlement :
« Le cœur, nom de Dieu. J'ai le cœur qui pète. »
Il s'écroula sur les restes du petit déjeuner et demeura
affalé sur la table. Beatriz, qui savait combien il la détestait, allait lui porter secours par réflexe professionnel
quand, effrayés par le cri et par le fracas de la chute, le
majordome et sa femme entrèrent. L'autre geôlier, fragile
et de petite taille, avait tenté quelque chose, mais son
arme le gênait et il la tendit à Beatriz.
« Vous répondez de doña Maruja », dit-il.
Le majordome, Damaris et le geôlier ne purent soulever
*el Gorila*. Ils le saisirent tant bien que mal sous les bras et
le traînèrent jusqu'à la salle de séjour. Beatriz, le pistolet-
mitrailleur à la main, et Maruja, médusée, regardèrent
l'arme d'*el Gorila* abandonnée à terre, et la tentation les
saisit. Maruja savait se servir d'un revolver et on lui avait
expliqué un jour comment manier une mitraillette, mais
un éclair de lucidité providentiel l'empêcha de ramasser
l'arme. Beatriz, de son côté, avait reçu une formation militaire deux fois par semaine pendant cinq ans dans un camp
d'entraînement et, sous-lieutenant puis lieutenant, elle
avait à présent le grade de capitaine attaché à l'Hôpital
militaire. Elle avait suivi des classes spéciales d'artillerie
lourde. Cependant, elle aussi se rendit compte qu'elles
couraient à leur perte. Elles se consolèrent en pensant
qu'*el Gorila* ne reviendrait jamais. Il ne revint pas, en effet.


Quand Pacho Santos vit à la télévision les obsèques de
Diana et l'exhumation du cadavre de Marina Montoya, il
comprit qu'il ne lui restait plus qu'à s'évader. Il avait une
idée approximative de l'endroit où il se trouvait. Grâce

aux conversations et aux indiscrétions des geôliers, et guidé par son expérience de journaliste, il était parvenu à comprendre que la maison était située au carrefour d'un quartier étendu et populaire de la partie ouest de Bogota. Il était détenu à l'étage dans la pièce principale dont la fenêtre était condamnée par des planches. Il comprit aussi que la maison était louée, peut-être sans bail, parce que la propriétaire venait chaque mois toucher le loyer. Elle était la seule personne étrangère qui entrait et sortait et, avant de lui ouvrir, les geôliers montaient pour enchaîner Pacho Santos aux barreaux du lit et l'obliger, sous la menace, à observer le silence le plus absolu et à éteindre la radio et le téléviseur.

Pacho avait calculé que la fenêtre condamnée donnait sur le jardin de devant, et qu'il devait y avoir une issue à l'extrémité de l'étroit couloir du côté des toilettes. Il pouvait les utiliser autant qu'il le voulait sans être surveillé, et pour ce faire il lui suffisait de traverser le couloir après avoir demandé qu'on le détache. La seule aération des toilettes était une fenêtre par laquelle on apercevait un bout de ciel. Elle était haute et difficile d'accès, mais suffisamment large pour s'y faufiler. Dans la chambre voisine, où il y avait des lits gigognes en métal rouge, dormaient les geôliers qui n'étaient pas de service. Ils étaient quatre et prenaient leur tour deux par deux toutes les six heures. Dans la vie quotidienne, on ne voyait jamais leurs armes qu'ils avaient pourtant sur eux en permanence. Il y en avait toujours un des deux qui dormait au pied du lit, à même le sol.

Pacho Santos devina qu'ils étaient près d'une usine dont la sirène retentissait plusieurs fois par jour et, aux cris et au brouhaha des récréations, il comprit qu'il y avait un collège à proximité. Un jour, il demanda une pizza, les geôliers la lui apportèrent encore chaude en un rien de temps et il sut ainsi qu'elle avait été préparée et vendue sans doute à quelques mètres de la maison. Ils achetaient les journaux sur le trottoir d'en face, dans un magasin important parce qu'on y trouvait aussi *Time* et *Newsweek*. La nuit, l'odeur du pain qui cuisait dans le four d'un boulanger le réveillait. En prêchant le faux pour savoir le vrai, il finit par apprendre que dans un rayon de cent mètres il y avait une pharmacie, un garage, deux restaurants, un bistrot, une cordonnerie et deux arrêts d'autobus. Avec ces renseignements et bien d'autres encore mis bout à bout, il assembla le puzzle de son évasion.

Un des geôliers lui avait dit qu'au cas où viendrait « la loi », ils avaient l'ordre d'entrer dans la chambre et de l'abattre à bout portant de trois balles : une dans la tête, la deuxième au cœur et la troisième au foie. Depuis, il avait toujours à portée de la main une bouteille de soda pour, le cas échéant, s'en servir comme d'une massue. C'était sa seule arme.

Les échecs, auxquels un geôlier l'avait initié avec un remarquable talent, étaient devenus son nouveau passe-temps. Au mois d'octobre, un autre geôlier de service, expert en feuilletons télévisés, lui avait inoculé le vice de les regarder tous, bons ou mauvais. Le secret était de ne pas s'attarder sur l'épisode du jour, mais de se perdre en conjectures sur celui du lendemain. Ils regardaient ensemble les émissions d'Alexandra et ne manquaient jamais les informations, radiophoniques ou télévisées.

Un des geôliers lui avait emprunté les vingt mille pesos qu'il avait sur lui le jour de son enlèvement, et lui avait promis en échange de lui apporter tout ce qu'il demanderait. Surtout des livres : plusieurs ouvrages de Milan Kundera, *Crime et Châtiment*, la biographie du général Santander par Pilar Moreno de Angel. Il est peut-être le seul Colombien de sa génération à savoir qui était José María Vargas Vila, l'écrivain colombien le plus populaire au monde au début du siècle, et la passion qu'il conçut pour ses œuvres lui arracha des larmes. Il les lut presque toutes, dérobées par un geôlier dans la bibliothèque de son grand-père. Pendant plusieurs mois il entretint une correspondance nourrie avec la mère d'un autre geôlier, jusqu'au jour où les responsables de la sécurité le lui interdirent. Sa ration de lecture était complétée par les quotidiens, qui lui parvenaient tous les soirs sans être dépliés. Le geôlier chargé de les lui apporter avait une haine viscérale des journalistes, en particulier d'un présentateur très connu sur qui il pointait son pistolet-mitrailleur quand il le voyait sur le petit écran.

« Celui-là, je me le ferais gratis », disait-il.

Pacho ne vit jamais les chefs. Il savait qu'ils venaient de temps en temps, même s'ils ne montaient jamais dans la chambre, et qu'ils tenaient leurs réunions de contrôle et de travail dans un café de Chapinero. Avec les geôliers, cependant, il réussit à établir une relation dictée par l'urgence. Ils avaient sur lui un droit de vie et de mort, mais ils lui reconnurent toujours celui de négocier quelques aménagements. Et tantôt il gagnait, tantôt il perdait ces enjeux presque quotidiens. Il perdit jusqu'à la fin celui de dormir sans les chaînes, mais il gagna leur confiance en jouant au *remis*, un jeu puéril où il est facile de bluffer et qui consiste à faire des tierces et des suites avec dix cartes. Tous les quinze jours, un chef invisible leur envoyait une somme de cent mille pesos qu'ils se répartissaient pour jouer. Pacho perdait toutes les parties. Ce n'est qu'au bout de six mois qu'ils lui avouèrent avoir toujours triché, et ne l'avoir laissé gagner de temps à autre que pour ne pas le dégoûter du jeu. Ils exécutaient leurs tours de passe-passe avec une adresse de prestidigitateurs.

Telle avait été sa vie jusqu'au Nouvel An. Dès le premier jour il avait prévu que sa captivité serait longue, et ses relations avec les geôliers lui avaient permis de croire qu'il pourrait tenir bon. Mais la mort de Diana et de Marina vint à bout de son optimisme. Les geôliers qui, auparavant, lui donnaient du courage revenaient du dehors le moral au plus bas. Tout semblait comme suspendu, dans l'attente du verdict de l'Assemblée constituante sur l'extradition et l'amnistie. C'est alors qu'il envisagea l'évasion comme une possibilité réelle. A une condition : il ne la tenterait que s'il n'existait plus aucune autre issue.

Pour Maruja et Beatriz aussi, après les désillusions du mois de décembre, l'horizon était bouché. Une embellie apparut toutefois vers la fin janvier, quand la rumeur courut que deux otages seraient relâchés. Elles ignoraient alors qui était encore prisonnier, qui ne l'était plus et s'il y avait de nouveaux otages. Maruja était convaincue que la prochaine à être libérée serait Beatriz. Le 2 février, au cours de la promenade nocturne dans le patio, Damaris confirma cette intuition. Elle en était si sûre qu'elle acheta un bâton de rouge à lèvres, du fard à joues, de l'ombre à paupières et autres produits de beauté en prévision du jour où elles sortiraient. Beatriz se rasa les jambes, pensant qu'au dernier moment elle n'aurait pas le temps de le faire.

Cependant, les deux chefs qui vinrent les voir le lendemain n'apportèrent aucune précision sur la libération de l'une ou de l'autre, ni même sur une libération tout court. Différents et plus communicatifs que les précédents, leur autorité sautait aux yeux. Ils confirmèrent qu'un communiqué des Extradables avait annoncé deux libérations, mais ils n'excluaient pas un contretemps de dernière minute. Les prisonnières avaient encore à l'esprit les vaines promesses de libération pour le 9 décembre.

Les nouveaux chefs, cependant, apportèrent un regain d'optimisme. Ils arrivaient à l'improviste, joyeux pour un oui ou pour un non. « C'est en bonne voie », disaient-ils. Ils commentaient les nouvelles du jour avec un enthousiasme enfantin, mais refusaient de rendre le téléviseur et le poste de radio, et empêchaient ainsi Maruja et Beatriz d'écouter les informations. L'un d'eux, par méchanceté ou par bêtise, prit congé un soir par une phrase à double sens

qui aurait pu les faire mourir de terreur : « Soyez tranquilles, mesdames, tout ira très vite. »

Pendant quatre jours de tension inouïe, on leur donna
des informations au compte-gouttes. Le troisième, on leur
annonça que seul un otage serait libéré, peut-être Beatriz
parce que Francisco Santos et Maruja devaient servir à de
plus grands desseins. Le plus angoissant pour Maruja et
Beatriz était de ne pouvoir confronter ces informations
avec celles du dehors. Et surtout avec celles qu'aurait pu
leur glisser Alberto, qui connaissait sans doute mieux que
les chefs eux-mêmes les raisons véritables de ces tergiver-
sations.

Enfin le 7 février, ils arrivèrent plus tôt que de coutume
et abattirent les cartes : Beatriz partait, Maruja devait
patienter encore une semaine. « Il manque quelques petits
détails », dit l'un des chefs sous sa cagoule. Beatriz eut un
accès de logorrhée qui faillit avoir raison des chefs, du
majordome, de sa femme et même des geôliers. Maruja n'y
prêta pas attention, prise d'une rancœur muette contre son
mari qu'elle soupçonnait d'avoir choisi de faire libérer sa
sœur avant sa femme. Elle rumina sa douleur toute la journée et, pendant plusieurs jours, le feu de sa colère continua
de couver sous la cendre.

Toute la soirée elle donna à Beatriz des instructions sur
la façon de raconter à Alberto Villamizar les détails de leur
captivité et sur les déclarations à faire et ne pas faire pour
la sécurité de tous. Le moindre faux pas, aussi involontaire
fût-il, pouvait coûter une vie. Beatriz devait brosser à son
frère un tableau véridique et sans fioritures de la situation,
sans rien émousser ni exagérer qui puisse atténuer sa souffrance ou accroître son inquiétude : la vérité pure et
simple. Et en aucun cas elle ne devait livrer de renseignements permettant d'identifier l'endroit où elles se trouvaient. Beatriz s'offusqua :

« Tu ne fais pas confiance à mon frère ?

— Plus qu'à quiconque ici-bas, répondit Maruja. Mais

c'est un secret entre toi et moi. Il dépend de toi que personne ne sache où nous sommes. »

Ses craintes étaient fondées. Elle connaissait le caractère impulsif de son époux et voulait éviter, pour leur bien et pour celui de tous, qu'il tente un coup de force pour la libérer. Elle voulait aussi qu'Alberto lui fasse savoir si les médicaments qu'elle prenait pour la circulation du sang avaient des effets secondaires. Elles passèrent la nuit à mettre au point un système plus efficace pour coder les messages à la radio et à la télévision ainsi que les lettres pour le cas où, plus tard, on l'autoriserait à écrire. Cependant, en son for intérieur, elle dictait son testament : ce qu'il fallait faire concernant les enfants, ou avec les objets précieux ou sans valeur mais qui méritaient qu'on s'y attache. Elle était si péremptoire qu'un geôlier qui l'entendait s'empressa de lui dire :

« Du calme. Il ne vous arrivera rien. »

Le lendemain, elles attendirent en proie à une anxiété de plus en plus grande, mais rien ne se passa. Elles bavardèrent toute l'après-midi puis, à dix-neuf heures, la porte s'ouvrit enfin et les deux chefs, accompagnés d'un homme qu'elles ne connaissaient pas, se plantèrent devant Beatriz.

« On est venus vous chercher. Préparez-vous. »

La terreur gagna Beatriz car la scène semblait répéter le départ de Marina : la même porte soudain ouverte, la même phrase qui pouvait vouloir dire la liberté ou la mort, la même incertitude sur son destin. Elle ne comprenait pas pourquoi ils lui avaient dit, comme à Marina : « On vient vous chercher », alors qu'elle rêvait d'entendre : « On vient vous libérer. » Elle posa une question qu'elle voulait astucieuse pour entendre la réponse tant attendue :

« Vous allez aussi libérer Marina ? »

Les deux chefs se raidirent.

« On ne pose pas de questions, lui répondit l'un d'eux

avec un grognement hargneux. Comment voulez-vous que
je le sache ? »

L'autre, plus persuasif, renchérit :

« Ça n'a rien à voir. C'est une affaire politique. »

Le mot *libération* que Beatriz attendait ne fut pas prononcé. Mais l'atmosphère était à l'optimisme. Les chefs
n'étaient pas pressés. Damaris, en mini-jupe de collégienne, apporta de la limonade et du gâteau pour fêter le
départ. Ils commentèrent l'événement du jour, que les prisonnières ignoraient : Lorenzo King Mazuera et Eduardo
Puyana, deux industriels, avaient été enlevés à Bogota,
sans doute par les Extradables. Mais ils leur rapportèrent
aussi que Pablo Escobar voulait se rendre, car il était fatigué de vivre traqué depuis si longtemps. On disait même
qu'il se cachait dans les égouts. Ils promirent de rapporter
le téléviseur et la radio le soir même pour que Maruja
puisse voir Beatriz entourée de toute sa famille.

L'analyse de Maruja semblait raisonnable. Jusqu'alors,
elle avait soupçonné que Marina avait été exécutée, mais ce
soir-là elle n'en douta plus, tant était grande la différence
entre le départ de l'une et le départ de l'autre. Les chefs ne
les avaient pas préparées plusieurs jours à l'avance au
départ de Marina. Ils n'étaient pas venus la chercher, et
s'étaient contentés d'envoyer deux hommes de main sans
aucun pouvoir, à qui ils avaient donné cinq minutes pour
exécuter leurs ordres. Les adieux à Beatriz, avec un gâteau
et des boissons, auraient été une fête macabre s'ils avaient
eu l'intention de l'assassiner. Après le départ de Marina, ils
leur avaient retiré le poste de radio et le téléviseur afin
qu'elles ne sachent rien de son exécution, alors qu'à présent ils proposaient de les rendre à Maruja pour atténuer
par une bonne nouvelle les ravages de la mauvaise. Maruja
parvint ainsi à la conclusion définitive que Marina avait
été exécutée et que Beatriz serait libérée.

Les chefs lui accordèrent dix minutes pour se préparer
pendant qu'ils allaient boire un café. Beatriz ne pouvait

chasser de son esprit l'idée qu'elle revivait la dernière nuit de Marina. Elle demanda un miroir pour se maquiller. Damaris lui en apporta un grand avec un cadre de bois sculpté de feuilles dorées. Maruja et Beatriz, après trois mois sans miroir, se précipitèrent pour s'y regarder. Ce fut une des expériences les plus dramatiques de leur captivité. Maruja eut l'impression que, si elle s'était croisée dans la rue, elle ne se serait pas reconnue elle-même. « J'ai cru devenir folle », dit-elle plus tard. « J'étais maigre, méconnaissable, comme si on m'avait grimée pour monter sur scène. » Beatriz se vit livide, avec dix kilos de moins, les cheveux longs et ternes, et s'écria épouvantée : « Ce n'est pas moi ! » Souvent, mi-sérieuse mi-moqueuse, elle avait pensé qu'elle aurait honte d'être libérée en piteux état, mais jamais elle n'avait imaginé qu'elle serait à ce point hideuse. Un des chefs alluma le spot central et l'atmosphère de la chambre se fit plus sinistre encore.

Un des geôliers tint le miroir pour que Beatriz puisse se coiffer. Elle voulut se maquiller mais Maruja l'en empêcha. « Tu n'y penses pas, dit-elle scandalisée. Tu ne vas pas te mettre ça, pâle comme tu es ? Ça va être horrible. » Beatriz l'écouta. Comme Marina, elle se parfuma avec la lotion pour homme dont Lamparón lui avait fait cadeau. Enfin, elle avala sans eau un tranquillisant.

Dans le sac de toile, avec ses affaires, il y avait les vêtements qu'elle portait le jour de l'enlèvement, mais elle préféra mettre le survêtement rose, moins usé. Elle hésita à chausser ses souliers plats, rangés sous le lit et moisis, qui, de surcroît, n'étaient pas assortis au survêtement. Damaris voulut lui donner les tennis qu'elle mettait pour faire de la gymnastique. Ils étaient à sa taille mais avaient l'air si minables, que Beatriz refusa sous le prétexte qu'ils étaient trop petits. De sorte qu'elle mit ses chaussures plates, puis elle attacha ses cheveux en queue de cheval avec un élastique. Tant de privations, comme par une ironie du sort, avaient fini par lui donner l'air d'une collégienne.

Elle n'eut pas droit à la cagoule, comme Marina, mais à des bandes de sparadrap sur les yeux pour qu'elle ne puisse reconnaître ni le visage des ravisseurs ni la route. Elle refusa, consciente qu'en les ôtant elle s'arracherait les cils et les sourcils. « Attendez, dit-elle. Je vais vous aider. » Elle posa alors sur chaque paupière un gros morceau de coton qu'ils fixèrent avec du sparadrap.

Les adieux furent rapides et sans larmes. Beatriz faillit éclater en sanglots, mais Maruja l'en empêcha avec une froideur calculée pour lui donner du courage : « Dis à Alberto qu'il ne s'inquiète pas, que je l'aime beaucoup et que j'aime beaucoup mes enfants », dit-elle. Elle l'embrassa. Ce fut un moment très dur. Pour Beatriz qui, à l'heure de vérité, était terrorisée à l'idée qu'il était peut-être plus facile de la tuer que de la libérer. Pour Maruja, tout aussi terrorisée à la pensée qu'ils pouvaient assassiner Beatriz et la laisser avec les quatre geôliers. La seule chose qui ne lui vint pas à l'esprit, c'est qu'ils puissent l'exécuter après avoir libéré Beatriz.

La porte refermée, Maruja demeura immobile, désemparée, jusqu'à ce qu'elle entende démarrer les moteurs dans le garage, puis le bruit des voitures se perdant dans la nuit. Un sentiment d'immense abandon s'empara d'elle. Alors, elle s'aperçut qu'ils n'avaient pas respecté leur promesse de lui rendre le téléviseur et le poste de radio pour qu'elle sache comment s'était achevée la nuit.

Le majordome était parti avec Beatriz, mais sa femme promit de téléphoner pour qu'on lui apporte les deux postes avant les informations de neuf heures et demie. En vain. Maruja supplia les geôliers de l'autoriser à regarder le téléviseur de la maison, mais ni eux ni le majordome n'osèrent contrevenir au règlement sur un point aussi grave. Damaris revint deux heures plus tard pour lui dire, toute joyeuse, que Beatriz était bien arrivée chez elle et qu'elle avait été très prudente dans ses déclarations, car elle n'avait rien dit qui puisse compromettre qui que ce soit. Tout la famille, et Alberto bien sûr, était autour d'elle. La maison regorgeait de monde.

Le doute que ce ne soit qu'un mensonge rongeait Maruja. Elle insista pour qu'on lui apporte un transistor. Elle perdit son sang-froid et prit les geôliers à partie, sans mesurer les conséquences de ses propos. Comme les geôliers avaient été témoins du traitement que leurs chefs avaient réservé à Maruja, ils se contentèrent de la calmer en allant réclamer une fois encore un poste de radio. Plus tard, le majordome passa la tête par la porte et lui donna sa parole qu'ils avaient déposé Beatriz saine et sauve en lieu sûr, et que tout le pays l'avait vue et entendue avec sa famille. Mais Maruja voulait un poste de radio pour entendre de ses propres oreilles la voix de Beatriz. Le majordome promit de lui en apporter un mais ne tint pas parole. A minuit, épuisée de fatigue et de colère, Maruja avala deux comprimés du barbiturique foudroyant et ne se réveilla que le lendemain matin à huit heures.

Le récit des geôliers était véridique. Ils avaient emmené Beatriz au garage après avoir traversé le patio, et l'avaient couchée sur le plancher d'une voiture, de toute évidence une Jeep car ils avaient dû l'aider à se hisser sur le marchepied. La voiture avait cahoté un moment sur un chemin accidenté. Mais dès qu'ils furent sur une route goudronnée, un homme qui voyageait près de Beatriz proféra des menaces absurdes. A la voix, elle se rendit compte qu'il était incapable de dissimuler une grande nervosité sous sa dureté, et qu'il n'était pas l'un des chefs venus dans la maison.

« Il y a beaucoup de journalistes qui vous attendent, dit l'homme. Alors faites bien attention. Un mot de trop peut coûter la vie à votre belle-sœur. Et souvenez-vous que personne ne vous a parlé, que vous n'avez vu personne, et que ce voyage a duré plus de deux heures. » Beatriz écoutait en silence les menaces que l'homme semblait réitérer non par nécessité mais pour se rassurer lui-même. Trois des voix lui étaient inconnues, la quatrième était celle du majordome qui ouvrit à peine la bouche. Soudain un frisson de terreur courut sur son corps : le plus sinistre de ses pressentiments pouvait encore se réaliser.

« Je veux vous demander un service, lança-t-elle au hasard mais d'une voix tout à fait maîtrisée. Maruja a des problèmes circulatoires et je voudrais lui envoyer des médicaments. Vous les lui ferez parvenir ?

— Affirmatif, répondit l'homme. Ne vous en faites pas.

— Merci beaucoup, dit Beatriz. Je suivrai vos instructions. Je ne vous causerai pas d'ennuis. »

Il y eut un long silence sur fond de vrombissement de voitures, de moteurs de poids lourds, de musique qui arrivait par rafales, de cris. Les hommes parlaient à voix basse. L'un d'eux s'adressa à Beatriz :

« Ici, il y a beaucoup de barrages de police. Si on nous arrête, on dira que vous êtes ma femme et, comme vous êtes très pâle, qu'on vous conduit à l'hôpital. »

Beatriz, plus rassurée, ne résista pas à la tentation de les provoquer.

« Avec ces tampons sur les yeux ?

— On vous a opérée. Vous viendrez vous asseoir à côté de moi et je vous passerai un bras autour du cou. »

L'inquiétude des ravisseurs n'était pas sans fondement. Au même moment, dans différents quartiers de Bogota, sept autobus du service public étaient en flammes sous l'effet de bombes incendiaires lancées à l'intérieur par des commandos de guérilla urbaine. Les FARC avaient aussi dynamité la centrale électrique de la commune de Cáqueza, dans les environs de la capitale, et tenté de prendre le village. Si bien qu'il y avait un peu partout dans

Bogota des opérations de police, à peine perceptibles toutefois. A dix-neuf heures, la circulation était celle d'un jeudi comme les autres : dense, bruyante, avec des feux trop lents, des coups de volant et de frein, des bordées d'injures. Même le silence des ravisseurs était tendu.

« On va vous déposer quelque part. Vous descendrez vite fait et vous compterez jusqu'à trente sans vous presser. Ensuite vous enlèverez le sparadrap, vous marcherez sans vous retourner et vous monterez dans le premier taxi. »

Elle sentit qu'ils glissaient dans sa main un billet froissé. « Pour le taxi, dit l'homme. Cinq mille. » Beatriz mit le billet dans la poche de son pantalon, où elle trouva par hasard un tranquillisant qu'elle avala. Au bout d'une demi-heure, la voiture s'arrêta. La même voix prononça la phrase finale :

« Si vous dites aux journalistes que vous étiez avec doña Marina Montoya, on tuera doña Maruja. »

Ils étaient arrivés. Les hommes se bousculèrent en voulant aider Beatriz à descendre les yeux bandés. Leur nervosité était telle qu'ils passaient les uns devant les autres et bafouillaient des ordres entrecoupés d'obscénités. Beatriz sentit la terre ferme sous ses pieds.

« C'est bon, dit-elle. Ça va aller. »

Elle demeura immobile sur le trottoir jusqu'à ce que les hommes montent dans la voiture et démarrent. Au même moment, elle entendit une autre voiture démarrer derrière eux. Elle ne respecta pas l'ordre de compter jusqu'à trente. Elle fit quelques pas, bras tendus, et se rendit compte qu'elle devait être en pleine rue. Elle arracha le sparadrap et reconnut aussitôt le quartier Normandía, parce qu'autrefois elle avait l'habitude de se rendre chez une amie bijoutière qui y habitait. Elle regarda les fenêtres éclairées en essayant d'en choisir une qui lui inspire confiance car, plutôt que de prendre un taxi dans cette tenue, elle préférait téléphoner chez elle pour qu'on vienne la chercher. Elle n'avait pas encore décidé ce qu'elle allait faire quand un taxi jaune, en très bon état, s'arrêta à sa hauteur. Le chauffeur, jeune et bien mis, demanda :

« Taxi ? »

Beatriz monta et, une fois assise, comprit qu'un taxi s'arrêtant ainsi à point nommé ne pouvait être un hasard. Cependant, la certitude que le dernier acte de son enlèvement était en train de se jouer lui procura un étrange sentiment de sécurité. Le chauffeur lui demanda où elle se rendait, et Beatriz donna l'adresse dans un murmure. Il lui reposa la question une deuxième puis une troisième fois, car il n'avait pas entendu. Alors Beatriz la répéta d'une voix normale.

Il faisait froid et le ciel était clair, étoilé çà et là. Le chauffeur et Beatriz n'échangèrent que deux ou trois mots indispensables, mais, dans le rétroviseur, il ne la lâchait pas des yeux. A mesure qu'ils approchaient de chez elle, Beatriz avait l'impression que les feux étaient plus rapprochés et plus longs. Une centaine de mètres avant d'arriver, elle demanda au chauffeur de ralentir, pour le cas où il aurait fallu semer les journalistes annoncés par les ravisseurs. Il n'y avait personne. Elle reconnut son immeuble, et s'étonna de ne pas éprouver l'émotion tant attendue.

Le compteur indiquait sept cents pesos. Comme le chauffeur n'avait pas de monnaie, Beatriz entra dans l'immeuble pour chercher de l'aide. Le vieux concierge poussa un cri et la serra dans ses bras, fou de joie. Pendant les jours interminables et les nuits atroces passés en captivité, Beatriz avait imaginé cet instant comme une secousse sismique qui soufflerait son corps et embraserait son âme. Mais elle éprouva tout le contraire : une sorte de sérénité qui laissait à peine deviner les battements ralentis et graves de son cœur comme engourdi par les tranquillisants. Elle laissa le concierge s'occuper du taxi et sonna chez elle.

Gabriel, son plus jeune fils, vint ouvrir. Son cri résonna dans tout l'appartement : « Mamaaaaan ! » Catalina, sa

fille, âgée de quinze ans, accourut en trombe et se pendit à son cou. Mais elle recula aussitôt, affolée :
« Maman, pourquoi parles-tu comme ça ? »
Ce fut l'heureux détail qui dédramatisa la scène. Il fallut plusieurs jours à Beatriz, au milieu de la multitude qui lui rendait visite, pour perdre l'habitude de parler à mi-voix.

Ils l'attendaient depuis le matin. Trois appels anonymes, sans doute des ravisseurs, avaient annoncé sa libération imminente. D'innombrables journalistes avaient téléphoné pour savoir s'ils savaient à quelle heure. Peu après midi, Alberto Villamizar avait confirmé la nouvelle que Guido Parra lui avait donnée par téléphone. La presse était sur le qui-vive. Une journaliste qui avait appelé trois minutes avant l'arrivée de Beatriz avait dit à Gabriel, sur un ton de conviction rassurante : « Ne t'inquiète pas, elle sera libérée aujourd'hui. » Gabriel avait à peine raccroché que la sonnette retentissait.

Le docteur Guerrero l'avait attendue chez les Villamizar, croyant que Maruja serait libérée elle aussi, et qu'elles arriveraient ensemble. Il patienta jusqu'au journal de dix-neuf heures en buvant trois whiskys puis, voyant qu'elles n'arrivaient pas, il crut qu'il s'agissait une fois de plus d'une fausse nouvelle comme il y en avait eu tant ces derniers jours, et il rentra chez lui. Il se mit en pyjama, se servit un whisky et chercha Radio Recuerdos pour s'endormir, bercé par les boléros. Depuis le début de son calvaire il n'avait pas ouvert un livre. Il entendit le cri de Gabriel dans un demi-sommeil.

Il sortit de la chambre avec une maîtrise de soi exemplaire. Beatriz et lui, mariés depuis vingt-cinq ans, s'étreignirent sans hâte et sans une larme, comme après un court voyage. Tous deux avaient pensé si fort à cet instant, qu'ils le vécurent comme une scène mille fois répétée, capable de bouleverser n'importe qui sauf les deux protagonistes.

Aussitôt franchi le seuil de sa maison, Beatriz se souvint

de Maruja, seule et sans nouvelles, confinée dans la pièce misérable. Elle appela Alberto Villamizar, qui décrocha au premier coup de la sonnerie et répondit d'une voix préparée à tout. Beatriz le reconnut aussitôt.

« Allô, dit-elle. C'est moi, Beatriz. »

Elle se rendit compte que son frère l'avait reconnue avant même qu'elle ne prononce un mot. Elle entendit un soupir profond et rauque, comme le souffle d'un chat, puis la question, posée sur un ton où ne perçait pas le moindre trouble.

« Où es-tu ?

— Chez moi.

— Parfait. Je suis là dans dix minutes. Surtout ne parle à personne. »

Il fut ponctuel. Le coup de téléphone de Beatriz l'avait surpris alors qu'il était sur le point de rendre les armes. Il était anxieux de voir sa sœur et d'avoir, enfin et pour la première et unique fois, des nouvelles directes de sa femme, mais surtout il voulait de toute urgence préparer Beatriz avant l'arrivée de la police et des journalistes. Son fils Andrés, dont la vocation de pilote de course ne faisait aucun doute, le conduisit en un temps record.

Les esprits s'étaient calmés. Beatriz était au salon, avec son mari, ses enfants, sa mère et ses deux sœurs, pendus à ses lèvres. Alberto la trouva pâle à cause de sa longue claustration, mais comme rajeunie avec son survêtement rose, sa queue de cheval et ses souliers plats qui lui donnaient l'air d'une jeune fille. Elle voulut pleurer, mais il l'en empêcha tant était grande sa hâte d'avoir des nouvelles de Maruja. « Je t'assure qu'elle va bien, dit Beatriz. C'est difficile mais supportable, et Maruja est très courageuse. » Alors, elle voulut avoir une réponse à la question qui la torturait depuis plus de quinze jours :

« Tu as le téléphone de Marina ? »

Villamizar pensa qu'il valait mieux lui dire la vérité :

« Elle est morte. »

Une terreur rétroactive se superposa à la douleur causée par la mauvaise nouvelle. Si Beatriz l'avait apprise deux heures plus tôt, elle n'aurait sans doute pu faire jusqu'au bout le voyage vers sa libération. Elle sanglota jusqu'à épuisement. Pendant ce temps, Villamizar prenait des précautions pour que personne ne vienne avant qu'ils aient mis au point une version de l'enlèvement et de la captivité qui ne fasse courir aucun risque aux autres otages. Les détails sur sa détention permettaient de se faire une idée de la maison qui servait de prison. Pour protéger Maruja, Beatriz devait dire à la presse que le voyage avait duré plus de trois heures et qu'elle était partie d'une région plutôt tempérée. Or, la vérité était tout autre : la distance réelle, les chemins pentus, la musique des haut-parleurs qui, les fins de semaine, hurlaient jusqu'au petit matin, le bruit des avions, le climat, tout indiquait qu'elles étaient en ville. Par ailleurs, il aurait suffi d'interroger quatre ou cinq prêtres du secteur pour découvrir quel était celui qui avait exorcisé la maison.

D'autres erreurs d'organisation, plus maladroites encore, révélaient des pistes qui auraient permis de tenter une libération par la force avec très peu de risques. Le moment propice semblait être vers six heures du matin, après la relève, quand les geôliers qui prenaient leur tour et avaient mal dormi s'écroulaient de fatigue sans se soucier de leurs armes. La topographie des lieux était tout aussi importante, en particulier la porte du patio où, un jour, elles avaient aperçu un gardien armé, et où il était plus facile d'amadouer le chien que ses aboiements ne le laissaient croire. Il était impossible de savoir si alentour il y avait un cordon de sécurité, même si le désordre qui régnait dans la maison indiquait plutôt le contraire, mais en tout cas il eût été facile de s'en assurer une fois la maison repérée. Après la tragédie de Diana Turbay, nul ne croyait qu'il était encore possible de mener avec succès une opération de commando, mais Villamizar, lui, ne renonçait pas à cette idée pour le cas où il n'y aurait plus d'autre solution. Ce fut le seul secret qu'il ne confia pas à Rafael Pardo.

Ces informations créaient à Beatriz un problème de conscience. Elle s'était engagée auprès de Maruja à ne fournir aucun indice qui puisse conduire à un coup de force. Cependant, elle prit la grave décision de les dévoiler à son frère car elle le savait conscient, comme elle et comme Maruja, des risques d'une intervention armée. D'autant que la libération de Beatriz prouvait qu'en dépit de tous les obstacles, la voie de la négociation demeurait ouverte. Si bien que le lendemain, fraîche et dispose après une bonne nuit, elle donna une conférence de presse chez son frère, où l'on pouvait à peine se frayer un chemin à travers ce qui ressemblait à un champ de fleurs. Elle donna aux journalistes et à l'opinion publique une idée réelle de l'horreur de la captivité, mais sans aucun détail qui puisse encourager ceux qui voulaient agir pour leur propre compte en mettant la vie de Maruja en danger.

Le mercredi suivant, certaine que Maruja avait entendu parler du nouveau décret, Alexandra décida de transformer son émission en une fête improvisée. Depuis plusieurs semaines, à mesure que les pourparlers avançaient, Alberto Villamizar avait entrepris de rénover l'appartement pour que son épouse, enfin libérée, le trouve plus à son goût. Il avait fait faire une bibliothèque à l'endroit où elle la voulait, changé des meubles, accroché quelques tableaux. Il avait placé bien en vue le cheval Tang que Maruja avait rapporté de Djakarta, et qui était son trophée. A la dernière minute, il s'était souvenu qu'elle s'était plainte de ne pas avoir un tapis de bain décent dans la salle de bains et il en avait acheté un neuf. La maison ainsi transformée, lumineuse, servit de décor pour une émission de télévision exceptionnelle qui devait permettre à Maruja de connaître son nouvel appartement dès avant son retour. Mais nul ne savait si elle l'avait vue.

Beatriz se remit en un rien de temps. Elle conserva dans son sac de prisonnière les vêtements qu'elle avait portés le jour de sa libération, pour mieux enfermer l'odeur déprimante de la pièce qui la réveillait encore en plein milieu de la nuit. Avec l'aide de son mari elle retrouva son équilibre psychique. Le seul fantôme qui surgit du passé fut la voix du majordome, qui l'appela deux fois au téléphone. La première, il hurla, comme désespéré :

« Le médicament, le médicament ! »

Beatriz reconnut la voix et, bien que glacée d'horreur, elle eut la force de demander, sur le même ton :

« Quel médicament ? Quel médicament ?

– Celui de madame ! »

Alors elle comprit qu'il voulait le nom du remède que Maruja prenait pour la circulation du sang.

« *Vasotón*, dit-elle. (Puis, son calme retrouvé, elle demanda :) Comment ça va ?

– Moi bien, dit le majordome. Merci.

– Non, pas vous, se reprit Beatriz. Elle.

– Ah, ça va. La dame, ça va bien. »

Beatriz raccrocha aussitôt et éclata en sanglots, prise d'une envie de vomir au souvenir atroce de la nourriture infecte, des toilettes marécageuses, des journées qui se ressemblaient toutes, de la solitude épouvantable de Maruja dans la pièce puante. Au milieu des informations sportives d'un journal télévisé, apparut une mystérieuse annonce publicitaire : *Prenez du Basotón*, avec une erreur d'orthographe pour éviter que le laboratoire ne proteste contre cet usage inexplicable du nom du produit.

Le second coup de téléphone du majordome, quelques semaines plus tard, fut très différent. Beatriz mit un certain temps à reconnaître la voix, déformée à dessein. Le ton était cette fois plutôt paternel.

« Souvenez-vous de ce que nous avions dit. Vous ne vous êtes jamais trouvée avec doña Marina. Ni avec personne.

— Entendu », dit Beatriz. Et elle raccrocha.

Guido Parra, enivré par le succès de sa médiation, annonça à Villamizar que la libération de Maruja était une question de deux ou trois jours. Villamizar le fit savoir à Maruja lors d'une conférence de presse retransmise à la radio et à la télévision. Par ailleurs, en écoutant Beatriz faire le récit de sa captivité, Alexandra eut l'assurance que ses messages parvenaient à bon port. De sorte que, lorsqu'elle interviewa Beatriz pendant une demi-heure, celle-ci put dire tout ce que Maruja brûlait de savoir : comment elle avait été libérée, comment allaient les enfants, la maison, les amis, et surtout quelles étaient ses chances d'être bientôt libre.

L'émission servit alors à donner toutes sortes de détails sur les vêtements qu'ils portaient, les courses qu'ils faisaient, les visites qu'ils recevaient. Quand quelqu'un disait : « Manuel a préparé un gigot », Maruja comprenait aussitôt que chez elle l'harmonie régnait comme avant. En dépit de la frivolité de ces informations, c'était pour elle le signe que la vie continuait.

Cependant, les jours passaient et rien n'indiquait qu'elle serait bientôt libérée. Guido Parra s'embrouillait dans de vagues explications et des prétextes puérils, refusait de répondre au téléphone, disparaissait. Villamizar le rappela à l'ordre. Parra se perdit en préambules. Il déclara que les choses étaient difficiles en raison des massacres de plus en plus fréquents perpétrés par la police dans les communes de Medellín, argua que tant que le gouvernement ne mettrait pas fin à ces méthodes barbares, personne ne serait libéré. Villamizar ne le laissa pas terminer.

« Ce n'est pas conforme à notre accord, dit-il. Tout reposait sur la modification du décret. C'est chose faite. Vous avez une dette d'honneur, et avec moi on ne triche pas.

— Vous ne savez pas comme c'est compliqué d'être l'avocat de ces gens-là, dit Guido Parra. Moi, mon problème ce n'est pas d'être ou de ne pas être payé, mais d'avoir gain de cause ou d'être un homme mort. Que voulez-vous que je fasse ?

— Arrêtez vos conneries. Qu'est-ce qui se passe ?

— Tant que les flics n'arrêteront pas de massacrer tout le monde et que les coupables ne seront pas punis, les Extradables garderont doña Maruja en otage. C'est comme ça. »

Fou de rage, Villamizar agonit Escobar d'injures et conclut :

« Et vous, foutez-moi le camp, sinon c'est moi qui vais vous faire la peau. »

Guido Parra se volatilisa. D'abord en raison de la réaction violente de Villamizar, ensuite à cause de la colère d'Escobar qui, à ce qu'on racontait, ne lui pardonnait pas d'avoir outrepassé ses fonctions de médiateur. Hernando Santos le comprit un jour qu'il entendit Guido Parra s'étrangler de terreur au téléphone en lui disant que Pablo Escobar lui avait écrit une lettre à ce point terrible qu'il n'osait même pas la lui lire.

« Cet homme est fou, dit-il. Rien ni personne ne peut le calmer et je n'ai plus qu'à disparaître de la surface de la terre. »

Hernando Santos, comprenant que cette décision le priverait de son seul contact avec Pablo Escobar, s'efforça de le convaincre de rester. En vain. Guido Parra le pria, comme un ultime service, de lui obtenir un visa pour le Venezuela et une place au Gimnasio Moderno de Bogota pour que son fils puisse y préparer son baccalauréat. La rumeur, que personne ne confirma jamais, veut qu'il se soit réfugié au Venezuela dans un couvent où l'une de ses sœurs était religieuse. On ne sut plus rien de lui jusqu'au 16 avril 1993, quand, à Medellín, on retrouva son corps et celui de son fils bachelier, dans la malle arrière d'une voiture sans plaques d'immatriculation.

Villamizar mit un certain temps à se défaire d'un terrible sentiment d'échec. Le regret d'avoir cru dans la parole d'Escobar l'accablait, et tout lui semblait perdu. Il avait tenu l'ancien Président Turbay et Hernando Santos au courant de ses négociations et ceux-ci avaient, comme lui, perdu le contact avec Escobar. Ils se voyaient presque chaque jour, et Villamizar finit par se borner à leur donner des nouvelles encourageantes, sans faire état de ses difficultés. Pendant de longues heures il tint compagnie à l'ancien Président, qui avait supporté la mort de sa fille avec un stoïcisme bouleversant. Il se replia sur lui-même, se refusa à toute déclaration, devint invisible. Hernando Santos, dont le seul espoir de voir son fils libéré reposait sur Guido Parra, tomba dans l'abattement le plus profond.

L'assassinat de Marina, la manière brutale dont il avait été annoncé et revendiqué, les poussèrent à une profonde réflexion sur ce qu'il convenait ou non de faire dorénavant. On ne pouvait plus envisager de médiation comme celle effectuée par les Notables, et cependant aucun autre intermédiaire ne semblait efficace. La bonne volonté et les méthodes indirectes n'avaient plus de sens.

Lucide, Villamizar s'ouvrit à Rafael Pardo. « Vous pouvez imaginer ce que je ressens. Depuis des années, Escobar est mon bourreau et celui de toute ma famille. Tout d'abord il me menace. Puis il tente de me supprimer dans un attentat auquel je réchappe par miracle. Il me menace encore. Il assassine Galán. Il enlève ma femme et ma sœur, et à présent il veut que je défende ses droits. » Mais c'étaient d'inutiles effusions, car le destin avait déjà décidé à sa place : l'unique façon d'obtenir la libération des otages était d'aller débusquer le lion dans sa tanière. Pour dire les choses d'une autre manière, il ne restait à Alberto Villamizar qu'une seule chose à faire, quoi qu'il advienne et coûte que coûte : prendre le premier avion pour Medellín et aller trouver Pablo Escobar pour discuter de vive voix avec lui.

# Chapitre 8

Encore fallait-il trouver Pablo Escobar dans cette ville ravagée par la violence. Au cours des deux premiers mois de 1991, mille deux cents meurtres avaient été commis, soit vingt par jour, et un massacre avait eu lieu tous les quatre jours. Un accord entre la plupart des groupes armés avait déclenché une escalade de terrorisme guérillero comme on n'en avait jamais vu dans l'histoire du pays, et Medellín était devenu le centre des actions urbaines. En quelques mois, quatre cent cinquante-sept policiers avaient été abattus. Le DAS avait révélé que, sur les deux mille habitants des communes de Medellín qui travaillaient pour Pablo Escobar, la plupart étaient des adolescents qui vivaient de la chasse aux policiers. Pour chaque officier mort ils recevaient cinq millions de pesos, pour chaque agent un million et demi, et huit cent mille pesos pour chaque policier blessé. Le 16 février 1991, trois sous-officiers et huit agents de police périrent devant les arènes de Medellín dans l'explosion d'une voiture remplie de cent cinquante kilos de dynamite. Neuf passants furent tués et il y eut cent quarante-trois blessés. Aucun d'eux n'avait quoi que ce soit à voir avec la guerre.

Pablo Escobar avait désigné le Corps d'élite, chargé de la lutte frontale contre le trafic de drogue, comme l'incarnation de tous les maux. Il avait été créé en 1989 sur l'initiative du Président Virgilio Barco, désespéré par l'impossibilité d'attribuer des responsabilités précises dans des institutions aussi lourdes que l'armée et la police. Formé par la Police nationale afin de tenir l'armée à distance des effluves pernicieux du trafic de drogue et des tentations paramilitaires, le Corps d'élite comptait à l'origine trois cents membres, disposait d'une escadrille spéciale d'hélicoptères, et était entraîné par le SAS, le *Special Air Service* britannique.

Les premières opérations eurent lieu sur le cours moyen du Magdalena, au centre du pays, alors que les groupes paramilitaires, créés par les propriétaires terriens pour lutter contre la guérilla, étaient à leur apogée. Il en émana plus tard un groupe spécialisé dans les opérations urbaines, qui s'établit à Medellín tel un bataillon de légionnaires autonome. Rattaché à la Direction nationale de la police à Bogota, sans intermédiaires à qui rendre des comptes, il se montrait peu scrupuleux sur le respect des limites de sa mission. Les criminels en furent déconcertés, ainsi que les autorités locales qui admettaient mal la présence d'une force autonome échappant à leur contrôle. Les Extradables s'acharnèrent sur ses membres et les désignèrent comme les responsables de toutes les atteintes aux droits de l'homme.

La population de Medellín, témoin de ce qui se passait dans les rues, savait qu'en dénonçant les bavures et les assassinats commis par la force publique les Extradables n'inventaient rien, même si le gouvernement refusait de les reconnaître. Les organisations de défense des droits de l'homme, nationales et internationales, protestaient sans que le gouvernement soit en mesure de leur opposer des démentis convaincants. Il fallut plusieurs mois pour que la présence d'un juge d'instruction devienne de fait obligatoire lors de toute perquisition, ce qui bureaucratisa les opérations.

En réalité, la justice était impuissante ou presque. Les juges et les magistrats, à qui leurs maigres salaires permettaient à peine de vivre et moins encore d'élever leurs enfants, se trouvèrent confrontés à une alternative tragique : ou bien ils se faisaient tuer, ou bien ils se vendaient aux barons de la drogue. Beaucoup eurent une attitude admirable et bouleversante, et préférèrent la mort.

Mais le plus caractéristique du tempérament colombien était sans doute l'étonnante capacité des gens de Medellín à s'habituer à tout, au meilleur comme au pire, à laquelle s'ajoutait une grande faculté de récupération, qui est peut-être la définition la plus cruelle de la témérité. La plupart ne semblaient pas avoir conscience d'habiter la ville autrefois la plus belle, la plus active et la plus hospitalière du pays, devenue en quelques années l'une des plus dangereuses du monde. Jusqu'alors, le terrorisme urbain n'avait été qu'une rare composante de la culture centenaire de la violence colombienne. Les guérillas historiques, après l'avoir utilisé, l'avaient condamné non sans raison comme une forme illégitime de lutte révolutionnaire. On avait appris à vivre avec la peur de ce qui se passait, mais non dans l'incertitude de ce qui pouvait encore se passer : les enfants déchiquetés par une explosion à la sortie de l'école, un avion désintégré en plein vol, un étal de marché soufflé. Les bombes perdues, qui tuaient des innocents, et les menaces anonymes au téléphone étaient le premier facteur de perturbation de la vie quotidienne. Cependant, la situation économique de Medellín n'en était pas affectée en termes statistiques.

Quelques années auparavant, les capos et autres parrains de la drogue jouissaient d'une réputation fantastique. Ils bénéficiaient d'une totale impunité et même d'un certain prestige populaire à cause de leurs bonnes œuvres dans les bidonvilles où ils avaient passé leur enfance. Pour les jeter en prison, il aurait suffi d'envoyer l'agent de police du quartier les arrêter. Mais une grande partie de la société colombienne les considérait avec une curiosité et un intérêt trop proches de la complaisance. Hommes politiques, industriels, commerçants, journalistes et même jusqu'aux simples revendeurs assistaient aux fêtes continuelles de l'hacienda Nápoles, non loin de Medellín, où Pablo Escobar entretenait un jardin zoologique peuplé de girafes et d'hippopotames en chair et en os qu'il avait fait venir d'Afrique, et à l'entrée duquel se dressait, tel un monument national, le petit avion qui avait exporté le premier chargement de cocaïne.

Grâce à sa fortune et à la clandestinité, Escobar était resté le maître des lieux, converti en une légende qui, dans l'ombre, avait la mainmise sur tout. Ses communiqués au style exemplaire et aux formules parfaites avaient fini par ressembler à la vérité au point qu'ils ne s'en distinguaient plus. Il était au faîte de sa puissance, et dans les communes de Medellín, on brûlait des cierges sur des autels où trônait son portrait. On alla jusqu'à croire qu'il accomplissait des miracles. Aucun Colombien n'avait jamais manipulé l'opinion publique avec un tel talent, et jamais personne n'avait eu un plus grand pouvoir de corruption. Le trait le plus inquiétant et le plus dévastateur de sa personnalité était son manque total de sensibilité pour distinguer le bien du mal.

Tel était l'homme invisible et improbable qu'Alberto Villamizar voulut rencontrer à la mi-février pour qu'il lui rende sa femme. Il essaya d'abord d'entrer en contact avec les trois frères Ochoa dans la prison de haute sécurité d'Itagüí. Rafael Pardo, en accord avec le Président de la République, lui avait donné le feu vert tout en lui rappelant les limites de son action : simple travail de reconnaissance, en aucun cas elle ne pourrait tenir lieu de négocia-

tion au nom du gouvernement. Aucun accord, précisa
Rafael Pardo, ne pourrait être obtenu en échange de
concessions de la part du gouvernement, lequel, cependant, souhaitait la reddition des Extradables dans le cadre
de sa politique de soumission. A partir de cette nouvelle
conception, Alberto Villamizar décida de modifier la perspective de son action et de ne plus la centrer sur la libération des otages, comme jusqu'alors, mais sur la reddition
de Pablo Escobar. La libération en serait la conséquence
directe.

C'est ainsi que commença pour Maruja une seconde
période de captivité, et pour Alberto une autre guerre. Il
est probable qu'Escobar ait eu l'intention de libérer
Maruja en même temps que Beatriz, mais la fin tragique
de Diana Turbay avait sans doute modifié ses plans. Sa
mort, dont il était responsable sans l'avoir décidée, le pri-
vait d'un atout inestimable et s'était transformée en un
désastre qui lui compliquait la vie. De surcroît, les interventions de la police connaissaient une telle recrudescence
qu'il avait dû passer à une clandestinité totale.

Après l'assassinat de Marina, Escobar disposait encore
de Diana, Pacho, Maruja et Beatriz. S'il avait décidé de
supprimer un autre otage, sans doute aurait-il désigné
Beatriz. Mais Diana morte et Beatriz libérée, il ne lui restait que Pacho et Maruja. Peut-être aurait-il préféré préserver Pacho car sa valeur d'échange était élevée, mais celle
de Maruja était devenue inestimable et imprévisible, en
raison des contacts de Villamizar et de son rôle dans la promulgation d'un décret plus explicite. Pour Escobar aussi la
médiation de Villamizar était l'unique planche de salut, et
le seul moyen de la ménager était de retenir Maruja. Escobar et Villamizar étaient condamnés l'un à l'autre.

Alberto Villamizar rendit tout d'abord visite à Nydia
Quintero, afin de connaître en détail ce qu'elle avait entrepris. Il trouva une femme généreuse, résolue, sereine dans
son grand deuil. Elle lui raconta ses conversations avec les

sœurs Ochoa, avec le vieux patriarche et avec Fabio dans la prison. Elle donnait le sentiment d'avoir assumé la mort atroce de sa fille et, dans le souvenir qu'elle gardait d'elle, il n'y avait ni douleur ni vengeance mais le souhait de servir la paix. C'est dans cet esprit qu'elle remit à Villamizar une lettre pour Pablo Escobar dans laquelle elle exprimait son désir que la mort de Diana serve à ce qu'aucun Colombien n'ait à éprouver une douleur comme la sienne. Elle reconnaissait que le gouvernement, dans sa lutte contre la criminalité, n'était pas en mesure de faire cesser les opérations contre la délinquance, mais qu'il pouvait éviter un assaut armé pour libérer les prisonniers, car les familles savaient, le gouvernement savait et tout le monde savait que si la police tombait sur les otages au hasard d'une intervention, il pourrait s'ensuivre une irréparable tragédie, comme dans le cas de sa fille. « C'est pourquoi, disait-elle dans sa lettre, je viens vous supplier, le cœur inondé de douleur, de bonté et de pardon, de libérer Francisco et Maruja.» Et elle concluait par une requête surprenante : « Donnez-moi raison quand je dis que vous ne vouliez pas la mort de Diana.» Beaucoup plus tard, alors qu'il était en prison, Escobar déclara que la lettre de Nydia, dépourvue de tout reproche et de toute rancœur, l'avait stupéfié. « Combien je regrette, écrivit alors Escobar, de ne pas avoir eu le courage de lui répondre.»

Alberto Villamizar se rendit à Itagüí pour voir les trois frères Ochoa, avec la lettre de Nydia et un mandat officieux du gouvernement. Deux membres du DAS et six gardes du corps appartenant à la police de Medellín l'accompagnaient. Les frères Ochoa venaient tout juste de s'installer dans leur prison de haute sécurité dont les murs de torchis sec rappelaient ceux d'une église inachevée. Pour les voir il fallait passer trois contrôles sévères, interminables et répétitifs. Les couloirs déserts, les escaliers étroits bordés de rampes de métal jaune conduisaient, sous la surveillance d'un système d'alarme bien visible, à un

pavillon où, au deuxième étage, les trois frères comptaient
à rebours leurs années de prison en fabriquant de magni-
fiques pièces de bourrellerie : selles, colliers, courroies de
toute sorte. La famille était au grand complet : les enfants,
les beaux-frères, les sœurs. Martha Nieves, la plus active,
et María Lía, l'épouse de Jorge Luis, recevaient selon les
règles de l'hospitalité exemplaire des Antioquiens.

Villamizar arriva à l'heure du déjeuner, qui fut servi au
fond de la cour, sous un hangar dont les murs étaient
recouverts d'affiches de vedettes de cinéma et qui abritait
des appareils de culture physique pour professionnels et
une table de douze couverts. Pour des raisons de sécurité,
les repas étaient préparés à l'hacienda voisine de La Loma,
résidence officielle de la famille, et il consista ce jour-là en
une dégustation succulente de mets régionaux. Pendant le
déjeuner, comme l'exigent les traditions antioquiennes, on
ne parla que de cuisine.

Après le repas, les pourparlers commencèrent avec toute
la solennité d'un conseil de famille. Ce ne fut pas aussi
facile que l'avait laissé présager l'harmonie du déjeuner.
Villamizar prit la parole le premier, lent, précis, didactique, laissant peu de place aux questions parce que les
réponses semblaient données à l'avance. Il fit le récit
minutieux de ses négociations et de sa rupture violente
avec Guido Parra, et conclut en affirmant sa conviction
que seul le contact direct avec Pablo Escobar pouvait sauver Maruja.

« Il faut mettre fin à cette barbarie, dit-il. Discutons
au lieu de nous enfoncer plus encore dans l'erreur. Pour
commencer, sachez qu'il n'y aura aucune tentative de libération des otages par la force. Je préfère le dialogue, savoir
de quoi il retourne, m'informer de vos exigences. »

Jorge Luis, l'aîné, parla au nom des autres. Il fit part des
déboires de sa famille dans la confusion de la « sale
guerre », des raisons et des difficultés de leur reddition, de

la crainte insoutenable que l'Assemblée constituante vote l'extradition.

« Cette guerre a été très dure pour nous, dit-il. Vous ne pouvez pas savoir combien nous avons souffert, nous, notre famille, nos amis. Nous avons tout enduré. »

Ses griefs étaient concrets : l'enlèvement de sa sœur, Martha Nieves ; l'enlèvement et l'assassinat en 1986 de son beau-frère Alonso Cárdenas ; l'enlèvement en 1983 de son oncle Jorge Iván Ochoa ; l'enlèvement et l'assassinat de ses cousins, Mario Ochoa et Guillermo León Ochoa.

Villamizar, à son tour, s'efforça de se poser, comme eux, en victime de la guerre et de leur faire comprendre que dorénavant ils étaient embarqués sur la même galère. « Ce que j'ai vécu est aussi dur que ce que vous venez de me raconter, dit-il. En 1986, les Extradables ont tenté de m'assassiner, j'ai dû partir à l'autre bout du monde où ils m'ont poursuivi, ils ont enlevé ma sœur et ma femme et ils détiennent encore cette dernière. » Il ne se plaignait pas, mais se mettait au même niveau que ses interlocuteurs.

« Trop c'est trop, conclut-il. Il est temps que nous commencions à nous entendre. »

Eux seuls parlaient. Le reste des hommes écoutait dans un silence de mort, tandis que les femmes s'affairaient autour de leur hôte sans intervenir dans la conversation.

« Nous ne pouvons rien faire, dit Jorge Luis. Doña Nydia est venue nous trouver ici même. Nous avons compris sa situation et nous lui avons dit la même chose. Nous ne voulons pas de problèmes.

— Tant que cette guerre durera, vous serez tous en danger, même entre ces quatre murs blindés, insista Villamizar. En revanche, si nous y mettons fin, votre père, votre mère et toute votre famille auront la vie sauve. Mais nous n'arriverons à rien tant qu'Escobar refusera de se livrer à la justice, et tant que Maruja et Francisco ne seront pas rentrés chez eux sains et saufs. S'ils meurent, vous, vos familles, tout le monde en subira les conséquences. »

L'entrevue dura trois longues heures pendant lesquelles chacun fit preuve d'une grande maîtrise de soi et parvint à marcher sur une corde raide sans jamais tomber dans l'abîme. Villamizar apprécia le réalisme très antioquien des Ochoa, et ceux-ci furent impressionnés par la franchise de leur visiteur et sa façon d'aborder tous les sujets dans leurs moindres détails. Ils avaient vécu à Cúcuta, le pays de Villamizar, où ils connaissaient beaucoup de gens avec qui ils s'entendaient bien. A la fin, les deux autres frères se montrèrent plus bavards et Martha Nieves détendit l'atmosphère par ses traits d'esprit. Les hommes qui, au début, semblaient tout à fait décidés à ne pas intervenir dans une guerre dont ils croyaient avoir réchappé revinrent peu à peu sur leur position.

« D'accord, conclut Jorge Luis. On fera passer le message à Pablo et on lui dira que vous êtes venu nous voir. Mais je vous conseille d'aller trouver mon père. Il est à La Loma et il sera très heureux de s'entretenir avec vous. »

Villamizar se rendit donc à l'hacienda avec la famille au grand complet et les deux agents du DAS de Bogota, mais sans les autres gardes du corps, car les Ochoa trouvaient l'ensemble du dispositif de sécurité trop visible. Arrivés à l'entrée de la propriété, ils marchèrent environ un kilomètre sur une allée plantée d'arbres touffus et bien taillés. Soudain, plusieurs hommes qui ne semblaient pas armés barrèrent la route aux deux agents, et les invitèrent à prendre une autre direction. Il y eut un instant de tension, mais les hommes de la maison calmèrent les deux étrangers en employant des manières courtoises et de bons arguments.

« Venez par ici manger quelque chose, leurs dirent-ils, le temps que votre patron s'entretienne avec don Fabio. »

L'allée débouchait sur un rond-point en face duquel se dressait une grande maison bien entretenue. Le vieux patriarche attendait son visiteur sur la terrasse d'où l'on voyait des pâturages s'étendre à perte de vue. A ses côtés se tenait le reste de la famille, des femmes presque toutes en deuil de leurs parents morts à la guerre. C'était l'heure de la sieste, mais il y avait abondance de mets et de boissons.

A l'instant même où Alberto Villamizar salua don Fabio, il comprit qu'on lui avait déjà rapporté tout ce qui s'était dit dans la prison. Les préambules furent écourtés d'autant, et Villamizar se contenta de répéter que la recrudescence de la guerre ne ferait que nuire plus encore à sa famille, qui était nombreuse et prospère, et sur laquelle ne pesait aucune accusation d'homicide ou de terrorisme. Certes, trois de ses fils étaient en sécurité, mais nul ne pouvait présager de l'avenir. De sorte que la paix les concernait au premier chef mais serait impossible tant que Pablo Escobar ne suivrait pas l'exemple des fils de don Fabio.

Celui-ci l'écouta avec une attention soutenue, approuvant par de légers hochements de tête ce qui lui semblait juste. Puis, par quelques phrases concises et lapidaires, il révéla en cinq minutes le fond de sa pensée. Tout ce que l'on pourrait faire, dit-il, ne servirait de rien tant que l'on ne parviendrait pas au plus important : négocier avec Escobar lui-même. « Il faut commencer par là », affirmat-il, avant d'ajouter que Villamizar était la personne indiquée pour tenter de le faire, car Escobar n'avait confiance que dans les hommes qui n'ont qu'une parole.

« Vous êtes de ceux-là, conclut don Fabio. Mais encore faut-il pouvoir le démontrer. »

La visite, qui avait commencé à la prison à dix heures du matin, s'acheva à six heures du soir à La Loma. Elle avait permis de briser la glace entre Villamizar et la famille Ochoa, qui était d'accord pour essayer, avec le consentement du gouvernement, de convaincre Pablo Escobar de se livrer à la justice. Ce succès encouragea Villamizar à faire part de ses impressions au Président Gaviria. Mais en arrivant à Bogota, il apprit que le Président en personne venait d'être frappé par l'enlèvement d'un de ses proches.

En effet : Fortunato Gaviria Botero, cousin germain et ami d'enfance du Président, avait été enlevé dans sa propriété de Pereira par quatre hommes cagoulés et armés de fusils. Le Président confirma pourtant sa participation à un conseil régional de gouverneurs, dans l'île de San Andrés, et partit le vendredi soir sans savoir si les ravisseurs de son cousin étaient ou non les Extradables. Le samedi matin, il se leva très tôt pour faire de la plongée sous-marine et quand il remonta, on lui apprit que Fortunato avait été assassiné. Les ravisseurs, qui n'étaient pas des narco-trafiquants, l'avaient enseveli en cachette à même une fosse creusée au milieu d'un champ. L'autopsie révéla qu'il avait de la terre dans les poumons, ce qui signifiait que ses ravisseurs l'avaient enterré vivant.

La première réaction du président fut d'annuler le conseil et de rentrer aussitôt à Bogota, mais les médecins l'en dissuadèrent. En effet, il est conseillé d'attendre vingt-quatre heures avant de monter dans un avion quand on est resté plus d'une heure soixante pieds sous l'eau. Gaviria obtempéra, et le pays le vit à la télévision présider le conseil, la mine lugubre. Mais à quatre heures de l'après-midi, il passa outre aux recommandations médicales et rentra à Bogota pour organiser les funérailles de son cousin. Quelque temps plus tard, en évoquant cette journée comme l'une des plus difficiles de sa vie, il déclara avec un humour acerbe :

« J'étais le seul Colombien qui ne pouvait se plaindre auprès du Président de la République. »

Aussitôt après avoir déjeuné avec Villamizar, Jorge Luis Ochoa avait envoyé de la prison une lettre à Pablo Escobar pour tenter de le rallier à l'idée de la reddition. Il décrivit Villamizar comme un Santanderien sérieux, digne de foi et

de confiance. La réponse d'Escobar ne se fit pas attendre :
« Je ne veux rien savoir de ce fils de pute.

» Martha Nieves
et María Lía appelèrent aussitôt Villamizar et, malgré la
mauvaise nouvelle, elles le prièrent de revenir à Medellín
pour essayer de trouver une autre voie. Il s'y rendit sans
gardes du corps, prit un taxi à l'aéroport jusqu'à l'Hôtel
Intercontinental où, quinze minutes plus tard, un chauffeur de la famille Ochoa vint le chercher. C'était un Antioquien d'une vingtaine d'années, sympathique et drôle, qui
l'observa un long moment dans le rétroviseur. A la fin il
lui demanda :

« Vous avez peur ? »

Villamizar se contenta de sourire dans le miroir.

« Ne vous en faites pas, *doctor*, reprit le garçon. (Et il
ajouta avec un brin d'ironie :) Avec nous, vous ne risquez
rien, voyons ! »

La plaisanterie donna à Villamizar une confiance et une
assurance qu'il ne perdit à aucun moment lors des nombreux voyages qu'il entreprit par la suite. Il ne sut jamais
si on l'avait suivi, même lorsque les événements prirent
une tournure plus décisive, mais il se sentit toujours pro-
tégé par un pouvoir surnaturel.

Escobar, semblait-il, ne s'estimait pas redevable envers
Villamizar du décret qui avait signifié un premier pas
capital vers la non-extradition. Sans doute considérait-il,
en faisant au centime près des comptes d'harpagon, qu'il
l'avait payé de retour en libérant Beatriz mais que la dette
historique demeurait intacte. Pourtant, la famille Ochoa
pensait que Villamizar devait insister.

Si bien qu'il décida d'ignorer les insultes et d'aller de
l'avant. Les Ochoa le soutinrent. Il revint les voir deux ou
trois fois, et ensemble ils mirent au point une stratégie.
Jorge Luis envoya une autre missive à Pablo Escobar, dans
laquelle il affirmait que toutes les garanties de sa reddition
étaient réunies, qu'il aurait la vie sauve et ne serait en
aucun cas extradé. Escobar ne répondit pas. Alors ils déci-

dèrent que Villamizar devait expliquer lui-même sa situation à Escobar et lui faire part de ses propositions.

Villamizar écrivit la lettre le 4 mars, dans la cellule des Ochoa, assisté de Jorge Luis qui lui indiquait ce que l'on pouvait dire et ce qu'il valait mieux taire. Villamizar commençait par reconnaître que le respect des droits de l'homme était une condition fondamentale pour parvenir à la paix. « Il est un fait, cependant, qu'on ne saurait ignorer : ceux qui portent atteinte aux droits de l'homme n'ont pas de meilleure excuse pour continuer de le faire que de reprocher aux autres ces mêmes atteintes. » Cet état de choses entravait les actions menées de part et d'autre, et réduisait à néant ce que lui-même avait obtenu ces derniers mois en se battant pour faire libérer sa femme. La famille Villamizar était victime d'une violence acharnée, dont elle n'était en rien responsable : l'attentat perpétré contre lui, l'assassinat de son beau-frère Luis Carlos Galán, l'enlèvement de sa femme et de sa sœur : « Ma belle-sœur, Gloria Pachón de Galán, et moi-même, ajoutait-il, ne pouvons ni comprendre ni accepter tant d'agressions injustifiées et gratuites. » La libération de Maruja et des autres journalistes était au contraire indispensable au rétablissement d'une paix véritable en Colombie.

Deux semaines plus tard, Escobar envoya une réponse dont la première ligne claquait comme un coup de fouet : « Mon cher *doctor*, je suis tout à fait navré mais je ne puis vous satisfaire. » Il savait, disait-il, que certains élus proches du gouvernement proposeraient à la Constituante, avec l'aval des familles, de retirer de l'ordre du jour la question de l'extradition si les otages n'étaient pas libérés. Escobar considérait cette position comme inacceptable, car les enlèvements n'avaient pas eu pour objectif de faire pression sur l'Assemblée, puisqu'ils avaient eu lieu avant les élections. En tout cas, il se permit de lancer à ce propos un avertissement qui donnait la chair de poule : « Souvenez-vous, cher *doctor* Villamizar, que l'extradition a fait de nombreuses victimes et que deux de plus ne changeront pas grand-chose au processus de paix ni à la lutte que nous avons menée. »

La menace était gratuite, car Escobar n'avait plus mentionné l'extradition comme un *casus belli* depuis que le décret l'avait exclue pour tous ceux qui se livreraient à la justice, mais il avait au contraire centré son argumentation sur les atteintes aux droits de l'homme commises par les forces spéciales qui le combattaient. C'était là sa stratégie majeure : gagner du terrain en remportant quelques batailles, et continuer la guerre pour des motifs qu'il pouvait varier à l'infini sans avoir à se rendre.

En effet, dans sa lettre, il s'accordait avec Villamizar pour dire que la guerre qu'ils menaient tous deux afin de protéger leurs familles était la même, mais il persistait à dénoncer les membres du Corps d'élite comme les meurtriers impunis de quatre cents garçons des communes de Medellín. Ces assassinats, écrivait-il, justifiaient l'enlèvement des journalistes comme un moyen de pression pour obtenir que les policiers responsables soient sanctionnés. Il se montrait surpris qu'aucun fonctionnaire n'ait essayé d'entrer en contact personnel avec lui au sujet des otages. En tout cas, poursuivait-il, les appels et autres pétitions en faveur de la libération des otages seraient inutiles tant que la vie des familles et des compagnons des Extradables serait en jeu. Et il concluait : « Si le gouvernement n'intervient pas et n'écoute pas nos propositions, nous exécuterons Maruja et Francisco, n'ayez aucun doute là-dessus. »

La lettre prouvait en tout cas qu'Escobar cherchait le contact avec des émissaires du gouvernement. Sa reddition, qu'il n'écartait pas, serait plus difficile qu'on le croyait, et il était décidé à la faire payer au prix fort, sans aucune ristourne d'ordre sentimental. C'est ce que comprit Villamizar qui, dans la semaine, alla trouver le Président de la République et lui brossa le tableau de la situation. Le Président se contenta d'en prendre bonne note.

Villamizar se rendit aussi chez le Procureur général pour tenter de trouver d'autres moyens d'action au vu de la nouvelle situation. L'entretien fut très positif. Le Procureur lui dit qu'il publierait à la fin de la semaine un rapport sur la mort de Diana Turbay, dans lequel la responsabilité de la police était clairement établie, car elle avait agi sans ordres et avec imprudence, et qu'il avait inculpé trois officiers appartenant au Corps d'élite. Il révéla aussi à Villamizar qu'il avait ouvert une enquête sur onze agents, accusés sous leurs véritables noms et prénoms par Escobar, et qu'il les avait inculpés.

Ce qui fut fait. Le 3 avril, le Président de la République reçut du Parquet général de la nation un rapport sur les circonstances dans lesquelles Diana Turbay avait trouvé la mort. L'opération, disait le rapport, avait été planifiée dès le 23 janvier, quand les services de renseignement de la police de Medellín avaient reçu des appels anonymes dénonçant la présence d'hommes armés sur les hauteurs de la municipalité de Copacabana. Selon ces appels, l'activité était concentrée dans la région de Sabaneta et en particulier dans les propriétés de Villa del Rosario, La Bola et Alto de la Cruz. Un des coups de téléphone laissait entendre que les journalistes enlevés s'y trouvaient et peut-être aussi *el Doctor*, c'est-à-dire Pablo Escobar lui-même. Ce dernier renseignement figure dans le rapport sur la base duquel les opérations de commando furent déclenchées le lendemain, mais il n'y est fait mention nulle part de la présence des journalistes. Le major général Miguel Gómez Padilla, directeur de la Police nationale, avait déclaré avoir été informé le 24 janvier dans l'après-midi que le lendemain aurait lieu une opération de contrôle, de recherche et de vérifications « pouvant aboutir à la capture de Pablo Escobar et d'un groupe de narcotrafiquants ». Mais l'éventualité de trouver les deux otages, Diana Turbay et Richard Becerra, n'avait, semble-t-il, pas été évoquée.

L'opération avait commencé le 25 janvier à onze heures du matin, quand, à Medellín, le capitaine Jairo Salcedo García avait quitté l'école Carlos Holguín avec sept officiers, cinq sous-officiers et quarante agents. Une heure plus tard, c'était le tour du capitaine Eduardo Martínez Solanilla, qui était accompagné de deux officiers, deux sous-officiers et soixante et un agents. Le rapport du Procureur général signalait que le nom du capitaine Helmer Ezequiel Torres Vela ne figurait pas sur la feuille de sortie, alors qu'il avait été chargé de conduire l'opération de La Bola, où en réalité se trouvaient Diana et Richard. Mais dans sa déposition devant le Parquet national, le capitaine confirma qu'il était bien parti à onze heures du matin avec six officiers, cinq sous-officiers et quarante agents. L'ensemble de l'opération avait été surveillé par quatre hélicoptères de combat.

Les perquisitions à Villa del Rosario et à Alto de la Cruz eurent lieu sans incidents. Vers treize heures, l'ordre fut donné de perquisitionner la propriété de La Bola. Le sous-lieutenant Iván Díaz Alvarez raconta qu'il descendait du plateau où l'avait déposé l'hélicoptère quand il avait entendu des coups de feu à flanc de montagne. Il avait couru dans cette direction et aperçu neuf ou dix hommes armés de fusils et de pistolets-mitrailleurs qui prenaient la fuite. « Nous sommes restés là quelques minutes pour voir d'où venait cette attaque, déclara le sous-lieutenant, lorsque nous avons entendu en contrebas quelqu'un qui appelait au secours. » Le sous-lieutenant ajouta qu'il s'était aussitôt précipité en bas de la pente et s'était retrouvé face à face avec un homme qui avait crié « S'il vous plaît, à l'aide ». Le sous-lieutenant avait alors répliqué « Halte-là, qui êtes-vous ? » Et l'homme avait répondu qu'il était Richard, le journaliste, et qu'il avait besoin d'aide parce que Diana Turbay était blessée. Le sous-officier ajouta qu'il lui avait aussitôt demandé, sans même réfléchir « Où est Pablo ? » et que Richard avait répondu : « Je ne sais pas, mais je vous en supplie aidez-moi. » Alors, sachant qu'il n'y avait pas de danger, le militaire s'était approché et avait été rejoint par plusieurs hommes de son groupe. Et le lieutenant de conclure : « Nous avons été très surpris de voir les journalistes devant nous, car notre objectif n'était pas de les trouver. »

Cette déposition coïncide presque point par point avec celle que fit Richard Becerra devant le Parquet national. Plus tard, celui-ci fournit d'autres détails et déclara avoir vu l'homme qui avait tiré sur lui et sur Diana, debout, mains en avant vers la gauche, à une quinzaine de mètres. « Quand les coups de feu se sont arrêtés, conclut Richard, j'étais déjà à terre. »

Au sujet de l'unique balle qui avait tué Diana, l'expertise balistique montra qu'elle avait pénétré par la région iliaque gauche et suivi une trajectoire allant vers le haut et vers la droite. L'examen des lésions histologiques prouva qu'il s'agissait d'un projectile à haute vélocité, deux à trois mille pieds par seconde, c'est-à-dire environ trois fois la vitesse du son. On ne put le retrouver car il s'était fragmenté en trois parties, ce qui avait allégé son poids et modifié sa forme, et il n'en restait qu'un fragment irrégulier qui avait poursuivi sa trajectoire en provoquant des lésions mortelles. Il est presque sûr que c'était une balle de calibre 5,56, sans doute tirée par un fusil-mitrailleur présentant des caractéristiques proches sinon identiques à celles d'un AUG autrichien trouvé sur les lieux, et qui n'était pas une arme réglementaire de la police. Une note en marge du rapport d'autopsie précisait : « L'espérance de vie de Diana était d'une quinzaine d'années. »

Le fait le plus mystérieux de cette opération reste toutefois la présence d'un civil avec des menottes dans l'hélicoptère qui avait servi à transporter Diana à Medellín. Deux policiers s'accordèrent pour dire que c'était un paysan âgé de trente-cinq à quarante ans, robuste, la peau brune, les cheveux courts, mesurant un mètre soixante-dix environ et qui, ce jour-là, portait une casquette de toile. Ils ajoutèrent qu'ils l'avaient arrêté pendant l'opération et qu'ils essayaient de vérifier son identité quand les coups de feu avaient éclaté, si bien qu'ils avaient dû lui passer les menottes et l'emmener avec eux jusqu'à l'endroit où se trouvaient les hélicoptères. L'un des policiers précisa qu'ils l'avaient confié au sous-lieutenant, lequel l'avait interrogé en leur présence et remis en liberté non loin de l'endroit où ils l'avaient appréhendé. « Cette personne n'avait rien à voir avec les faits, dirent-ils, car les coups de feu venaient d'en bas et il était en haut avec nous. » Ces témoignages excluent la possibilité que l'homme soit monté à bord de l'hélicoptère, ce que contredit l'équipage. D'autres déclarations apportèrent des précisions. Le caporal-chef Luis Carlos Ríos Ramírez, artilleur de l'hélicoptère, était certain que l'homme était monté à bord et qu'on l'avait ramené le jour même dans la zone des opérations.

Le 26 janvier, le mystère n'avait toujours pas été élucidé, quand on trouva le cadavre d'un certain José Humberto Vázquez Muñoz dans la commune de Girardota, près de Medellín. Il avait été abattu de trois balles de 9 millimètres tirées dans le thorax et de deux autres balles dans la tête. Il figurait dans les fichiers des services secrets comme membre du cartel de Medellín, avec de graves antécédents. Les enquêteurs inscrivirent sur sa photo le chiffre 5, la mêlèrent à celles d'autres criminels notoires, et les montrèrent toutes ensemble aux journalistes qui avaient été détenus avec Diana Turbay. Hero Buss déclara : « Je n'en reconnais aucun, mais je crois bien que le numéro cinq ressemble à un tueur que j'ai aperçu quelques jours après notre enlèvement. » Azucena Liévano déclara aussi que l'homme sur la photo numéro cinq ressemblait, moustaches en moins, à l'un des geôliers qui montaient la garde, la nuit, dans la maison où elle avait passé avec

Diana les premiers jours de leur détention. Richard Becerra reconnut à son tour l'homme de la photo numéro cinq comme celui qui avait les menottes dans l'hélicoptère, mais il ajouta : « Je crois que c'est lui à la forme du visage, mais je n'en suis pas sûr. » Orlando Acevedo le reconnut lui aussi.

Enfin, l'épouse de Vázquez Muñoz, après avoir identifié le cadavre, déclara sur l'honneur que le 25 janvier 1991 à huit heures du matin son mari était sorti de chez lui pour prendre un taxi, quand deux hommes motorisés et en uniforme de la police, et deux autres en civil, l'avaient arrêté et poussé dans une voiture. Il était parvenu à crier son nom : « Ana Lucía. » On ne put cependant retenir sa déclaration car il n'y avait pas d'autres témoins.

« En conclusion, disait le rapport du Procureur général, et compte tenu des preuves apportées, on peut affirmer qu'avant de réaliser l'opération contre la propriété La Bola, plusieurs membres de la police nationale chargés de l'intervention avaient appris du sieur Vázquez Muñoz, qu'ils tenaient en leur pouvoir, que des journalistes séquestrés se trouvaient sur les lieux, et il est probable qu'après les événements ils l'aient abattu. » Deux autres personnes furent trouvées mortes sur les mêmes lieux sans qu'aucune explication ait pu être fournie.

Le bureau des enquêtes spéciales conclut que rien ne permettait d'affirmer que le général Gómez Padilla ou d'autres responsables de la direction de la Police nationale avaient été au courant des préparatifs. L'arme qui avait provoqué les lésions ayant entraîné la mort de Diana n'avait pas été utilisée par un membre du corps spécial de la Police nationale de Medellín. Les membres du groupe d'intervention de La Bola devraient répondre de la mort de trois personnes dont les corps avaient été retrouvés sur les lieux. Enfin, une enquête disciplinaire avait été ouverte contre le juge d'instruction militaire n° 93, Diego Rafael de Jesús Coley Nieto, et contre sa secrétaire, en raison d'irrégularités sur le fond et dans la procédure, ainsi que contre les agents du DAS de Bogota.

Une fois le rapport rendu public, Villamizar se sentit autorisé à écrire à Escobar une seconde lettre. Il la lui fit parvenir, comme d'habitude par l'intermédiaire des frères Ochoa, en même temps qu'une lettre pour Maruja qu'il le priait de lui faire remettre. Il profita de l'occasion pour donner à Escobar une explication didactique sur les trois pouvoirs de l'Etat, exécutif, législatif et judiciaire, et pour lui faire comprendre qu'il était très difficile au Président, dans le cadre de la légalité et de la Constitution, de contrôler tous les corps de l'armée, nombreux et complexes. Cependant, il donnait raison à Escobar de dénoncer les atteintes aux droits de l'homme commises par les forces de l'ordre et de vouloir à tout prix obtenir des garanties pour lui, sa famille et ses gens, une fois qu'ils se seraient rendus. « Je partage votre opinion, disait-il, selon laquelle la lutte que nous menons vous et moi est de même nature : nous voulons sauver la vie de nos proches et la nôtre, et obtenir la paix. » Sur la base de ces deux objectifs, il lui proposait d'adopter une stratégie commune.

Escobar lui répondit quelques jours plus tard, vexé d'avoir reçu une leçon de droit. « Je sais que le pays est divisé en Président, Congrès, police, armée, écrivit-il. Mais je sais aussi que c'est le Président qui commande. » Le reste s'étalait sur quatre feuillets qui réitéraient ses plaintes contre les exactions de la police, et apportaient quelques faits nouveaux mais pas d'argument décisif. Escobar niait que les Extradables aient tué Diana Turbay ou qu'ils aient même eu l'intention de le faire parce que, si tel avait été le cas, ils l'auraient exécutée à l'intérieur de la maison et ne l'auraient pas habillée de noir afin de la faire passer pour une paysanne. « Morte, sa valeur en tant qu'otage est nulle », ajoutait-il. Et sans formule de courtoisie, sans même une phrase de transition, il concluait par ces mots pour le moins insolites : « Ne vous inquiétez pas d'avoir déclaré à la presse que vous vouliez mon extradition. Je sais que tout finira bien et que vous ne me garderez pas rancune, parce que votre combat pour défendre votre famille est le même que celui que je mène pour défendre la mienne. » Villamizar recoupa cette phrase avec une phrase précédente d'Escobar, qui exprimait sa honte de retenir Maruja en otage car ce n'était pas à elle qu'il en voulait mais à son mari. Villamizar lui avait écrit la même chose, en employant d'autres termes : « S'il s'agit d'un duel entre vous et moi, comment se fait-il que vous reteniez ma femme prisonnière ? » Il s'offrit alors en échange de Maruja pour pouvoir négocier seul à seul avec lui. Escobar refusa.

A cette date, Villamizar s'était déjà rendu plus de vingt fois à la prison des Ochoa. Il y dégustait les délices de la cuisine locale, que les femmes de La Loma apportaient en prenant d'infinies précautions contre un possible attentat. Tout au long de cette période, ils apprirent à se connaître, à entrer en confiance, et les meilleurs moments furent sans doute ceux qu'ils consacrèrent à démêler dans chaque phrase ou dans chaque geste les intentions secrètes d'Escobar. Pour rentrer à Bogota, Villamizar prenait en général le dernier vol du pont aérien. Son fils Andrés l'attendait à l'aéroport et lui tenait souvent compagnie avec de l'eau minérale, tandis qu'il se détendait en buvant un verre d'alcool. Il avait tenu sa promesse de ne plus se montrer en public et de ne plus voir ses amis. Lorsque la tension était trop forte, il sortait sur la terrasse et passait des heures à regarder dans la direction où il croyait que Maruja se trouvait, et pendant des heures il lui envoyait des messages par la pensée, jusqu'à ce que le sommeil ait raison de lui. A six heures du matin il était de nouveau sur pied, prêt à tout reprendre à zéro. Quand une de ses lettres recevait une réponse ou qu'il y avait quelque chose d'important, Martha Nieves ou María Lía l'appelait et une seule phrase suffisait :

« *Doctor* : demain à dix heures. »

Entre deux appels téléphoniques il se consacrait à la campagne télévisée *Colombia los Reclama*, diffusée à partir des renseignements fournis par Beatriz sur sa vie en captivité. L'idée était de Nora Sanín, directrice d'Asomedios, l'Association nationale des médias, et la réalisation incombait à María del Rosario Ortiz, une grande amie de Maruja et nièce d'Hernando Santos, et à une équipe composée de son mari, publicitaire, de Gloria Pachón de Galán, la sœur de Maruja, et de toute la famille : Monica, Alexandra, Juana et leurs frères et sœurs.

L'émission consistait en un défilé quotidien de vedettes de cinéma, de théâtre, de télévision, du football, du monde scientifique et politique qui, dans un même message, exigeaient la libération des otages et le respect des droits de l'homme. Dès le premier jour, l'émission connut un succès retentissant auprès de l'opinion publique. Alexandra parcourait le pays d'un bout à l'autre avec un cameraman à la poursuite de stars. Pendant les trois mois que dura la campagne, une cinquantaine de personnalités apparurent ainsi sur le petit écran. Mais Escobar restait de glace. Quand le claveciniste Rafael Puyana déclara qu'il était capable de lui demander à genoux la libération des otages, Escobar répondit : « Trente millions de Colombiens peuvent venir me supplier à genoux, je ne les relâcherai pas. » Cependant, dans une lettre à Villamizar, il fit l'éloge de l'émission, moins parce qu'elle exigeait la remise en liberté des prisonniers que parce qu'elle défendait les droits de l'homme.

L'aisance avec laquelle les filles de Maruja et leurs invités défilaient sur les écrans de télévision inquiétait María Victoria, l'épouse de Pacho Santos, trop timide pour se produire sur scène. Les micros qui surgissaient devant elle à l'improviste, la lumière impudique des projecteurs, l'œil inquisiteur des caméras et les sempiternelles questions qui appelaient de non moins sempiternelles réponses lui donnaient des nausées qu'elle ne retenait qu'à grand-peine quand la panique s'emparait d'elle. Le jour de son anniversaire, la télévision lui consacra un reportage au cours duquel Hernando Santos, son beau-père, s'exprima avec une faconde toute professionnelle, puis la prit par le bras en disant « C'est à vous ». Elle avait presque toujours réussi à se dérober mais les rares fois où elle dut faire face la peur la pétrifia, et par la suite elle se sentit idiote et ridicule en se voyant à l'écran et en s'écoutant.

Contre toute attente, elle réagit à cette servitude sociale en suivant des cours de direction d'entreprise et de journalisme. Elle décida de mener sa vie comme elle l'entendait, de s'amuser, d'accepter les invitations qu'auparavant elle détestait, de se rendre à des conférences et au concert. Elle s'habilla de couleurs gaies, prit l'habitude de se coucher à des heures indues, et finit ainsi par vaincre son image de veuve affligée. Hernando et ses meilleurs amis la comprenaient, et ils la défendaient et l'aidaient à surmonter l'épreuve à sa manière. Mais les sanctions ne se firent pas attendre. Elle apprit que, parmi ceux qui la félicitaient au grand jour, beaucoup la critiquaient dans son dos. Elle recevait des gerbes de roses anonymes, des boîtes de chocolat sans carte de visite, des déclarations d'amour mystérieuses. Elle se berça d'illusions, croyant qu'il s'agissait de son mari qui, dans sa solitude, avait peut-être réussi à se frayer un chemin secret jusqu'à elle. Mais l'amoureux finit par se faire connaître au téléphone : un maniaque. Une femme lui fit, aussi au téléphone, une déclaration sans détours : « Je suis folle de vous. »

Pendant ces mois de liberté créative, Mariavé rencontra par hasard une voyante de ses amies, qui lui avait prédit le destin tragique de Diana Turbay. Elle prit peur à la seule idée d'une sinistre prédiction, mais la voyante la rassura. Au début du mois de février elle la croisa de nouveau, et la voyante lui dit à l'oreille, comme en passant et sans attendre aucun commentaire en retour : « Pacho est vivant. » Elle était si sûre d'elle que Mariavé la crut comme si elle avait vu son mari de ses propres yeux.

En ce mois de février, tout laissait croire qu'Escobar n'avait aucune confiance dans les décrets, même quand il disait le contraire. Il était d'un naturel méfiant et se plaisait à répéter qu'il lui devait d'être toujours en vie. Il ne déléguait jamais l'essentiel. Stratège imprévisible et manipulateur d'information sans pareil, il était son propre chef militaire, son propre chef de renseignement, d'espionnage et de contre-espionnage. En cas de danger extrême, il changeait chaque jour les huit hommes de sa garde personnelle. Il était un expert en technologies de communication, savait mettre des lignes téléphoniques sur écoutes et organiser des filatures. Il employait des gens dont le travail était d'échanger au téléphone des propos de fous, afin que les services des écoutes téléphoniques s'embourbent dans des mangroves de stupidités et ne puissent distinguer les faux messages des vrais. Quand la police mit deux numéros de téléphone à la disposition du public pour que les gens puissent communiquer des renseignements sur l'endroit où il se trouvait, il engagea des collèges entiers dont les enfants se substituèrent aux délateurs et occupèrent toutes les lignes vingt-quatre heures sur vingt-quatre. Ses ruses pour ne laisser aucune trace de ses faits et gestes étaient infinies. Il ne prenait conseil de personne, dictait des stratégies légales à ses avocats qui n'avaient plus qu'à leur donner une consistance juridique.

Son refus de recevoir Villamizar obéissait à la crainte qu'on ait glissé sous la peau de ce dernier un dispositif électronique qui permettrait de le suivre à distance. Un minuscule émetteur radio à pile microscopique, dont les signaux peuvent être captés à une très longue distance par un récepteur spécial, un radiogoniomètre, qui permet de détecter par ordinateur l'endroit approximatif où le signal a été émis. Escobar croyait à ce point à la sophistication de ces appareils qu'il ne trouvait pas invraisemblable que quelqu'un pût en porter un sous la peau. Le goniomètre sert aussi à déterminer les fréquences d'une station de radio, d'une ligne téléphonique ou d'un téléphone portable. C'est la raison pour laquelle Escobar téléphonait très peu, et quand il le faisait c'était presque toujours d'un véhicule en marche. Il se servait de messagers pour envoyer des billets. S'il devait voir quelqu'un, ce n'était jamais son interlocuteur qui se déplaçait pour le voir, mais lui qui se rendait là où se trouvait la personne avec qui il avait rendez-vous. Et lorsque la réunion avait pris fin, nul ne savait où il allait ni par quel chemin. Il lui arrivait aussi de passer d'un extrême à l'autre et, par exemple, d'utiliser un autobus du service public portant de fausses plaques d'immatriculation, qui suivait le trajet réglementaire mais ne respectait pas les arrêts car il était bondé de gardes du corps. Comme il se doit, une des distractions d'Escobar était de le conduire lui-même de temps à autre.

En février, tout semblait indiquer que l'Assemblée constituante se prononcerait en faveur de la non-extradition et de l'amnistie. Escobar le savait et concentra ses forces pour obtenir l'une et l'autre, délaissant ses attaques contre le gouvernement. En réalité, Gaviria était plus coriace qu'il ne l'avait d'abord supposé. A la direction des affaires criminelles, tout ce qui se rapportait aux décrets de soumission à la justice avait été préparé, et le ministre de la Justice était prêt à examiner tout problème juridique qui se poserait en urgence. Villamizar, pour sa part, agissait seul à ses risques et périls mais, grâce à son étroite collaboration avec Rafael Pardo, le gouvernement gardait ouverte une porte qui ne le compromettait en rien et lui était utile pour aller de l'avant sans négocier. Sans doute Escobar comprit-il que Gaviria ne nommerait jamais de médiateur officiel pour engager des pourparlers – son rêve le plus cher –, et nourrit-il alors l'espoir que l'Assemblée constituante concéderait l'amnistie au trafiquant repenti ou au membre présumé d'un quelconque groupe armé. Ce n'était pas un calcul insensé. Avant la réunion de la Constituante, les partis politiques avaient mis à l'ordre du jour un nombre limité de questions, et le gouvernement, arguments juridiques à l'appui, réussit à ne pas y faire figurer celle de l'extradition, parce qu'il voulait s'en servir comme moyen de pression dans sa politique de soumission à la justice. Mais quand la Cour suprême, contre toute attente, accorda à la Constituante le droit d'inscrire à son agenda toutes les questions qu'elle souhaitait sans limitation aucune, celle de l'extradition resurgit des oubliettes. Nul ne prononça le mot amnistie, mais il était sur toutes les lèvres, car tout était possible.

Le Président Gaviria avait de la suite dans les idées. En six mois, il avait imposé à ses collaborateurs un système de communication très personnel, fait de petits billets où, en deux mots, il résumait tout ce qu'il avait à dire. Parfois il n'inscrivait qu'un nom, glissait le billet à qui se trouvait le plus près de lui, et le destinataire savait aussitôt ce qu'il devait faire. Cette méthode avait en outre pour ses conseillers la vertu terrifiante de ne faire aucune distinction entre les heures de travail et les heures de repos. Gaviria, lui, n'y songeait même pas, car ses moments de détente étaient soumis à la même discipline que ses heures de travail, et il continuait d'envoyer ses billets alors qu'il était à un cocktail ou dès qu'il remontait de la pêche sous-marine. « Avec lui, un match de tennis était un Conseil des ministres », dit un jour un de ses conseillers. Il pouvait dormir d'un sommeil profond cinq ou dix minutes, assis à son bureau, et se réveiller frais comme un gardon, alors que ses collaborateurs tombaient de sommeil. La méthode, aussi hasardeuse qu'elle puisse paraître, avait l'avantage de faire naître les initiatives, en communiquant une énergie et une exigence qu'on ne trouvait certes pas dans les mémorandums habituels.

Ce système se révéla fort utile quand le Président, pour enrayer le coup de force de la Cour suprême en faveur de la non-extradition, argua qu'il s'agissait d'un problème parlementaire et non constitutionnel. Le ministre Humberto de la Calle sut convaincre sans difficultés la majorité. Mais les choses qui intéressent les gens finissent en général par l'emporter sur celles qui intéressent les gouvernements, et les gens savaient très bien que la question de l'extradition était une des causes de l'agitation sociale, et surtout du terrorisme aveugle. Ainsi, après beaucoup de tours et de détours, elle fut inscrite à l'ordre du jour de la Commission des droits.

Pendant ce temps, les frères Ochoa craignaient qu'Escobar, acculé par ses propres démons, ne décide de s'immoler en provoquant une catastrophe apocalyptique. Leurs craintes étaient prophétiques. Au début du mois de mars, Villamizar reçut d'eux un message pressant : « Venez le plus vite possible, des choses très graves se préparent. » Ils avaient reçu une lettre de Pablo Escobar qui menaçait de faire exploser cinquante tonnes de dynamite dans le quartier historique de Cartagène des Indes si des sanctions n'étaient pas prises contre les policiers qui mettaient à feu et à sang les communes de Medellín : cent kilos pour chacun de ses garçons morts assassinés.

Les Extradables avaient toujours tenu Cartagène pour un sanctuaire sacré jusqu'au 28 décembre 1989, date à laquelle l'explosion d'une charge de dynamite avait ébranlé les fondations et pulvérisé les vitres de l'Hôtel Hilton, tuant deux médecins qui participaient à un congrès dans l'un de ses salons. A partir de ce jour, tout le monde comprit que Cartagène, patrimoine de l'humanité, n'était pas à l'abri de la guerre. Cette nouvelle menace n'autorisait plus un seul instant d'hésitation.

Villamizar informa le Président Gaviria quelques jours avant la date annoncée. « Nous ne sommes plus là pour libérer Maruja mais pour sauver Cartagène », dit Villamizar, afin qu'il puisse reprendre l'argument. Le Président le remercia de l'information et l'assura que tout serait mis en œuvre pour empêcher que ce désastre n'advienne, mais qu'il ne céderait pas au chantage. Si bien que Villamizar se rendit une fois de plus à Medellín et, avec l'aide des frères Ochoa, parvint à dissuader Escobar. Ce ne fut pas facile. Quelques jours avant l'ultimatum, Escobar, dans une missive écrite à la hâte, se porta garant de la vie des journalistes emprisonnés et recula la date de mise à feu des bombes dans les grandes villes. Mais d'un autre côté sa détermination était réelle : si, passé avril, les opérations de police continuaient dans les communes de Medellín, la très ancienne et très noble ville de Cartagène des Indes serait réduite en cendres.

# Chapitre 9

Seule dans la chambre, Maruja comprit qu'elle était aux mains des hommes qui avaient peut-être tué Marina et Beatriz et refusaient, pour qu'elle n'en sache rien, de lui rendre le téléviseur et le poste de radio. Elle changea alors ses requêtes pressantes en exigences furieuses, défia à grands cris les geôliers afin que tout le voisinage l'entende, refusa de sortir en promenade dans le patio et menaça de cesser de s'alimenter. Le majordome et les geôliers, surpris par cette réaction impensable, ne savaient que faire. Ils tenaient à voix basse des conciliabules inutiles, sortaient pour téléphoner et revenaient plus indécis encore. Ils s'efforçaient de calmer Maruja par d'illusoires promesses ou au contraire de l'intimider par des menaces, mais ils ne parvenaient pas à la faire revenir sur sa décision de ne plus manger.

Jamais Maruja ne s'était sentie aussi maîtresse d'elle-même. Il était clair que ses geôliers avaient pour instruction de ne pas la maltraiter, et elle supposa qu'ils voulaient la garder en vie coûte que coûte. Elle avait vu juste : trois jours après la libération de Beatriz, très tôt le matin, la porte s'ouvrit d'un seul coup et le majordome entra avec le téléviseur et le poste de radio.

« Il faut que vous sachiez une chose », dit-il à Maruja. Puis, sans aucune emphase, il lâcha tout à trac : « Doña Marina Montoya est morte. »

Au contraire de ce qu'elle avait pensé, Maruja reçut la nouvelle comme si elle avait toujours su. S'il lui avait dit que Marina était vivante, elle aurait été abasourdie. Cependant, quand la vérité toucha son cœur, elle comprit combien elle l'aimait et qu'elle aurait tout donné pour que ce soit une fausse nouvelle.

« Assassins ! cria-t-elle au majordome. Voilà ce que vous êtes : des assassins. »

A cet instant précis *el Doctor* apparut dans l'embrasure de la porte, et pour calmer Maruja il lui affirma que Beatriz était chez elle parmi les siens, mais Maruja lui lança qu'elle ne le croirait pas tant qu'elle n'aurait pas vu de ses yeux vu Beatriz à la télévision ou entendu le son de sa voix à la radio. Il lui sembla pourtant que le nouveau venu avait pour mission de lui faire dire ce qu'elle avait sur le cœur.

« Il y a longtemps que vous n'étiez venu, dit-elle. Et je vous comprends : vous devez avoir honte de ce que vous avez fait à Marina. »

Surpris, il attendit quelques instants avant de répondre.

« Qu'est-il arrivé ? reprit Maruja. Vous l'aviez condamnée à mort, n'est-ce pas ? »

*El Doctor* expliqua que, dans le cas de Marina, il s'agissait de venger une double trahison. « Avec vous, c'est différent », poursuivit-il. Et il répéta ce qu'il avait déjà dit : « C'est politique. » Maruja l'écouta avec la fascination étrange que suscite l'idée de la mort chez ceux qui sentent qu'ils vont mourir.

« Au moins dites-moi comment cela s'est passé. Marina s'en est-elle rendu compte ?

— Je vous jure que non.

— Et moi je vous jure que si ! Bien sûr qu'elle s'en est rendu compte !

— Ils lui ont dit qu'ils l'emmenaient dans une autre maison, expliqua-t-il, soucieux que Maruja le croie. Ils lui ont dit de descendre de voiture, elle a fait quelques pas et ils lui ont tiré une balle dans la nuque. Elle ne s'est rendu compte de rien. »

La vision de Marina, la cagoule passée derrière devant sur sa tête, avançant à tâtons vers une maison imaginaire, poursuivit Maruja des nuits entières. Plus que la mort, elle craignait d'être lucide au moment final. Son seul réconfort fut les comprimés de somnifère, qu'elle avait mis de côté comme des perles rares pour en avaler une poignée plutôt que de se laisser mener à l'abattoir en pleine possession de ses moyens.

Au journal de la mi-journée, elle vit enfin Beatriz entourée de sa famille dans un appartement encombré de fleurs qu'elle reconnut sur-le-champ comme le sien en dépit des changements. Mais la déception de la nouvelle décoration gâcha sa joie de voir Beatriz saine et sauve. La bibliothèque toute neuve lui sembla bien faite et à la place où elle la voulait, mais la couleur des murs et des tapis était hideuse et le cheval Tang, planté où il l'était, gênait tout le monde. Indifférente à sa situation, elle se mit à houspiller son mari et ses enfants, comme s'ils pouvaient l'entendre : « Quels imbéciles vous faites ! Tout le contraire de ce que j'avais dit. » Son envie d'être libre se réduisit, l'espace de quelques secondes, à la démangeaison de leur passer un savon pour avoir si mal choisi.

Dans cette tornade de sensations et de sentiments mêlés, les jours étaient devenus invivables et les nuits interminables. Maruja redoutait de dormir dans le lit de Marina, sous sa couverture et tourmentée par son odeur, et à l'instant de sombrer dans le sommeil elle entendait tout contre elle au creux du lit ses murmures d'abeille dans le noir. Une nuit, elle ne fut pas prise d'hallucinations mais assista à un prodige de la vie réelle. Marina posa sur son bras une main vivante, tiède et tendre, et chuchota à son oreille de sa voix normale : « Maruja. »

Elle ne crut pas à une hallucination, parce qu'à Djakarta elle avait déjà vécu une expérience fantastique. Dans une foire aux antiquités, elle avait acheté une sculpture représentant un magnifique jeune homme grandeur nature, un pied posé sur la tête d'un enfant en position de vaincu. Il était couronné d'une auréole, comme les saints de la religion catholique, mais celle-ci était en laiton et faisait penser, par son style et sa matière, à un rajout de pacotille. Ce n'est que bien après l'avoir exposée dans le plus bel endroit de sa maison, qu'elle apprit qu'il s'agissait du dieu de la Mort. Une nuit, Maruja avait rêvé qu'elle tentait d'arracher l'auréole de la statue parce qu'elle la trouvait trop laide, mais qu'elle n'y parvenait pas. Elle était soudée au bronze. Elle s'était réveillée mal à l'aise, avait couru au salon voir la sculpture et trouvé le dieu sans couronne et l'auréole par terre, comme si elle assistait à la fin de son rêve. Maruja, qui est rationaliste et agnostique, s'était faite à l'idée qu'elle-même, dans un accès de somnambulisme dont elle ne pouvait se rappeler, avait ôté sa couronne au dieu de la Mort.

Aux premiers jours de sa captivité, la rage que provoquait en elle la soumission de Marina l'avait aidée. Plus tard, ce fut la pitié que lui inspirait son destin amer et le désir de lui redonner le courage de vivre. Quand Beatriz commença à perdre pied, elle puisa sa vaillance dans le devoir de feindre une force qu'elle n'avait pas et, quand l'adversité s'abattait sur elles, dans la nécessité de garder son équilibre. Quelqu'un devait tenir la barre pour qu'elles ne s'écroulent pas, et c'était elle qui l'avait fait dans cet espace lugubre et puant de trois mètres sur deux et demi, dormant à même le sol, mangeant des restes, et dans l'incertitude d'être encore en vie à la minute suivante. Mais quand elle se retrouva seule dans la cellule, elle n'eut plus de raison de feindre quoi que ce soit : elle était face à face avec elle-même.

La certitude que Beatriz avait expliqué à sa famille comment s'adresser à elle à la radio et à la télévision la tint en éveil. En effet, Alberto Villamizar apparut plusieurs fois sur le petit écran pour prononcer des paroles de réconfort, et ses enfants lui venaient en aide par leur imagination et leur charme. Mais soudain, sans que rien ne vienne l'annoncer, le contact fut rompu pendant deux semaines. Un sentiment d'oubli la paralysa. Elle s'effondra. Elle ne sortait plus en promenade, ne se levait plus, demeurait couchée tournée vers le mur, étrangère à tout, ne touchant à l'eau et à la nourriture que le nécessaire pour ne pas se laisser mourir. Les douleurs qu'elle avait ressenties en décembre revinrent, les mêmes crampes, les mêmes élancements dans les jambes qui avaient rendu impérative la visite du médecin. Cette fois, elle ne se plaignit même pas.

Les geôliers, aux prises avec leurs conflits personnels et leurs divergences internes, se désintéressèrent d'elle. La nourriture refroidissait dans son assiette, et le majordome comme sa femme semblaient ne se rendre compte de rien. Les journées s'étiraient, interminables et vides. Au point qu'elle en vint à regretter les pires moments des premiers jours. Le goût de vivre l'abandonnait. Elle pleura. Un matin, au réveil, elle se rendit compte avec horreur que son bras droit se levait tout seul.

En février, il y eut un changement de garde providentiel. Au lieu de la bande de Barrabás, les Extradables envoyèrent quatre garçons sérieux, disciplinés et loquaces. Leurs bonnes manières et leur facilité d'élocution apaisèrent Maruja. Ils l'invitèrent à jouer avec la console Nintendo et à regarder les jeux télévisés. Tout de suite elle se rendit qu'ils avaient un langage commun, ce qui facilita la communication. Ils avaient à coup sûr reçu pour instruction de vaincre sa résistance et de lui remonter le moral en la traitant d'une autre manière, et ils commencèrent par la convaincre de suivre les recommandations du médecin, de reprendre ses promenades dans le patio, de penser à son mari, à ses enfants, et surtout de ne pas frustrer leur espoir de la revoir bientôt et en bonne santé.

Le climat était propice aux confidences. Consciente qu'ils étaient eux aussi prisonniers et qu'ils avaient peut-être besoin d'elle, Maruja leur raconta ce qu'avait été l'adolescence de ses trois fils, comment elle les avait élevés, l'éducation qu'elle leur avait donnée, et rapporta des anecdotes significatives sur leurs goûts, leurs habitudes. Les geôliers, en confiance, lui racontèrent leur vie.

Ils étaient tous bacheliers, et l'un d'eux avait étudié un semestre à l'université. A la différence des autres gardiens, ils disaient appartenir à des familles de la classe moyenne, mais d'une façon ou d'une autre ils étaient imprégnés de la culture des communes de Medellín. Le plus âgé, qui avait vingt-quatre ans et qu'ils surnommaient *la Hormiga*, la Fourmi, était grand, élégant, et se conduisait d'une manière réservée. Il avait arrêté ses études universitaires à la mort de ses parents dans un accident de voiture, et il n'avait trouvé d'autre moyen de survivre que la criminalité. Un autre, qu'ils appelaient *el Tiburón*, le Requin, racontait en riant qu'il avait obtenu la moyenne à son baccalauréat en menaçant ses professeurs avec un revolver en plastique. Le plus joyeux de l'équipe et de tous ceux qui avaient monté la garde dans la cellule s'appelait *el Trompo*, la Toupie, et en avait l'allure, en effet. Il était très gros, avec de petites jambes fluettes, et sa passion de la danse frisait la folie. Un jour, il mit une cassette de salsa après le petit déjeuner et dansa sans trêve avec une énergie frénétique jusqu'à la fin de son tour de garde. Le plus sérieux, fils d'institutrice, était un lecteur de romans et de journaux qui se tenait au courant de l'actualité colombienne. Sa seule explication à la vie qu'il menait tenait en deux mots « *muy chévere*, fantastique ».

Comme Maruja l'avait deviné dès leur arrivée, ils ne se

montrèrent pas insensibles et la traitèrent avec humanité. Si bien qu'ils lui redonnèrent envie de vivre et aussi de ruser pour leur soutirer quelques avantages qu'ils n'avaient sans doute pas prévu de lui accorder.

« Ne croyez pas qu'avec vous je vais faire des sottises, leur dit-elle un jour. Vous pouvez être sûrs que je n'enfreindrai aucune règle parce que je sais que tout ça va finir vite et bien. Vous n'avez donc aucune raison d'être sévères avec moi. »

Avec une autonomie dont n'avaient usé ni les autres geôliers ni même leurs supérieurs, les nouveaux gardiens assouplirent le régime pénitentiaire beaucoup plus que ne l'avait espéré Maruja. Ils la laissèrent marcher dans la pièce, parler d'une voix normale, aller aux toilettes quand elle le voulait. Ce nouveau traitement lui rendit la force de s'occuper à nouveau d'elle, grâce à l'expérience de Djakarta. Elle mit à profit les cours de gymnastique qu'un professeur donnait à son intention dans l'émission d'Alexandra, et dont le titre ne pouvait être plus pertinent : exercices en espace réduit. Son enthousiasme était tel qu'un des geôliers lui demanda, soupçonneux : « Il n'y aurait pas de message pour vous dans cette émission, par hasard ? » Maruja eut du mal à le convaincre qu'il n'en était rien.

A la même époque, elle s'émut aussi en découvrant *Colombia los Reclama*, qui lui parut une émission bien conçue, bien réalisée et surtout plus appropriée que les autres pour permettre aux deux derniers otages de garder le moral. Elle se sentit plus proche des siens et plus en communication avec eux. Elle pensait qu'elle aurait fait la même campagne, apporté les mêmes remèdes, frappé de la même manière l'opinion publique, et elle parvint à gagner les paris qu'elle faisait avec les geôliers sur les personnalités qui apparaîtraient à l'écran le jour suivant. Elle paria un jour que le lendemain ils verraient Vicky Hernández, la grande actrice, son amie, et elle gagna. Mais la meilleure récompense fut sans nul doute de voir Vicky et d'écouter son message, un des rares moments de bonheur de sa captivité.

Les promenades dans le patio commençaient à porter leurs fruits. Le berger allemand, content de revoir Maruja, voulait se glisser sous le portail pour lui faire fête, et elle le calmait par des caresses, de crainte d'éveiller la méfiance des geôliers. Marina lui avait dit que le portail donnait sur un pré où il y avait des moutons et des poules, ce que Maruja, profitant de la clarté lunaire, put en effet constater d'un rapide coup d'œil. Mais elle aperçut aussi, derrière la palissade, un homme qui montait la garde, armé d'un fusil. Ses rêves de s'enfuir avec la complicité du chien s'évanouirent.

Le 20 février, alors que la vie semblait avoir repris son rythme, ils apprirent par la radio qu'on avait trouvé dans un champ, près de Medellín, le cadavre du docteur Conrado Prisco Lopera, cousin des chefs de la bande des Prisco, qui avait disparu depuis deux jours. Son cousin Edgar de Jesús Botero Prisco fut assassiné quatre jours plus tard. Ni l'un ni l'autre n'avaient d'antécédents judiciaires. Le docteur Prisco Lopera avait soigné Juan Vitta sous son nom et à visage découvert, et Maruja se demanda si ce n'était pas lui qui, masqué, était venu l'examiner quelques jours plus tôt.

Les geôliers furent impressionnés par ces deux morts comme ils l'avaient été par celle des frères Prisco, au mois de janvier, et le majordome et sa famille devinrent plus nerveux qu'à l'accoutumée. L'idée que le cartel vengerait ses morts en prenant la vie d'un otage, comme cela avait été le cas avec Marina Montoya, plana dans la pièce comme une ombre fatale. Le majordome entra le lendemain sans raison particulière et à une heure inhabituelle.

« Je ne voudrais pas vous inquiéter, dit-il à Maruja, mais il se passe quelque chose de très grave : depuis hier soir il y a un papillon sur le portail du patio. »

Maruja, qui ne croit que ce qu'elle voit, ne comprit pas tout de suite ce que le majordome voulait dire. Il le lui expliqua sur un ton de tragédie calculé :

« Quand ils ont tué les autres Prisco, c'était pareil : un papillon noir est resté posé trois jours sur la porte des toilettes. »

Maruja se souvint des obscurs pressentiments de Marina, mais elle joua les innocentes.

« Et ça veut dire quoi ?

— Je ne sais pas, mais pour sûr que ça porte malheur parce que la dernière fois, ils ont tué doña Marina.

— Celui que vous avez vu maintenant, il est noir ou brun ?

— Brun.

— Alors c'est bon signe. Ce sont les noirs qui portent malheur. »

Il n'avait pas réussi à l'effrayer. Maruja connaissait le majordome, sa façon de penser et d'agir et elle savait qu'il n'était pas assez fou pour qu'un papillon lui ôte le sommeil. Elle savait, surtout, que ni Alberto ni Beatriz ne laisseraient filtrer le moindre indice qui permettrait à un commando de la libérer par la force. Cependant, habituée à voir dans ses coups de cafard le reflet du monde extérieur, elle se dit que cinq morts dans une même famille en moins d'un mois pouvaient avoir de terribles conséquences pour les deux derniers otages.

En revanche, la rumeur sur les hésitations de l'Assemblée constituante à propos de l'extradition représentait un espoir pour les Extradables. Le 28 février, au cours d'un voyage officiel aux Etats-Unis, le Président Gaviria réitéra son souhait de la voir appliquée coûte que coûte, mais ses déclarations eurent peu d'impact : tout le monde en Colombie avait le sentiment que la non-extradition l'emporterait, et qu'il n'y avait besoin pour ce faire ni d'intimidations ni de subornations.

Maruja suivait les événements avec attention, alors que

les jours s'écoulaient comme s'ils n'en faisaient qu'un seul, répété à l'infini. A la fin d'une partie de dominos avec les gardiens, *el Trompo*, qui avait gagné, ramassa les pièces et dit tout à trac :

« Demain, on s'en va. »

Maruja ne voulut pas le croire mais le fils de l'institutrice le confirma.

« C'est vrai. Demain c'est le groupe de Barrabás qui revient. »

Ce fut le début de ce que Maruja évoqua ensuite comme son « mars noir ». Autant les geôliers qui partaient semblaient avoir reçu l'ordre de lui rendre sa détention moins pénible, autant ceux qui revenaient avaient été dressés pour la lui rendre insupportable. Leur irruption fut comme un tremblement de terre. *El Monje*, grand, maigre, était plus lugubre et plus renfrogné que la dernière fois. Les autres étaient comme à l'accoutumée, comme s'ils n'étaient jamais partis. A leur tête, Barrabás se donnait des airs de malfrat de cinéma, leur intimant des ordres militaires pour trouver la cachette d'un objet qui n'existait pas, ou faisant semblant de le chercher pour terroriser son souffre-douleur. Ils saccagèrent la pièce avec une brutalité inouïe, renversèrent le lit, éventrèrent le matelas et le remplirent ensuite si mal, qu'il devint impossible de dormir sur ces pelotes noueuses.

La vie quotidienne reprit à l'ancienne manière, avec les armes prêtes à fonctionner si les ordres n'étaient pas exécutés sur-le-champ. Barrabás ne parlait à Maruja que son pistolet-mitrailleur pointé sur sa tête. Elle, comme toujours, s'insurgeait et menaçait de le dénoncer aux chefs.

« Vous n'arriverez pas à me tuer, même si le coup part par hasard. Alors tenez-vous tranquille ou je vous dénonce. »

Mais cette fois, la menace était inutile. A l'évidence, ce désordre n'était pas une manœuvre d'intimidation ni même un calcul, mais le signe que la démoralisation était profonde et que le système lui-même faisait eau de toute part. Les disputes entre Damaris et son mari, fréquentes et plutôt folkloriques, étaient devenues infernales. Le majordome rentrait à n'importe quelle heure — quand il rentrait —, presque toujours ivre mort et devait supporter les vitupérations obscènes de sa femme. Leurs hurlements, les pleurs des petites filles qu'ils avaient réveillées, mettaient la maison sens dessus dessous. Les geôliers se moquaient d'eux en les singeant, ce qui augmentait le vacarme. Il était incompréhensible qu'au milieu d'un tel grabuge personne ne vienne voir ce qui se passait, ne fût-ce que par curiosité.

Le majordome et sa femme vidaient tour à tour leur cœur auprès de Maruja. Damaris parce que sa jalousie, par ailleurs justifiée, ne la laissait pas une minute en paix. Le majordome parce qu'il s'efforçait d'inventer n'importe quoi pour calmer sa femme sans renoncer à ses fredaines. Mais les bons offices de Maruja n'avaient d'effet que jusqu'à l'escapade suivante du majordome.

Au cours d'une dispute, Damaris griffa le visage de son mari d'un coup de patte félin, dont la marque mit du temps à disparaître. Le coup de poing qu'elle reçut en retour la fit passer par la fenêtre. Ce fut un miracle qu'il ne la tue pas, car au dernier moment elle s'agrippa au garde-fou du balcon et resta suspendue dans le vide au-dessus du patio. Ce fut la fin. Damaris fit ses valises et partit avec les petites à Medellín.

La maison resta sous la garde du majordome qui, bien souvent, n'apparaissait qu'à la nuit tombée avec des paquets de chips et des yaourts. De temps en temps, il rapportait un poulet. Fatigués d'attendre, les geôliers dévalisaient la cuisine. En revenant dans la pièce ils ne rapportaient à Maruja qu'un morceau de pain et quelques saucisses crues. L'ennui les rendait plus susceptibles et plus dangereux. Ils disaient pis que pendre de leurs parents, de la police, de la société tout entière, faisaient le décompte de leurs crimes inutiles et de leurs sacrilèges délibérés pour se convaincre de l'inexistence de Dieu, et les récits de leurs prouesses sexuelles confinaient à la démence. L'un d'eux décrivit les aberrations auxquelles il avait soumis une de ses maîtresses pour se venger de ses humiliations et de ses sarcasmes. Vindicatifs, livrés à eux-mêmes, ils finirent par fumer de la marihuana et du crack, au point de rendre l'atmosphère de la pièce irrespirable. Ils mettaient la radio à plein volume, entraient et sortaient en claquant la porte, sautaient, chantaient, dansaient, faisaient des cabrioles dans le patio. L'un d'eux avait l'air d'un saltimbanque professionnel sur la piste d'un cirque interlope. Maruja essayait de leur faire peur en arguant que leurs charivaris allaient attirer l'attention de la police.

« Qu'elle vienne et qu'elle nous bute », criaient-ils en chœur.

Maruja n'en pouvait plus, surtout quand Barrabás s'amusait à la réveiller en appuyant le canon de son pistolet-mitrailleur sur sa tempe. Ses cheveux commencèrent à tomber. Dès qu'elle ouvrait les yeux le matin, l'oreiller couvert de mèches la déprimait.

Elle savait qu'au-delà de leurs différences les geôliers avaient en commun deux points faibles : la peur et une méfiance réciproque. Maruja les exacerbait avec ses propres terreurs : « Comment pouvez-vous vivre comme ça ? » leur demandait-elle tout à trac. « Vous croyez en quelque chose ? Vous savez ce que c'est que l'amitié ? » Et avant même qu'ils puissent répondre, elle les poussait dans leurs retranchements : « La parole donnée, ça veut dire quoi pour vous ? » Ils ne répondaient pas, mais ce qu'ils pensaient en leur for intérieur devait être terrible car au lieu de se révolter ils s'humiliaient devant Maruja. Barrabás était le seul qui osait lui tenir tête. « Richards de merde, s'écria-t-il un jour. Vous pensiez que vous commanderiez toujours tout, hein ? Eh bien non, bordel, c'est fini tout ça. » Maruja, qu'il terrorisait pourtant, répondit avec la même rage :

« Vous tuez vos copains, vos copains vous tuent, vous finissez par vous tuer les uns les autres. Qui peut comprendre ça ? Faites venir quelqu'un pour m'expliquer quel genre de fauves vous êtes ! »

Désespéré peut-être de ne pouvoir la tuer, Barrabás lança son poing contre le mur et se brisa le poignet. Il poussa un hurlement de sauvage et se mit à pleurer de rage. Maruja ne laissa pas la pitié l'attendrir. Le majordome passa l'après-midi à tenter de la calmer et fit un effort inutile pour améliorer le dîner.

Maruja se demandait comment il était possible qu'au milieu d'une telle pagaille ils puissent encore croire qu'il fallait parler à voix basse, rester enfermés dans la pièce, ou éteindre la radio et la télévision à certaines heures pour des raisons de sécurité. Excédée par tant de démence, elle se souleva contre les lois inutiles de sa captivité, parla d'une voix normale, alla aux toilettes quand bon lui semblait. En revanche, la crainte d'une agression se fit plus vive, surtout quand le majordome la laissait seule avec les deux geôliers de garde. Le drame éclata un matin quand un gardien cagoulé surgit tout à coup dans la salle d'eau alors qu'elle se savonnait sous la douche. Maruja se couvrit tant bien que mal avec la serviette et poussa un cri de terreur qui dut s'entendre dans tout le voisinage. L'homme demeura pétrifié, plus mort que vif tant il craignait la réaction des voisins. Mais personne ne vint et pas un bruit ne se fit entendre. Le geôlier sortit à reculons, sur la pointe des pieds, comme s'il s'était trompé de porte.

Le majordome réapparut au moment le plus inattendu, avec une autre femme qui s'empara du gouvernement de la maison. Mais au lieu d'y remettre de l'ordre, ils ne firent qu'accroître le désordre. La femme l'accompagnait dans ses tournées d'ivrogne qui s'achevaient en général par des coups et des hurlements. Les heures des repas devinrent imprévisibles. Les dimanches, ils allaient faire la noce et laissaient Maruja et les geôliers sans rien à manger jusqu'au lendemain. Une nuit, alors que Maruja marchait seule dans le patio, les quatre geôliers dévalisèrent la cuisine et laissèrent leurs armes dans la chambre. Elle frissonna à la pensée qui lui traversa l'esprit, la savoura tandis qu'elle caressait et murmurait des mots doux au chien qui, tout joyeux, lui léchait les mains avec des grognements complices. Le cri de Barrabás la tira de son rêve.

Ce fut la fin de l'illusion. Ils remplacèrent le chien par un dogue à la mine patibulaire, interdirent les promenades et soumirent Maruja à un régime de surveillance ininterrompue. Elle trembla à l'idée qu'ils pourraient l'attacher au lit avec une chaîne gainée de plastique, que Barrabás enroulait et déroulait sur elle-même comme un chapelet de fer. Maruja alla au-devant du danger en disant :

« Si j'avais voulu m'enfuir il y a longtemps que je l'aurais fait. Je suis plus d'une fois restée seule et si je ne me suis pas enfuie, c'est parce que je n'ai pas voulu. »

Ses protestations durent parvenir aux oreilles de quelqu'un car le majordome entra un beau matin, tout confit d'humilité, et se confondit en excuses. Il était mort de honte, les garçons dorénavant se conduiraient comme il faut, il avait envoyé chercher sa femme, elle allait revenir. Damaris revint, en effet, inchangée, et avec elle ses deux petites filles, ses mini-jupes écossaises et ses infects plats de lentilles. Deux chefs cagoulés arrivèrent le lendemain, animés des mêmes intentions, renvoyèrent *manu militari* les quatre geôliers et rétablirent l'ordre dans la maison. « Vous ne les reverrez plus jamais », dit l'un d'eux avec une détermination à donner la chair de poule. Et ce qui fut dit fut fait.

L'après-midi même, les quatre bacheliers étaient de retour et ce fut comme retrouver par magie la paix du mois de février : des heures paisibles, les magazines, la musique de Gun's n'Roses, les films de Mel Gibson avec des tueurs à gages rompus aux débordements du cœur. Maruja était émue que les jeunes geôliers les regardent avec autant de passion que, jadis, ses enfants.

Fin mars, sans préambule, deux inconnus se présentèrent la tête recouverte de cagoules prêtées par les geôliers pour ne pas avoir à parler à visage découvert. L'un d'eux, sans même saluer, commença à mesurer la pièce avec un centimètre de couturière tandis que l'autre tentait de s'attirer les bonnes grâces de Maruja.

« Enchanté de vous connaître, madame. Nous venons poser de la moquette.

— Poser de la moquette ? s'écria Maruja, hors d'elle. Vous vous foutez de moi ! Moi ce que je veux c'est partir d'ici ! Maintenant, tout de suite ! »

Le plus scandaleux, cependant, n'était pas la moquette mais ce qu'elle pouvait signifier : un ajournement indéfini de sa libération. Un des geôliers devait dire plus tard que l'interprétation de Maruja était fausse, car la pose de la moquette signifiait au contraire qu'elle partirait bientôt, et que l'on rénovait la cellule pour d'autres otages plus importants. Mais Maruja était certaine qu'une moquette, en ce moment, équivalait à un an de sa vie.

Pacho Santos devait, lui aussi, déployer des trésors d'imagination pour occuper ses geôliers qui, fatigués de jouer aux cartes, de voir dix fois de suite le même film ou de raconter leurs prouesses de machos, se mettaient à arpenter la pièce comme des lions en cage. Par les trous de la cagoule, on voyait leurs yeux rougis. A ce stade, il ne leur restait plus qu'à prendre quelques jours de repos, c'est-à-dire à s'abrutir d'alcool et de drogue pendant une semaine de noce ininterrompue et à rentrer plus mal en point qu'ils étaient partis. Interdite pendant le service et les heures de loisirs, la consommation de drogue était sanctionnée avec sévérité, mais ceux qui en étaient dépendants trouvaient toujours le moyen de tromper la surveillance de leurs supérieurs. La drogue la plus utilisée était la marihuana mais quand les temps devenaient difficiles, c'était à qui s'offrirait la plus grosse orgie de crack au risque de déclencher des catastrophes. En rentrant d'une nuit de sabbat, un des geôliers fit irruption dans la pièce et réveilla Pacho par un hurlement. Pacho vit le visage du diable à deux centimètres du sien, les yeux injectés de sang, les crins broussailleux qui dépassaient des oreilles, et il respira l'odeur de soufre de l'enfer. C'était un de ses geôliers masqués qui voulait finir la fête en sa compagnie. « Je suis un vrai vaurien », lui dit-il tandis qu'ils buvaient une double rasade d'eau-de-vie à six heures du matin. Pendant deux heures, il lui raconta sa vie sans que Pacho lui ait demandé quoi que ce soit, comme mû par un irrépressible besoin de libérer sa conscience. A la fin, il s'écroula ivre mort, et si Pacho ne prit pas la fuite à cet instant précis c'est parce que le courage lui manqua au dernier moment.

A l'initiative de María Victoria, *El Tiempo* publiait, sans camouflage ni réserves, dans ses pages rédactionnelles des notes privées à l'attention de Pacho, dont la lecture lui était d'un grand secours. Un jour, la note fut accompagnée d'une photo récente de ses enfants et il leur écrivit, à chaud, une lettre pleine de ces terribles vérités qui semblent ridicules à ceux qui n'en souffrent pas : « Je suis là, assis dans la chambre, enchaîné à un lit, les yeux pleins de larmes. » A partir de ce jour, il écrivit à sa femme et à ses enfants plusieurs lettres dans lesquelles il soulageait son cœur mais qu'il ne put jamais envoyer.

Pacho avait perdu tout espoir après la mort de Marina et celle de Diana, lorsqu'une occasion de s'évader s'offrit à lui sans qu'il l'ait préméditée. Il était sûr et certain de se trouver dans un quartier proche de l'avenue Boyacá, à l'ouest de la ville. Un quartier qu'il connaissait bien car il avait l'habitude de le traverser pour rentrer chez lui du journal quand la circulation était trop dense, ce qui avait été le cas le jour de son enlèvement. La plupart des bâtiments devaient être des ensembles d'habitation, faits de petites maisons identiques reproduites au long de plusieurs rues, avec un garage, un minuscule jardin, un étage donnant sur la rue et toutes les fenêtres protégées par des grilles de fer forgé peintes en blanc. Plus encore, en une semaine il était parvenu à calculer la distance qui séparait la maison de la pizzeria, et il avait conclu que l'usine n'était autre que les brasseries Bavaria. Un détail qui le désorientait était ce coq fou qui, au début, chantait à n'importe quelle heure, et au fil des mois s'était mis à chanter aussi à différents endroits : quelquefois dans le lointain à trois heures de l'après-midi, quelquefois tout près de sa fenêtre à deux heures du matin. Mais il aurait été plus désorienté encore si on lui avait dit que Maruja et Beatriz l'entendaient elles aussi dans un quartier très éloigné.

Au bout du couloir, à droite de sa chambre, il pouvait sauter par une fenêtre qui donnait sur une courette fermée, puis escalader le mur recouvert de lierre à côté d'un arbre aux branches solides. Il ignorait ce qu'il y avait derrière le mur, mais comme la maison était en angle, ce devait être une rue, et à coup sûr la rue où se trouvaient l'épicerie, la pharmacie et un garage. Ce dernier, cependant, pouvait se révéler dangereux s'il servait d'écran aux ravisseurs. En effet, Pacho avait entendu un jour, de ce côté-ci, une conversation à propos de football entre deux personnes qui ne pouvaient qu'être ses geôliers. Faire le mur était sans doute aisé, mais le reste était imprévisible. Si bien que la meilleure issue était la fenêtre des toilettes, unique endroit de la maison où il pouvait aller sans ses chaînes.

Il était clair qu'il devrait s'évader pendant la journée car il n'allait jamais aux toilettes après s'être couché, même s'il restait éveillé devant le téléviseur ou s'il écrivait dans son lit, et une exception pouvait le trahir. De plus, les magasins fermaient tôt, les voisins se claquemuraient après le journal de dix-neuf heures, et à vingt-deux heures il n'y avait plus âme qui vive. Le vendredi soir qui, à Bogota, est toujours animé et bruyant, on n'entendait que le lent ronflement de la brasserie ou les hurlements soudains d'une ambulance qui débouchait à toute allure sur l'avenue Boyacá. Enfin, la nuit il lui serait difficile de trouver tout de suite un refuge dans les rues désertes, d'autant que les portes des magasins et des immeubles seraient fermées à double ou triple tour pour éviter les attaques nocturnes.

Cependant, l'occasion, qu'il fallait plus que jamais saisir au vol, se présenta la nuit du 6 mars. Un des geôliers avait apporté une bouteille d'eau-de-vie, et lui offrit un verre pendant que Julio Iglesias chantait à la télévision. Pacho y toucha à peine, juste pour ne pas le vexer. Le geôlier avait commencé son tour de garde dans la soirée, il était déjà ivre et il s'écroula avant même d'avoir fini la bouteille et sans avoir enchaîné Pacho. Ce dernier, à demi mort de fatigue, ne sut pas saisir la chance qui lui tombait du ciel. Quand, le soir, il voulait se rendre aux toilettes, le geôlier de garde était tenu de l'accompagner, mais ce soir-là Pacho préféra ne pas troubler son sommeil d'ivrogne. Il sortit en toute innocence dans le couloir sans lumière, pieds nus et en caleçon, et passa en retenant son souffle devant la pièce où dormaient les autres geôliers. L'un d'eux ronflait comme un sonneur. Pacho se rendit compte tout à coup qu'il était en train de s'évader sans le savoir, et que le plus difficile était passé. La nausée lui monta à la gorge, lui glaça la langue, et il sentit qu'il avait le cœur au bord des lèvres. « Ce n'était pas la peur de m'évader, déclara-t-il plus tard, mais celle de ne pas oser le faire. » Il entra dans les toilettes à tâtons et ferma la porte, bien décidé à ne plus la rouvrir, quand un des geôliers, à moitié endormi, la poussa et aveugla Pacho avec une lampe électrique. Une égale stupeur les cloua tous les deux sur place.

« Qu'est-ce que tu fous là ? » demanda le gardien.

Pacho lui répondit d'une voix ferme.

« Je chie. »

C'est tout ce qui lui vint à l'esprit. Le gardien hocha la tête :

« O.K. Amuse-toi bien. »

Et il se planta devant la porte, l'éclairant avec le faisceau de la lampe jusqu'à ce que Pacho fasse semblant d'avoir fini.

Les jours suivants, il tomba dans une dépression si forte pour avoir échoué, qu'il décida de s'évader de façon radicale et définitive. « Je démonte la lame du rasoir, je m'ouvre les veines et au matin je suis mort », se dit-il. Le lendemain, le père Alfonso Llanos Escobar publia dans *El Tiempo* sa colonne hebdomadaire adressée à Pacho Santos, dans laquelle il le sommait, pour l'amour de Dieu, de ne pas tenter de se suicider. L'article était depuis trois semaines sur le bureau d'Hernando Santos qui hésitait, sans trop savoir pourquoi, à le publier et qui, la veille, avait à la dernière minute décidé de le faire sans trop savoir pourquoi non plus. Chaque fois qu'il raconte cet épisode, Pacho revit la stupeur qui le frappa ce matin-là.

Un petit chef vint voir Maruja au début du mois d'avril, et lui promit d'intervenir pour que son mari puisse lui envoyer la lettre dont elle avait besoin comme d'un remède pour l'âme autant que pour le corps. « Il n'y a aucun problème », affirma-t-il. L'homme partit vers dix-neuf heures. A minuit et demi, après la promenade dans le patio, le majordome frappa à coups redoublés à la porte fermée de l'intérieur et remit la lettre à Maruja. Ce n'était pas l'une de celles, nombreuses, que Villamizar avait envoyées par l'intermédiaire de Guido Parra, mais celle qu'il avait remise à Jorge Luis Ochoa et au bas de laquelle Gloria Pachón de Galán avait écrit un *post-scriptum* réconfortant. Au dos de la feuille, Pablo Escobar avait ajouté quelques lignes de sa main : « Je sais que c'est une terrible épreuve pour vous et pour votre famille, mais ma famille et moi-même avons aussi beaucoup souffert. Ne vous en faites pas, je vous promets qu'il ne vous arrivera rien, quoi qu'il advienne. » Et il concluait, comme en passant, par un aveu qui parut invraisemblable à Maruja : « Ne tenez pas compte de mes communiqués de presse qui ne servent qu'à faire pression. »

La lettre de son mari, en revanche, la démoralisa par son pessimisme. Alberto disait que les choses allaient bien, mais qu'elle devait être patiente parce qu'il faudrait sans doute attendre encore longtemps. Certain qu'on la lirait avant de la remettre à sa femme, Villamizar avait écrit une phrase finale qui était plutôt destinée à Escobar qu'à Maruja : « Fais offrande de ton sacrifice pour la paix de la Colombie. » Maruja était furieuse. Elle avait souvent reçu les messages que Villamizar lui envoyait par la pensée depuis la terrasse, et elle lui répondait de toute son âme : « Délivre-moi, je ne sais plus qui je suis après tant de mois passés sans m'être regardée dans un miroir. »

Cette lettre lui donna une raison de plus pour lui répondre de sa main qu'elle était à bout de patience, elle, et que, nom de Dieu, elle en avait eu beaucoup et même trop pendant toutes ces nuits d'épouvante quand le frisson de la mort la réveillait en sursaut. Elle ignorait que c'était une lettre ancienne, écrite après l'échec des pourparlers avec Guido Parra et avant les premiers entretiens avec les Ochoa, alors qu'aucune lueur d'espoir ne brillait à l'horizon. On ne pouvait s'attendre à une lettre optimiste, comme il en aurait écrit en ce mois d'avril, quand la libération de Maruja semblait sur la bonne voie.

Par chance, le malentendu permit à Maruja de se rendre compte que sa colère n'était peut-être pas le fait de la lettre mais plutôt d'une vieille et inconsciente rancœur contre son époux. Pourquoi Alberto avait-il permis qu'ils libèrent Beatriz si c'était lui qui tirait les ficelles des négociations ? En dix-neuf ans de vie commune elle n'avait jamais eu le temps ni le motif ni le courage de douter de son mari, et la réponse qu'elle se fit à elle-même la mit devant la vérité : elle avait trouvé la force de résister à sa détention parce qu'elle avait la certitude absolue que son mari consacrait chaque instant de sa vie à sa libération, sans le moindre répit et parfois même sans le moindre espoir, parce qu'à son tour il avait la certitude absolue qu'elle le savait. C'était, sans que ni l'un ni l'autre le sache, un pacte d'amour.

Ils s'étaient connus dix-neuf ans plus tôt, au cours d'une réunion de travail, alors qu'ils étaient jeunes publicitaires. « Alberto m'a tout de suite plu », dit aujourd'hui Maruja. Et quand on lui demande pourquoi, elle répond sans réfléchir à deux fois : « parce qu'il avait l'air perdu », réponse pour le moins inattendue. Au premier coup d'œil, Villamizar avait tout de l'étudiant anticonformiste de l'époque, les cheveux longs, une barbe de trois jours, une seule chemise lavée à l'eau de pluie. « Il m'arrivait tout de même de prendre un bain », dit-il aujourd'hui en éclatant de rire. Au second coup d'œil, on comprenait qu'il était noceur, tombeur et qu'il avait mauvais caractère. Mais Maruja eut au troisième coup d'œil le coup de foudre pour cet homme qui pouvait perdre la tête pour une jolie femme, intelligente et sensible, et qui de surcroît possédait ce qui manquait pour achever son éducation : une main de fer et un cœur d'or.

Quand on demande à Alberto pourquoi Maruja lui avait plu, il répond par un grognement. Peut-être parce que Maruja, malgré son charme évident, n'était pas la personne la plus recommandée pour que l'on tombe amoureux d'elle. Elle était dans la fleur de ses trente ans, s'était mariée à l'église catholique quand elle en avait dix-neuf, et elle était mère de cinq enfants, trois filles et deux garçons, nés chacun à quinze mois d'intervalle. « Je lui ai tout raconté d'une traite, dit Maruja, pour qu'il sache qu'il mettait les pieds sur un champ de mines. » Il l'écouta en grognant et, au lieu de l'inviter à déjeuner, il demanda à un ami commun de les inviter tous les deux. Le lendemain il l'invita avec ce même ami, le troisième jour il l'invita seule et le quatrième ils se passèrent de déjeuner. Ainsi se virent-ils tous les jours avec les meilleures intentions du monde. Quand on demande à Villamizar s'il était amoureux d'elle ou s'il cherchait l'aventure il dit, en bon Santanderien : « Déconne pas, c'était du sérieux. » Il ne s'imaginait sans doute pas à quel point ce devait l'être.

Maruja avait une vie conjugale sans histoires, sans hauts ni bas, parfaite, mais peut-être lui manquait-il, pour se sentir vivante, un brin de fantaisie et de risque. Elle prétextait des heures supplémentaires pour être avec Villamizar, s'inventait du travail qu'elle n'avait pas, y compris les samedis, de midi à dix heures du soir. Les dimanches et les jours fériés, ils imaginaient des fêtes, des conférences sur l'art, des séances de minuit au ciné-club, n'importe quoi pour être ensemble. Lui n'avait aucun problème : célibataire, il vivait de l'air du temps et au jour le jour, et ses petites amies étaient si nombreuses que c'était comme n'en avoir aucune. Il ne lui manquait que sa thèse pour être chirurgien, comme son père, mais l'époque invitait à profiter de la vie plutôt qu'à soigner des malades. L'amour tournait le dos aux boléros, les billets parfumés qui avaient duré quatre siècles avaient disparu, de même que les sérénades larmoyantes, les monogrammes brodés sur les mouchoirs, le langage des fleurs, les cinémas déserts à trois heures de l'après-midi. Le monde entier faisait un énorme pied de nez à la mort en suivant le rythme fou et joyeux des Beatles.

Au bout d'un an, ils s'installèrent ensemble avec les enfants de Maruja dans un appartement de cent mètres carrés. « Ce fut une catastrophe », dit Maruja. En effet, ils vivaient au milieu des querelles de tous contre tous, des débris de vaisselle, de la jalousie et des accusations des petits comme des grands. « Il m'arrivait de le détester au point de vouloir le tuer », dit Maruja. « Et moi de la haïr », répond Villamizar. « Mais pendant cinq minutes pas plus », reprend-elle en éclatant de rire. En octobre 1971 ils se marièrent à Ureña, au Venezuela, et ce ne fut jamais qu'un péché de plus dans leur vie, parce que le divorce n'existait pas encore et que bien peu acceptaient le mariage civil comme un mariage légal. Quatre ans plus tard naquit Andrés, leur fils unique. Les coups durs ne les épargnaient pas mais ils en souffraient moins : la vie s'était chargée de leur enseigner qu'en amour le bonheur n'est pas de ronronner mais d'en voir ensemble de toutes les couleurs.

Maruja est la fille d'Alvaro Pachón de la Torre, un journaliste vedette des années quarante, décédé en même temps que deux confrères connus dans un accident de voiture qui est resté historique dans la profession. Orpheline de mère, elle avait appris avec sa sœur Gloria à se défendre seule depuis l'enfance. Maruja avait été dessinatrice et peintre à vingt ans, publicitaire précoce, réalisatrice et scénariste pour la radio et la télévision, directrice des relations publiques et de la publicité dans de grandes entreprises, et toujours journaliste. Son talent d'artiste et son tempérament impulsif s'imposaient d'emblée, renforcés par une autorité naturelle dissimulée derrière l'eau tranquille de ses yeux de gitane. Villamizar oublia la médecine, se coupa les cheveux, jeta à la poubelle son unique chemise, noua une cravate autour de son cou et devint expert en commerce de gros de tout ce qu'on lui donnait à vendre. Mais sa façon d'être demeura inchangée. Maruja reconnaît que c'est à lui, plus qu'aux coups durs de la vie, qu'elle doit de s'être débarrassée des conventions et des inhibitions de son milieu social.

Chacun réussissait dans son travail, les enfants grandissaient et allaient à l'école. Maruja rentrait chez elle à six heures pour s'occuper d'eux. Echaudée par une éducation

traditionnelle et stricte, elle voulut être une mère différente, qui n'assistait pas aux réunions de parents d'élèves
et n'aidait pas ses enfants à faire leurs devoirs. Les filles se
plaignaient et réclamaient une mère comme les autres.
Mais Maruja les conduisit d'une main ferme sur le chemin
inverse, et leur donna l'indépendance et la formation
nécessaires afin qu'ils puissent faire ce qu'ils décideraient
de faire. Le plus curieux, c'est qu'elle leur donna à tous
l'envie de devenir ce qu'elle-même avait envie qu'ils
deviennent. Aujourd'hui Monica est peintre, diplômée de
l'Académie des Beaux-Arts de Rome, et graphiste.
Alexandra est journaliste et réalisatrice à la télévision.
Juana est scénariste et réalisatrice à la télévision et au
cinéma. Nicolas est compositeur pour le cinéma et la télévision. Patricio est psychologue. Andrés, étudiant en économie, marqué par le virus de la politique grâce au mauvais exemple de son père, fut, à vingt et un ans, élu par un
vote populaire conseiller municipal de Chapinero, au nord
de Bogota.

La complicité de Luis Carlos Galán et de Gloria Pachón,
dès le début de leur relation, fut décisive dans une carrière
politique que ni Alberto ni Maruja n'avaient envisagée.
Galán, à trente-sept ans, se porta candidat du Nouveau
Libéralisme à la Présidence de la République. Son épouse
Gloria, journaliste elle aussi, et Maruja, rodée à la promo-
tion et à la publicité, conçurent et dirigèrent les stratégies
de communication de six campagnes électorales. Villamizar, avec son expérience commerciale, avait une connaissance logistique de Bogota que très peu d'hommes politiques possédaient. Tous trois conduisirent tambour
battant, en l'espace d'un mois, la première campagne électorale du Nouveau Libéralisme dans la capitale et balayè-
rent bon nombre d'agents électoraux rompus à la course
aux voix. Aux élections de 1982, Villamizar figurait en
sixième place sur une liste qui espérait obtenir tout au
plus cinq sièges de députés et en gagna neuf. Le malheur

voulut que cette victoire soit le prélude à une vie nouvelle qui, huit ans plus tard, devait conduire Maruja et Alberto à la terrible épreuve d'amour que furent l'enlèvement et la séquestration.

Une dizaine de jours après la lettre, le chef qu'ils appelaient *el Doctor*, en réalité le principal organisateur de l'enlèvement, rendit une visite impromptue à Maruja. Il était venu une première fois dans la maison où on l'avait conduite le soir de l'enlèvement, puis trois fois avant le meurtre de Marina, avec qui il avait tenu de longs conciliabules qui ne pouvaient s'expliquer que par une vieille relation de confiance. Avec Maruja, les rapports étaient difficiles. Dès qu'elle ouvrait la bouche, même pour dire les choses les plus banales, il répliquait sur un ton d'arrogance brutale : « Vous n'avez pas droit à la parole, ici. » Quand les trois otages étaient encore ensemble, elle avait voulu protester contre l'état lamentable de la pièce auquel elle attribuait sa toux persistante et ses douleurs erratiques.

« J'ai passé des nuits bien pires dans des endroits bien pires, avait-il répondu, rageur. Où vous croyez-vous ? »

Ses visites annonçaient des événements importants, bons ou mauvais, mais toujours décisifs. Cette fois pourtant, encouragée par la lettre de Pablo Escobar, Maruja eut le courage de l'affronter.

L'entente fut immédiate et d'une facilité surprenante. Elle commença par lui demander sans agressivité ce que voulait Escobar, où en étaient les négociations, quelles étaient les probabilités pour qu'il se livre bientôt à la justice. Il lui expliqua sans réticences que rien ne serait facile sans les garanties suffisantes pour assurer la sécurité de Pablo Escobar, celle de sa famille et celle de ses gens. Maruja demanda des nouvelles de Guido Parra, dont les

démarches l'avaient remplie d'espoir et la disparition soudaine intriguée.

« Il ne s'est pas très bien conduit, dit-il sans emphase.
Il est hors circuit. »

Cette réponse pouvait donner lieu à trois interprétations : ou il n'avait plus aucun pouvoir, ou il avait quitté
le pays, comme le voulait la rumeur, ou on l'avait tué. *El
Doctor* se déroba en disant qu'en réalité il n'en savait rien.

En partie par une irrésistible curiosité mais en partie
aussi pour gagner sa confiance, Maruja demanda qui était
l'auteur de la lettre des Extradables adressée quelques
jours auparavant à l'ambassadeur des Etats-Unis, et dans
laquelle il était question du trafic de drogue et de
l'extradition. Cette lettre avait attiré son attention par la
force des arguments et par son style. *El Doctor* n'en
connaissait pas l'auteur mais il savait qu'Escobar rédigeait
lui-même ses lettres, réfléchissait, puis écrivait plusieurs
brouillons jusqu'à ce qu'il parvienne à dire ce qu'il voulait
dire sans équivoques ni contradictions. Au bout de
presque deux heures de conversation, *el Doctor* aborda de
nouveau le sujet de la reddition. Maruja comprit que cela
l'intéressait plus qu'elle ne l'avait cru dans un premier
temps, et qu'il avait en tête le sort d'Escobar et le sien.
Elle avait pour sa part une opinion bien arrêtée sur l'évolution des décrets et les controverses qu'ils avaient susci-
tées, connaissait les détails de la politique de soumission
ainsi que les tendances au sein de l'Assemblée constituante
à propos de l'extradition et de l'amnistie.

« Si Escobar ne compte pas rester au moins quatorze
ans en prison, dit-elle, je ne pense pas que le gouvernement accepte sa reddition. »

Il se montra si satisfait de son avis qu'il eut une idée
insolite :

« Pourquoi n'écrivez-vous pas au patron ? » Et à la stupéfaction de Maruja, il ajouta : « Je suis sérieux, écrivez-
lui. Ça pourrait être très utile. »

Ce qui fut dit fut fait. *El Doctor* lui apporta du papier et un crayon et attendit sans hâte, en arpentant la pièce. Assise sur le lit, une planche en guise de table, Maruja alluma la première cigarette en écrivant la première lettre et éteignit la dixième sur le point final. En termes simples, elle remerciait Pablo Escobar de l'apaisement que lui avaient procuré ses mots. Elle lui disait aussi qu'elle n'éprouvait aucun sentiment de vengeance à son endroit ni à l'endroit de ceux qui l'avaient enlevée, et remerciait tout le monde pour la manière correcte dont elle avait été traitée. Elle espérait qu'Escobar serait en mesure d'accepter les décrets du gouvernement, afin d'assurer à ses enfants et à lui-même un avenir dans leur propre pays. Enfin, elle reprit la formule de Villamizar et offrit son sacrifice pour que revienne la paix en Colombie.

*El Doctor* attendait des propositions plus concrètes sur les conditions de la reddition, mais Maruja le persuada que l'effet serait le même si elle n'entrait pas dans des détails qui pourraient paraître impertinents ou donner lieu à des interprétations erronées. Elle avait raison : Pablo Escobar communiqua la lettre à la presse, attentive à tout ce qu'il envoyait et qui concernait la reddition.

Maruja en profita pour écrire à Villamizar une lettre très différente de celle qu'elle avait conçue sous l'emprise de la colère, et obtint de lui qu'il fasse sa réapparition à la télévision après plusieurs semaines de silence. Ce soir-là, sous l'effet d'un somnifère foudroyant, elle rêva qu'Escobar descendait d'un hélicoptère et se servait d'elle comme d'un bouclier contre des rafales de mitraillette, comme dans une version futuriste d'un film de cow-boys.

Au terme de la visite, *el Doctor* donna des instructions aux gens de la maison pour qu'ils redoublent d'égards envers Maruja. Le majordome et Damaris étaient si contents de ces nouvelles directives qu'ils allèrent parfois trop loin dans leur désir de les appliquer. Avant de prendre congé, *el Doctor* décida de relever la garde. Maruja le supplia de n'en rien faire. Les jeunes bacheliers, qui finissaient leur tour en avril, avaient été un grand réconfort après les excès du mois de mars, et ils avaient avec elle des rapports pacifiques. Et puis Maruja avait gagné leur confiance. Ils lui rapportaient les propos du majordome et de sa femme, et la mettaient au courant des désaccords internes qui auparavant étaient comme des secrets d'Etat. Ils en étaient venus à lui promettre, et Maruja le crut, que si l'on tentait quelque chose contre elle, ils seraient les premiers à la défendre. Ils lui prouvaient leur affection en lui apportant des friandises qu'ils volaient dans la cuisine et lui firent cadeau d'un litre d'huile d'olive pour améliorer le goût infect des lentilles.

Le seul point délicat était le désarroi religieux qui les tourmentait et qu'elle ne pouvait apaiser en raison de son incrédulité congénitale et de son ignorance en matière de foi. A plusieurs reprises elle faillit rompre l'harmonie de la pièce : « Voyons un peu, leur demandait-elle, pourquoi est-ce que vous tuez si c'est un péché ? » Elle les provoquait : « Beaucoup de rosaires à six heures du soir, beaucoup de cierges, beaucoup de blabla sur l'Enfant Jésus, mais si j'essayais de m'évader vous n'hésiteriez pas une seconde à me tirer dessus. » Les discussions étaient parfois si virulentes que l'un d'eux s'écria un jour épouvanté :

« Mais vous êtes athée ! »

Elle répondit oui. Jamais elle n'aurait pensé les frapper d'une telle stupeur. Consciente que son radicalisme gratuit pouvait lui coûter cher, elle inventa une théorie cosmique du monde et de la vie qui leur permettait de discuter sans altercations. Si bien que l'idée de les remplacer par des geôliers inconnus était mal venue. Mais *el Doctor* justifia la décision :

« C'est à cause des pistolets-mitrailleurs. »

Maruja comprit le sens de sa phrase à l'arrivée des nouveaux geôliers. C'étaient des hommes de ménage désarmés, qui lavaient et époussetaient toute la journée, au point qu'ils étaient plus encombrants que les ordures et que la crasse d'avant. Mais Maruja cessa peu à peu de tousser, et le bon ordre lui permit de regarder la télévision avec une tranquillité et une concentration qui furent salutaires à son équilibre physique et psychique.

Incrédule, Maruja ne prêtait jamais l'oreille à *La Minute de Dieu*, une émission étrange au cours de laquelle le prêtre Rafael García Herreros, un Eudiste âgé de quatre-vingt-deux ans, se livrait à des réflexions plus sociales que religieuses, et la plupart du temps hermétiques. En revanche, Pacho Santos, catholique fervent et pratiquant, s'intéressait aux messages qui n'avaient rien à voir avec ceux des hommes politiques. Le prêtre était une des figures les plus connues du pays depuis janvier 1955, date de sa première émission sur la septième chaîne de la télévision nationale. Auparavant, dès 1950, il avait fait connaître sa voix sur une station de radio de Cartagène, puis à partir de 1952 il avait prêché au micro d'une radio de Cali, puis en 1954 de Medellín, et enfin de Bogota en décembre de la même année. Il avait débuté à la télévision à peu près à la naissance de celle-ci. Il était connu pour son parler franc et parfois brutal, et pour ses yeux d'aigle qu'il gardait fixés sur le spectateur. Depuis 1961, il organisait chaque année le Banquet du Million, auquel assistaient des personnalités très connues – ou qui désiraient l'être – qui payaient un million de pesos pour un bol de bouillon et un morceau de pain servis par une reine de beauté. Les sommes ainsi collectées étaient destinées à des œuvres sociales qui portaient le même nom que l'émission. L'invitation la plus fracassante fut celle qu'il envoya à titre personnel à Brigitte Bardot, en 1968. L'acceptation immédiate de l'actrice provoqua un scandale parmi les grenouilles de bénitier, qui menacèrent de saboter le banquet. Le prêtre campa sur ses positions. Un incendie plus que providentiel dans les studios de Boulogne à Paris, et une explication fantaisiste selon laquelle les vols étaient complets, servirent de prétexte pour mettre fin à un ridicule qui avait atteint des proportions nationales.

Téléspectateurs assidus de *La Minute de Dieu*, les geôliers de Pacho Santos étaient plus intéressés par son contenu religieux que par son contenu social. Ils croyaient dur comme fer, à l'instar des familles des bidonvilles d'Antioquia, que le père García Herreros était un saint. Le ton de l'émission était toujours crispé et son contenu parfois incompréhensible. Mais celle du 18 avril, sans aucun doute adressée, sans le nommer, à Pablo Escobar, fut indéchiffrable.

« *On m'a dit qu'il voulait se rendre. On m'a dit qu'il voulait parler avec moi,* dit le père García Herreros en fixant l'objectif de la caméra. *O mer ! O mer de Coveñas à cinq heures du soir quand le soleil décline ! Que dois-je faire ? On me dit qu'il est fatigué de vivre et de se battre, et je ne puis confier mon secret à personne. Et pourtant je le porte en moi. Il m'étouffe. Dis-moi, ô mer, puis-je le faire ? Dois-je le faire ? Toi qui connais toute l'histoire de la Colombie, toi qui as vu les Indiens en adoration sur cette plage, toi qui as entendu le fracas de l'histoire : dois-je le faire ? Voudra-t-on encore de moi si je le fais ? Voudra-t-on encore de moi en Colombie ? Si je le fais : un déluge de feu s'abattra-t-il quand je partirai avec eux ? Tomberai-je à leurs côtés dans cette aventure ?* »

Maruja entendit elle aussi le message, mais il lui parut moins étrange qu'à beaucoup de Colombiens, car elle avait toujours pensé que le prêtre aimait divaguer jusqu'à se perdre au fin fond des galaxies. Elle le prenait plutôt comme un apéritif inévitable avant le journal de dix-neuf heures. Ce soir-là, cependant, elle fut plus attentive parce que tout ce qui concernait Pablo Escobar la concernait aussi. Elle demeura perplexe et intriguée, et très inquiète de ce que pouvait receler ce charabia providentiel. Pacho, en revanche, certain que le prêtre le sortirait de son purgatoire, serra de joie son geôlier dans ses bras.

# Chapitre 10

Le message du père García Herreros ouvrit une brèche dans ce qui était devenu une impasse. Pour Alberto Villamizar ce fut comme un miracle, car depuis plusieurs jours il dressait une liste d'éventuels médiateurs dont les antécédents et l'image inspireraient confiance à Escobar. Rafael Pardo, mis au courant de l'émission, s'inquiéta à l'idée d'une fuite de son cabinet. Mais de fait, l'un et l'autre pensèrent que le père García Herreros pouvait être le médiateur idéal pour obtenir la reddition de Pablo Escobar.

Fin mars, en effet, l'échange de correspondance n'apportait plus rien de nouveau. Pire encore : il était évident qu'Escobar se servait de Villamizar pour envoyer des messages au gouvernement sans rien offrir en retour. Sa dernière lettre n'était qu'un interminable cahier de doléances. Sans rompre la trêve, il avait, disait-il, donné le feu vert à ses hommes pour qu'ils résistent aux compagnies de sécurité, lesquelles figuraient comme cible sur la liste des grands attentats, et s'il n'y avait pas de solution rapide, les attaques indiscriminées contre la police et la population reprendraient. Mais surtout, il reprochait au Procureur de n'avoir destitué que deux officiers alors que les Extradables en avaient dénoncé vingt.

Quand Villamizar ne savait plus que faire, il allait trouver Jorge Luis Ochoa, et quand un point délicat se présentait, celui-ci l'envoyait à La Loma prendre conseil auprès de son père. Le vieil Ochoa servait à Villamizar un demi-verre du whisky sacré : « Buvez-moi ça, disait-il à Alberto, je ne sais pas comment vous supportez cette putain de tragédie. » Les choses en étaient là début avril, quand Villamizar retourna à La Loma et fit à don Fabio le récit détaillé de ses revers avec Escobar. Don Fabio se montra aussi désappointé que lui.

« Maintenant ça suffit avec ces foutues lettres, décida-t-il. Si on continue comme ça, on en sera au même point dans cent ans. Le mieux est que vous rencontriez Escobar, et qu'ensemble vous parveniez à un accord convenable. »

Don Fabio lui-même fit connaître la proposition à Escobar et lui précisa que Villamizar irait jusqu'à prendre le risque de faire le trajet dans la malle arrière d'une voiture. Escobar refusa. « Je verrai peut-être Villamizar, mais pas maintenant », répondit-il. Il devait redouter le fameux dispositif électronique que Villamizar pouvait porter dissimulé n'importe où, même sous une couronne dentaire.

Pendant ce temps, il insistait pour que les policiers soient sanctionnés et il continuait d'accuser le général Maza Márquez d'avoir scellé une alliance avec les groupes paramilitaires et le cartel de Cali pour tuer ses hommes. Dans son acharnement obsessionnel contre Maza Márquez, Escobar rejetait aussi sur le général la responsabilité de l'assassinat de Luis Carlos Galán. Maza Márquez avait l'habitude de rétorquer, en public ou en privé, que pour le moment il n'était pas en guerre contre le cartel de Cali parce qu'il s'occupait en priorité du terrorisme des trafiquants et non du trafic lui-même. Par ailleurs, dans une lettre à Villamizar, Escobar avait écrit cette phrase plutôt hors de propos : « Dites à doña Gloria que c'est Maza qui a tué son mari, que ça ne fait aucun doute. » A tant d'insistance, la réponse de Maza Márquez était invariable : « Escobar est le seul à savoir mieux que personne que c'est faux. »

Désespéré par cette guerre sanglante et stérile qui tuait dans l'œuf toute initiative sensée, Villamizar tenta un dernier effort pour obtenir du gouvernement une trêve et l'ouverture de négociations. En vain. Rafael Pardo lui avait fait comprendre depuis le début que si d'un côté les familles des otages se heurtaient à la détermination du gouvernement de ne faire aucune concession, de l'autre les adversaires de la politique de soumission accusaient ce même gouvernement de livrer le pays aux barons de la drogue.

Villamizar, accompagné pour l'occasion de sa belle-sœur Gloria Pachón de Galán, rendit aussi visite au général Gómez Padilla, directeur de la Police nationale. Gloria lui demanda de décréter une trêve d'un mois, le temps d'essayer d'entrer en contact personnel avec Pablo Escobar.

« Vous m'en voyez navré, madame, lui dit le général, mais il est hors de question d'arrêter les opérations contre ce criminel. Vous agissez à vos risques et périls, et nous ne pouvons que vous souhaiter bonne chance. »

Ils n'obtinrent rien d'autre d'une police fermée à tout pour empêcher les fuites inexplicables qui avaient permis à Escobar de passer à travers les mailles des filets les mieux tendus. Mais doña Gloria ne repartit pas les mains vides, car un officier lui dit, à l'instant où elle prenait congé, que Maruja était détenue quelque part dans le département de Nariño, non loin de la frontière avec l'Equateur. Comme elle savait par Beatriz qu'elle était à Bogota, la méprise de la police dissipa sa crainte d'une opération de commando.

A cette date, les conjectures de la presse sur les conditions de la reddition d'Escobar avaient atteint les proportions d'un scandale international. La fermeté de la police,

pas plus que les explications des membres du gouvernement ou du Président ne parvenaient à convaincre les gens
qu'il n'existait ni négociations ni pourparlers secrets.

Le général Maza Márquez étaient de ceux qui croyaient
tout le contraire. Plus encore : il avait toujours été persuadé, et ne se faisait pas prier pour le répéter, que sa destitution était une des conditions principales posées par
Escobar pour se rendre. Le Président Gaviria n'avait pas
apprécié les déclarations que le général Maza Márquez faisait en franc-tireur à la presse, non plus que les rumeurs,
jamais confirmées, qu'il avait organisé certaines fuites
délicates. Mais à ce moment-là, après tant d'années de service, et alors que sa répression de la criminalité et son inef-
fable dévotion à l'Enfant Jésus lui valaient une popularité
sans pareille, il était peu probable que le Président de la
République décide de le limoger. Conscient de son pouvoir, Maza ne pouvait ignorer pour autant que le Président
finirait par exercer le sien. La seule chose qu'il lui avait
demandée — par l'intermédiaire d'amis communs — était
de le prévenir avec assez d'avance afin qu'il puisse mettre
sa famille à l'abri.

L'unique fonctionnaire autorisé à entrer en contact avec
les avocats de Pablo Escobar, à condition qu'il en reste une
trace écrite, était le directeur des affaires criminelles, Carlos Eduardo Mejía. Selon la loi, c'était lui qui devait décider des détails pratiques de la reddition et des conditions
de sécurité et de vie à l'intérieur de la prison.

Le ministre de la Justice, Girardo Angel, avait lui-
même examiné les différentes options. Le pavillon de
haute sécurité d'Itagüí en était une, depuis que Fabio
Ochoa s'était livré à la justice en novembre de l'année précédente, mais les avocats d'Escobar l'avaient rejetée car le
bâtiment était une cible trop facile pour des attentats à la
voiture piégée. Le ministre avait aussi songé à transformer
en prison blindée un couvent de Poblado, situé non loin de
la résidence où Pablo Escobar avait échappé à l'explosion

de deux cents kilos de dynamite – un attentat qu'il avait attribué au cartel de Cali –, mais les religieuses qui en étaient les propriétaires avaient refusé de le vendre. Il avait alors offert de renforcer la prison de Medellín, mais le conseil municipal s'y était opposé à l'unanimité. Alberto Villamizar, craignant que la reddition ne devienne impossible faute de prison, pesa de tout son poids en faveur de la proposition, faite par Escobar en octobre de l'année précédente, d'aménager El Claret, un centre municipal pour drogués situé à douze kilomètres du parc principal d'Envigado, au cœur d'un domaine connu sous le nom de La Cathédrale de la Vallée et qui appartenait à un prête-nom d'Escobar. Conscient que celui-ci ne se rendrait jamais si le problème de sa sécurité n'était pas résolu une fois pour toutes, le gouvernement étudia la possibilité de louer le domaine et de le transformer en pénitencier. Les avocats exigeaient que les gardiens soient des Antioquiens et que la sécurité extérieure soit confiée à n'importe quel corps armé sauf la police, par crainte qu'elle ne se livre à des représailles après l'assassinat de plusieurs agents à Medellín.

Le maire d'Envigado, responsable des travaux, prit bonne note du rapport du gouvernement et entreprit d'équiper la prison avant de la céder au ministère de la Justice, comme le stipulaient les termes du contrat de location. Le gros œuvre était d'une simplicité enfantine avec des sols en ciment, des toits de tuile et des portes métalliques peintes en vert. La partie destinée à l'administration était située dans l'ancienne maison et comprenait trois petites pièces, la cuisine, un patio pavé et le cachot. Il y avait aussi un dortoir de quatre cents mètres carrés, une grande salle servant de bibliothèque et de salle d'études, ainsi que six cellules individuelles avec chacune une salle d'eau. Au centre il y avait un terrain communal de quelque six cents mètres carrés avec quatre douches, un vestiaire et six sanitaires. L'aménagement avait commencé en février, et les soixante ouvriers du bâtiment se relayaient par équipes, ne dormant que quelques heures par jour. La topographie accidentée, l'état impraticable de la route et la rudesse de l'hiver obligèrent les ouvriers à se passer de bennes et de camions, et l'on dut transporter une grande partie du mobilier à dos de mule. Vinrent d'abord deux chauffe-eau de cinquante litres chacun, suivis de lits de camp et de deux douzaines de petits fauteuils tubulaires peints en jaune. Vingt jarres de plantes ornementales, araucarias, lauriers, aréquiers complétèrent la décoration. Comme l'ancien lieu de réclusion ne possédait pas d'installation téléphonique, la communication avec la prison se ferait dans un premier temps par radio. Le montant total des travaux s'éleva à cent vingt millions de pesos, payés par la municipalité d'Envigado. Les travaux devaient s'étaler sur huit mois, mais ils avancèrent à pas de géant lorsque le père García Herreros entra en scène.

La mise à pied de l'armée personnelle d'Escobar était un obstacle supplémentaire à sa reddition. Celui-ci, semble-t-il, ne considérait pas la prison comme un moyen pour faire appliquer la loi, mais comme un sanctuaire pour le protéger de ses ennemis et de la justice ordinaire. Mais une partie de ses troupes n'était pas d'accord pour se rendre avec lui, et il arguait qu'il ne saurait se mettre à l'abri avec sa famille et laisser ses gens à la merci du Corps d'élite. « Je ne suis pas seul à décider de mon sort », écrivit-il dans une lettre. Mais pour beaucoup ce n'était qu'une demi-vérité car, selon toute probabilité, il voulait garder sous la main son équipe au grand complet afin de continuer à diriger ses affaires de la prison. De toute façon, le gouvernement préférait Escobar avec ses hommes que sans eux. Au nombre d'une centaine, les bandes n'étaient pas toutes en même temps sur le pied de guerre, mais elles constituaient une sorte de corps de réserve, facile à rameuter et à armer en l'espace de quelques heures. Il fallait donc obtenir d'Escobar qu'il dépose les armes et s'installe dans la prison avec ses quinze ou vingt intrépides capitaines.

La position du Président Gaviria avait toujours été de faciliter les démarches personnelles de Villamizar pour libérer les otages, et il la lui avait confirmée lors de leurs rares tête-à-tête. Villamizar ne croit pas que le gouvernement ait mené d'autres négociations que celles que lui-même était autorisé à conduire et qui faisaient partie de la politique de soumission. L'ancien Président Turbay et Hernando Santos, bien qu'au fait des problèmes institutionnels du gouvernement, attendaient un minimum de souplesse de la part du Président, même s'ils ne l'ont jamais laissé entrevoir. Son refus de modifier les dates limites figurant sur les décrets malgré l'insistance, les prières et les supplications de Nydia, est aujourd'hui encore une épine plantée dans le cœur des familles qui ne cessaient de réclamer qu'il le fasse. Et les proches de Diana n'accepteront et ne comprendront jamais pourquoi ces modifications ont eu lieu trois jours après sa mort. Hélas, devait déclarer plus tard le Président au cours d'une conversation privée, si on avait modifié les délais plus tôt cela n'aurait rien changé à la mort de Diana ni aux circonstances qui l'ont entraînée.

Mais Escobar faisait flèche de tout bois et n'avait de cesse de négocier avec le diable et le bon Dieu, en usant de toutes sortes de moyens, légaux ou illégaux. Non qu'il se fiât plus à certains qu'à d'autres, mais parce qu'il n'avait confiance en personne. Une fois obtenu ce qu'il attendait de Villamizar, il continua de caresser son rêve d'amnistie, qu'il nourrissait depuis 1989, car d'autres barons du cartel et bon nombre de leurs séides avaient, cette année-là, pris leur carte au M-19 et grossi ainsi la liste des guérilleros amnistiés. Le commandant Carlos Pizarro leur barra par la suite la route en exigeant des critères impossibles à remplir. Deux ans plus tard, Escobar cherchait un second souffle à travers l'Assemblée constituante et tentait par différents moyens, depuis le versement de fortes sommes d'argent en liquide jusqu'aux menaces les plus graves, de faire pression sur plusieurs de ses membres.

Les ennemis d'Escobar se mettaient, eux aussi, en travers de sa route. Un scandale aussi tonitruant qu'inutile éclata à la suite de ce que l'on appela un « narco-video ». Le film avait soi-disant été tourné avec une caméra cachée dans une chambre d'hôtel, au moment où un membre de l'Assemblée constituante recevait en liquide une somme d'argent des mains d'un prétendu avocat d'Escobar. Le député, qui avait été choisi sur une liste du M-19 et appartenait en réalité à un groupe paramilitaire du cartel de Cali en guerre contre le cartel de Medellín, ne parvint à convaincre personne. Quelques mois plus tard, le chef d'une milice privée, qui s'était livré à la justice, raconta que ses hommes avaient tourné ce film imaginaire pour démontrer qu'Escobar corrompait les députés et que, par conséquent, son amnistie ou sa non-extradition ne pouvait être qu'achetée.

Parmi les nombreux fronts qu'il tentait d'ouvrir çà et là, Escobar voulut négocier la libération de Pacho Santos dans le dos de Villamizar, alors que les démarches de ce dernier étaient sur le point d'aboutir. Fin avril, par l'intermédiaire d'un prêtre, il envoya un message à Hernando Santos, dans lequel il lui demandait de se rendre à l'église d'Usaquén pour y rencontrer un de ses avocats. La question, disait le message, était de la plus haute importance pour la libération de Pacho. Hernando connaissait le prêtre qu'il tenait pour un saint homme, de sorte qu'il se rendit seul, au jour et à l'heure, à l'endroit convenu. Il était vingt heures et, dans la pénombre de l'église, l'avocat, à peine visible, lui déclara qu'il n'avait rien à voir avec les cartels, mais que Pablo Escobar avait parrainé toute sa carrière et qu'il ne pouvait lui refuser ce service. Sa mission se bornait à lui remettre deux textes : un rapport d'Amnesty International sur la police de Medellín et l'original d'une note destinée à la presse sur les exactions du Corps d'élite.

« Je ne suis venu ici qu'en songeant à la vie de votre fils, dit l'avocat. Si ces articles sont publiés demain, après-demain Francisco sera libre. »

Hernando lut la note inédite dans une optique politique. Elle reprenait les faits tant de fois dénoncés par Escobar, mais avec une profusion de détails abominables qu'il était impossible de vérifier. Elle était écrite avec le plus grand sérieux et une subtile malignité. L'auteur, selon l'avocat, était Escobar lui-même. En tout cas, le style ressemblait au sien.

Le document d'Amnesty International avait déjà été publié dans d'autres journaux, et Hernando Santos ne voyait aucun inconvénient à le publier de nouveau. En revanche, ce que dénonçait la note était trop grave pour paraître sans preuves. « Qu'Escobar me les fasse parvenir et je la publierai aussitôt, même s'il ne libère pas Pacho », dit Hernandez. Il n'y avait plus rien à ajouter. L'avocat, conscient que sa mission avait pris fin, voulut profiter de l'occasion pour demander à Hernando combien Guido Parra avait perçu pour ses bons offices.

« Pas un sou, répondit Hernando. Nous n'avons jamais parlé d'argent.

— Dites-moi la vérité, reprit l'avocat, parce qu'Escobar contrôle les comptes comme il contrôle tout, et il lui manque ce détail. »

Hernando répéta ce qu'il venait de dire et les deux hommes prirent congé l'un de l'autre.


La seule personne convaincue que les choses touchaient à leur fin fut peut-être l'astrologue colombien Mauricio Puerta, qui lisait avec une grande attention l'actualité colombienne dans les étoiles, et en était arrivé à des conclusions surprenantes en étudiant le thème astral de Pablo Escobar.

Escobar était né à Medellín le 1$^{er}$ décembre 1949, à onze heures cinquante. C'était donc un Sagittaire avec un ascendant Poissons, et sa conjonction astrale ne pouvait être pire : Mars et Saturne dans la Vierge. Ses tendances étaient : autoritarisme, cruauté, despotisme, ambition insatiable, rébellion, turbulence, insubordination, anarchie, indiscipline, atteintes à l'autorité. Et sa fin fulgurante : mort subite.

A partir du 30 mars 1991, il aurait pendant trois ans Saturne à cinq degrés, et son destin se résumait à trois possibilités : l'hôpital, la prison ou le cimetière. Une quatrième option, le couvent, ne semblait guère plausible. De toute façon, la période était plus favorable à une bonne négociation qu'à un accord définitif. Ce qui revenait à dire que le meilleur choix pour lui était d'accepter la reddition aux conditions offertes par le gouvernement.

« Escobar doit être très inquiet pour s'intéresser de la sorte à son thème astral », dit un journaliste. Car dès qu'il avait appris l'existence de Mauricio Puerta, Escobar avait voulu connaître dans les moindres détails l'analyse de sa situation. Cependant, ses deux émissaires n'arrivèrent pas à destination, et l'un d'eux disparut à jamais. Puerta organisa alors un séminaire à Medellín, à grand renfort de publicité, afin qu'Escobar puisse le joindre, mais une série d'impondérables plus étranges les uns que les autres empêchèrent la rencontre. Puerta les interpréta comme une protection des astres pour que nul n'intervienne dans le cours d'un destin désormais inexorable.

L'épouse de Pacho Santos écouta la révélation surnaturelle d'une voyante, qui avait prédit la mort de Diana avec une lucidité surprenante et lui avait affirmé avec la même assurance que Pacho était vivant. Au mois d'avril, elle croisa de nouveau la voyante dans un endroit public, et celle-ci lui murmura à l'oreille :

« Bravo. Je l'ai vu arriver. »

Il ne restait plus que ces quelques lueurs d'espoir quand le père García Herreros adressa à Pablo Escobar son message abscons. Le pays se demande aujourd'hui encore comment il avait pris cette décision providentielle, et quel mystère renfermait la mer de Coveñas. Mais le plus étrange est sans doute la façon dont l'idée lui était venue. Le vendredi 12 avril 1991 il avait rendu visite au docteur Manuel Elkin Patarroyo, l'inventeur du vaccin contre la malaria, et lui avait demandé d'installer à *La Minute de Dieu* une antenne médicale pour le dépistage précoce du sida. Il était accompagné d'un jeune prêtre du même ordre que le sien, et d'un Antioquien de pure souche, son grand ami et son conseiller pour les affaires temporelles. Ce bienfaiteur, qui désire garder l'anonymat, avait fait don de la construction de la chapelle personnelle du père García Herreros, et payait avec assiduité son denier à Dieu. Dans la voiture qui les conduisait à l'Institut d'immunologie du docteur Patarroyo, il fut pris d'une inspiration soudaine :

« Dites-moi, mon père, pourquoi ne donneriez-vous pas un coup de main pour obtenir la reddition de Pablo Escobar ? »

Il le dit tout à trac et sans y avoir réfléchi. « Ce fut un message de là-haut », devait-il déclarer plus tard, selon sa formule pour se référer à Dieu, avec le respect d'un esclave et la confiance d'un complice. Il venait de décocher une flèche en plein cœur du prêtre. Celui-ci devint livide. Le docteur Patarroyo, qui ne le connaissait pas, fut impressionné par l'énergie que ses yeux irradiaient et par son sens des affaires, mais son accompagnateur le vit d'une tout autre manière : « Le père était comme sur un nuage. Pendant la visite, il ne songeait qu'à ce que je lui avais dit et, en partant, il était si énervé que j'ai pris peur. » Si bien que pour le week-end, il l'emmena se reposer dans un centre de vacances à Coveñas, une plage des Caraïbes très populaire et fréquentée par des milliers de touristes, où arrive un oléoduc fournissant deux cent cinquante mille barils de pétrole par jour.

Le père García Herreros ne tenait pas en place. Il dormait à peine, se levait en plein milieu des repas, marchait pendant des heures sur la plage quel que soit le moment de la journée ou de la nuit. « *O mer de Coveñas,* criait-il dans le fracas du ressac. *Puis-je le faire ? Dois-je le faire ? Toi qui sais tout : y perdrai-je la vie ?* » Mais il rentrait de ces promenades tourmentées à nouveau maître de son âme, comme si la mer lui avait envoyé des réponses, et il s'entretenait avec son hôte des moindres détails du projet.

Le mardi, quand ils rentrèrent à Bogota, une claire vision d'ensemble lui avait rendu sa sérénité. Le mercredi, il reprit ses habitudes : levé à six heures, il se doucha, enfila son éternel poncho de laine blanche par-dessus la soutane noire et le col romain, puis expédia les affaires courantes avec Paulina Garzón, l'indispensable secrétaire qui lui avait consacré la moitié de sa vie. Le soir, l'émission porta sur un sujet qui n'avait rien à voir avec celui qui l'obsédait. Le jeudi matin, ainsi qu'il l'avait promis, le docteur Patarroyo fit parvenir une réponse encourageante à la demande du père. Celui-ci ne déjeuna pas. A sept heures moins dix, il entra dans les studios d'Inravisión et improvisa en direct, devant les caméras, le message adressé à Pablo Escobar. Ce furent soixante secondes qui bouleversèrent le peu de temps qui lui restait à vivre. De retour chez lui, l'attendaient une corbeille pleine de messages téléphoniques en provenance de tout le pays et une avalanche de journalistes qui, à partir de ce soir-là, ne devaient plus le quitter d'une semelle jusqu'à ce qu'il réussisse, comme il se l'était promis, à prendre Pablo Escobar par la main pour le conduire en prison.

La dernière ligne droite était entamée, mais les pronostics demeuraient incertains, car l'opinion publique était divisée entre ceux qui croyaient que le bon père était un saint et les incrédules invétérés qui le prenaient pour un fou. Sa vie, malgré de multiples péripéties, prouvait tout le contraire. Il avait eu quatre-vingt-deux ans au mois de janvier, il allait fêter en août ses cinquante-deux ans de prêtrise, et il était de loin le seul Colombien influent à n'avoir jamais rêvé d'être Président de la République. Sa chevelure neigeuse et son poncho de laine blanche par-dessus la soutane parachevaient l'une des figures les plus respectables du pays. Il avait publié un recueil de poésie à l'âge de dix-neuf ans, et écrit quelques poèmes, de jeunesse aussi, sous le pseudonyme de Senescens. Il avait eu un prix, aujourd'hui oublié, pour un livre de nouvelles, et son œuvre sociale lui avait valu quarante-six décorations. Il avait toujours su, pour le meilleur comme pour le pire, garder les pieds sur terre, menait une vie sociale de laïc, racontait et se laissait raconter des plaisanteries de toutes sortes, et à l'heure de la vérité il était ce que sous son poncho de la savane il avait toujours été : un Santanderien pur et dur.

Il menait une vie monastique et austère dans le presbytère de la paroisse de San Juan Eudes, dans une chambre aux murs lézardés qu'il refusait de réparer. Il dormait sur des planches, sans matelas et sans oreiller, avec un couvre-lit en patchwork multicolore représentant des petites maisons, que lui avaient confectionné les Sœurs de charité. Il n'avait pas accepté l'oreiller de plumes dont on lui avait fait un jour cadeau, car cela lui semblait contrevenir à la loi de Dieu, ne changeait de chaussures que lorsqu'on lui en offrait des neuves, et ne remplaçait jamais sa soutane ni son éternel poncho tant qu'on ne lui en donnait pas d'autres. Il mangeait peu mais savait se montrer raffiné à table, appréciait les bons mets et les vins fins, et n'aimait pas qu'on l'invite dans des restaurants luxueux de crainte qu'on ne croie qu'il payait l'addition. Dans l'un d'eux, il vit un jour une dame de la haute société portant à son doigt un diamant de la taille d'une amande.

« Avec une bague comme celle-ci, lui dit-il bien en

face, je ferais construire cent vingt maisons pour les pauvres. »

Stupéfaite par ses propos, la dame ne sut que répondre mais, le lendemain, elle lui envoya sa bague avec un billet cordial. Le diamant était insuffisant pour les cent vingt maisons, ce qui n'empêcha pas le père de les faire construire.

Originaire de Chipatá, dans la province de Santander sud, Paulina Garzón de Bermúdez était arrivée à Bogota en 1961, à l'âge de quinze ans, avec sa mère et une recommandation vantant ses mérites de dactylo. Elle était en effet experte en ce domaine, mais elle ne savait pas s'exprimer au téléphone et ses listes de courses étaient illisibles à cause des fautes d'orthographe. Pourtant, elle apprit à bien faire l'une et l'autre chose, et le père l'engagea. Elle s'était mariée à l'âge de vingt-cinq ans et avait eu un fils, Alfonso, puis une fille, María Constanza, qui sont aujourd'hui ingénieurs en informatique. Paulina s'était arrangée pour continuer à travailler avec le père, qui peu à peu lui confia les dossiers les plus difficiles, jusqu'au jour où elle devint si indispensable qu'ils voyageaient ensemble en Colombie et à l'étranger, mais toujours accompagnés d'un autre prêtre. « Pour éviter qu'on jase », disait Paulina. Elle finit par le suivre partout, ne fût-ce que pour lui ôter ou lui mettre ses verres de contact, ce qu'il n'avait jamais pu faire tout seul.

Depuis quelques années, le père entendait mal de l'oreille droite, était devenu irritable, et avait des trous de mémoire qui l'exaspéraient. Il avait peu à peu abandonné les prières classiques et improvisait les siennes à voix haute, comme illuminé par l'inspiration. Sa réputation de lunatique grandissait à mesure que s'étendait la croyance populaire en son pouvoir surnaturel de commander les eaux, de gouverner leur cours et leur humeur. Son attitude compréhensive envers Pablo Escobar rappelait une phrase qu'il avait prononcée en août 1957 au retour du général

Gustavo Rojas Pinilla, qui devait être jugé par le Congrès : « Quand un homme se soumet à la loi, même s'il est coupable, il mérite un profond respect. » Vers la fin de sa vie, lors d'un Banquet du Million dont l'organisation avait posé de nombreux problèmes, un ami lui demanda ce qu'il allait faire par la suite, et sa réponse fut celle d'un jeune homme de dix-neuf ans : « Je vais m'allonger un moment pour regarder les étoiles. »

Au lendemain de son message télévisé, le père García Herreros se présenta de manière inopinée à la prison d'Itagüí pour demander aux frères Ochoa de quelle façon il pourrait être utile à la reddition de Pablo Escobar. Les frères Ochoa virent en lui un saint, avec un unique défaut qu'ils ne pouvaient ignorer : depuis plus de quarante ans son prêche quotidien lui valait une audience considérable, et il lui était impossible d'entreprendre une démarche sans l'annoncer au préalable à l'opinion publique. Mais l'avis décisif fut celui de don Fabio qui le considéra comme un médiateur providentiel. En premier lieu parce qu'Escobar ne nourrissait pas à son endroit les griefs qui l'empêchaient de recevoir Alberto Villamizar. En second lieu parce que son image divinisée pouvait convaincre l'entourage d'Escobar qu'ils devaient tous se rendre.

Deux jours plus tard, le père García Herreros révéla au cours d'une conférence de presse qu'il était en contact avec les hommes qui retenaient les journalistes en otage, et il se montra optimiste quant à leur prochaine libération. Villamizar se précipita sans perdre une seconde au studio d'enregistrement de *La Minute de Dieu*. Il accompagna le père à la prison d'Itagüí, où celui-ci se rendait pour la seconde fois, et le processus, laborieux et confidentiel, qui devait aboutir à la reddition, fut mis en marche le jour même. Le premier pas fut une lettre que le père dicta dans la cellule des Ochoa et que María Lía tapa à la machine. Il l'improvisa debout devant elle, dans la même attitude, sur le même ton apostolique que ses homélies d'une minute, et

avec le même accent santanderien. Il invita Pablo Escobar
à chercher avec lui la voie menant à la pacification de la
Colombie, lui dit qu'il espérait que le gouvernement le
désignerait comme le garant du « respect de tes droits et
de ceux de ta famille et de tes amis », mais il le prévint
qu'il ne devait pas exiger du gouvernement ce que celui-
ci ne pouvait lui donner. Avant de lui transmettre son
« affectueux souvenir », il lui avoua le but concret de sa
lettre : « Si tu crois que nous pouvons nous voir dans un
lieu sûr pour toi comme pour moi, fais-le-moi savoir. »

Escobar répondit trois jours plus tard, de sa propre
main. Il offrait sa reddition comme un sacrifice pour la
paix, en précisant bien qu'il ne demandait pas l'amnistie.
Il n'exigeait aucune condamnation pénale contre les policiers qui terrorisaient les communes, mais des sanctions
disciplinaires, et ajoutait qu'il ne renonçait pas à sa détermination d'user de représailles draconiennes. Il était prêt
à se déclarer coupable de certains délits, même si aucun
juge, colombien ou étranger, il en était sûr, ne possédait de
preuves suffisantes pour l'inculper, et il souhaitait que ses
ennemis soient traités de la même façon. Cependant, il ne
faisait aucune allusion à l'éventuelle rencontre que le père
attendait avec une grande anxiété.

Le père avait promis à Villamizar qu'il maîtriserait sa
fougue de prédicateur et, au début, il parvint à se retenir.
Mais son esprit d'aventure presque enfantin finit par l'emporter sur sa volonté. L'expectative était si grande et la
mobilisation de la presse si importante, qu'il ne pouvait
plus faire un pas sans être poursuivi jusque chez lui par des
hordes de journalistes et des équipes de radio et de télévision.

Après cinq mois de travail dans le secret le plus absolu
grâce au mutisme presque sacramentel de Rafael Pardo,
Alberto Villamizar fut convaincu que la logorrhée du père

García Herreros mettait l'ensemble de l'opération en danger. Il sollicita et obtint l'aide des personnes les plus proches du père, à commencer par celle de Paulina, et put ainsi préparer quelques actions sans devoir l'en informer à l'avance.

Le 13 mai, il reçut un message d'Escobar lui demandant de conduire le père à La Loma et de l'y laisser tout le temps nécessaire, trois jours ou trois mois. Escobar, en effet, voulait surveiller lui-même avec le plus grand soin et la plus grande minutie chaque étape de la rencontre. Il était même possible qu'elle soit annulée au dernier moment pour des raisons de sécurité. Par chance, le père était toujours disponible quand il s'agissait d'une affaire qui l'empêchait de dormir. Le 14 mai à cinq heures du matin, Villamizar frappa à sa porte et le trouva en train de travailler comme en plein milieu de la journée.

« Allez, en route, mon père, lui dit-il, on va à Medellín. »

A La Loma, les Ochoa avaient tout préparé pour occuper le père le temps qu'il faudrait. Don Fabio n'était pas là, mais les femmes s'étaient chargées de tout. Il ne fut pas facile de distraire le père, parce qu'il se rendait bien compte que le motif de ce voyage impromptu était des plus sérieux.

Le petit déjeuner fut ennuyeux et long, mais le père mangea bien. Vers dix heures, Martha Nieves lui annonça sur le ton le plus léger possible qu'Escobar le recevrait d'un moment à l'autre. Il sursauta, se montra heureux, mais ne sut pas quoi faire jusqu'à ce que Villamizar le fasse revenir sur terre :

« Mieux vaut que vous le sachiez dès à présent, mon père, vous devrez peut-être aller seul avec le chauffeur, et nul ne sait où vous irez et combien de temps vous resterez absent. »

Le père pâlit. C'est à peine s'il parvenait à tenir son chapelet entre ses doigts tandis qu'il faisait les cent pas et récitait à voix haute les prières de son invention. Chaque fois qu'il passait devant une fenêtre il regardait le chemin, partagé entre la terreur de voir apparaître la voiture qui viendrait le chercher et le désir qu'elle n'arrive jamais. Il voulut téléphoner mais il prit lui-même conscience du danger. « Une chance qu'on n'ait pas besoin de téléphone pour parler avec Dieu », dit-il. Il ne voulut pas prendre place à table pour le déjeuner, tardif mais plus appétissant encore que le petit déjeuner. Dans la chambre préparée à son intention, il y avait un lit à baldaquin, tendu de passementerie, comme celui d'un évêque. Les femmes voulurent lui faire prendre un peu de repos et il accepta. Mais il ne put dormir et, en proie à une grande anxiété, il lut la *Brève histoire du temps* de Stephen Hawking, un livre à la mode qui tentait d'apporter la preuve mathématique de la non-existence de Dieu. Vers quatre heures de l'après-midi, il entra dans le salon où Villamizar somnolait et dit :

« Alberto, on ferait mieux de rentrer à Bogota. »

Il fallut pour l'en dissuader tout le charme et le tact des femmes de la maison. Dans la soirée, il eut une rechute mais il n'avait plus d'échappatoire. Il était conscient des risques qu'il encourrait en prenant la route de nuit. A l'heure d'aller au lit, il demanda qu'on l'aide à ôter ses lentilles. Villamizar ne put fermer l'œil, car il ne parvenait pas à écarter l'hypothèse qu'Escobar, pour un tel rendez-vous, ne préfère les ténèbres de la nuit.

Le père non plus ne ferma pas l'œil. A huit heures, le petit déjeuner était servi, plus appétissant encore que la veille, mais le père ne prit pas place à table. Il était désespéré, car personne n'avait pu l'aider à mettre ses lentilles de contact. L'administratrice de l'hacienda, au terme de plusieurs tentatives, y parvint enfin. Il était moins nerveux que la veille et, au lieu de marcher de long en large, il s'assit et fixa le chemin au détour duquel devait apparaître la voiture. Il demeura dans cette attitude jusqu'à ce que l'impatience ait raison de lui, et se leva d'un bond :

« Je m'en vais, dit-il, tout ça c'est des boniments. »

On parvint à le convaincre de rester au moins pour le déjeuner. Il reprit courage, mangea bien, bavarda, amusa son monde comme au bon vieux temps, et à la fin annonça qu'il allait faire la sieste.

« Mais je vous préviens, dit-il en agitant un doigt menaçant. A mon réveil, je pars. »

Martha Nieves passa deux ou trois coups de fil dans l'espoir d'avoir quelque information qui leur permettrait de retenir le père après sa sieste. En vain. Un peu avant trois heures, alors que tout le monde somnolait dans la grande salle, un bruit de moteur réveilla la maisonnée. La voiture était là. Villamizar se leva d'un bond, frappa deux ou trois petits coups polis à la porte du père, l'ouvrit, et dit :

« Mon père. On vient vous chercher. »

Le père, à moitié endormi, se leva comme il le put. Villamizar fut ému aux larmes, car il ressemblait à un oisillon déplumé, la peau toute fripée et parcourue de frissons de terreur. Mais il se reprit aussitôt, se signa, se redressa, soudain immense et résolu. « A genoux, mon fils, ordonna-t-il à Villamizar. Prions. » Quand il se releva, il était un autre.

« Allons voir ce que Pablo a dans le ventre », dit-il.

Villamizar, qui aurait bien souhaité l'accompagner, ne le suggéra même pas, car il savait qu'on lui dirait non. Pourtant il se permit de prendre le chauffeur à part :

« Vous répondez de la vie du père. C'est une personne trop importante. Faites très attention à lui. Vous endossez une grande responsabilité. »

Le chauffeur regarda Villamizar comme s'il était un imbécile et lui dit :

« Parce que vous croyez qu'avec un saint dans la voiture il peut nous arriver quelque chose ? »

Le chauffeur prit une casquette de base-ball et demanda au père de la coiffer afin qu'on ne le reconnaisse pas à ses cheveux blancs. Le père obtempéra. Villamizar ne cessait de penser que toute la région de Medellín était militarisée, et que si le père était arrêté la rencontre n'aurait pas lieu. Il se disait aussi qu'il pouvait être pris entre les tirs croisés des sicaires et de la police.

On fit asseoir le père García Herreros à côté du chauffeur. Tout le monde regarda la voiture s'éloigner. Alors, le père ôta sa casquette, la jeta par la fenêtre et cria à Villamizar : « Souvenez-vous, mon fils, que les eaux m'obéissent. » Au même instant, un coup de tonnerre retentit au-dessus de la vaste campagne, et le ciel s'effondra en une averse biblique.

On ne connaît de l'entrevue du père García Herreros avec Pablo Escobar que ce qu'en a raconté le prêtre à son retour à La Loma. La maison où on l'avait reçu était grande et luxueuse, avec une piscine olympique et plusieurs installations sportives. En chemin, ils changèrent trois fois de véhicule pour des raisons de sécurité, et l'averse serrée qui ne se calmait pas leur permit de passer les nombreux barrages de police sans être arrêtés. Selon le chauffeur, d'autres barrages avaient été installés par le service de sécurité des Extradables. Le voyage dura plus de trois heures, bien que la destination dût être une des nombreuses résidences d'Escobar aux environs de Medellín, car le chauffeur tourna sans doute en rond pour faire croire au père qu'ils se rendaient loin de La Loma.

Il raconta que, dans le jardin, l'attendaient une vingtaine d'hommes armés qu'il admonesta pour leur mauvaise vie et leur réticence à se rendre. Pablo Escobar en personne le reçut sur la terrasse, vêtu d'un costume d'intérieur en coton blanc, la barbe très noire et longue. La peur qui s'était emparée du père depuis son arrivée à La Loma et qui l'avait tenaillé pendant tout le voyage s'évanouit aussitôt.

« Pablo, lui dit-il, je suis venu pour qu'on arrange tout ce bazar. »

Escobar répondit sur le même ton cordial et avec un grand respect. Ils s'assirent dans deux fauteuils du salon recouverts de cretonne fleurie, face à face, prêts à entamer une longue conversation comme deux vieux amis. Le père accepta un whisky qui acheva de l'apaiser, tandis qu'Escobar buvait un jus de fruit à petites gorgées, comme s'il avait tout le temps devant lui. Mais l'impatience naturelle du père et le style oral d'Escobar, aussi concis et coupant que celui de ses lettres, réduisirent l'entretien à trois quarts d'heure.

Inquiet des trous de mémoire du père García Herreros, Villamizar lui avait conseillé de prendre des notes. Mais le père fit mieux. Prenant prétexte de sa mémoire défaillante, il demanda à Escobar de rédiger lui-même ses principales revendications, et celles-ci à peine écrites, il les lui faisait biffer ou lui disait de les modifier, en arguant qu'elles étaient impossibles à satisfaire. C'est ainsi qu'Escobar accorda moins d'importance à la destitution des policiers, qu'il accusait de manière obsessionnelle de toutes sortes d'exactions, qu'à la sécurité de son lieu de réclusion.

Le père raconta aussi qu'il avait demandé à Escobar s'il était l'auteur des attentats perpétrés contre quatre candidats à la Présidence de la République. Escobar se déroba en disant qu'on lui avait attribué des crimes qu'il n'avait pas commis, et affirma qu'il n'avait pu empêcher le meurtre, le 30 avril de la même année, du professeur Low Mutra dans une rue de Bogota, car la décision avait été prise longtemps auparavant et il n'avait pu y contrevenir. Quant à la libération de Maruja et de Pacho Santos, il évita tout commentaire pouvant engager sa responsabilité et se borna à dire que les Extradables les détenaient dans des conditions normales, qu'ils étaient en bonne santé et seraient libérés dès que l'on parviendrait à un accord sur les conditions de sa reddition. A propos de Pacho, il ajouta avec le plus grand sérieux : « Celui-là, il est content d'avoir été enlevé. » Enfin, il reconnut la bonne foi du Président Gaviria et exprima le souhait de parvenir à une entente. Ce compte rendu, écrit en partie par le père García Herreros, mais pour l'essentiel corrigé et clarifié par Escobar, fut le véritable point de départ de la reddition du chef du cartel de Medellín.

Le père s'était levé pour prendre congé, quand il perdit une lentille de contact. Il voulut la remettre, Escobar tenta de l'aider mais, n'y parvenant pas, ils durent faire appel aux employés de la maison. En vain. Le père était désespéré. « Il n'y a rien à faire, dit-il. La seule personne qui sache me les mettre, c'est Paulina. » A sa grande surprise, Escobar savait très bien qui elle était et où elle se trouvait en ce même moment.

« Ne vous en faites pas, mon père. Si vous voulez, je l'envoie chercher. »

Mais le père ne tenait plus en place tant était grande sa hâte de rentrer, et il partit sans sa lentille. Avant de lui dire au revoir, Escobar lui demanda de bénir une petite médaille en or qu'il portait au cou. Le père la bénit dans le jardin, sous la surveillance des gardes du corps qui, aussitôt après, lui dirent :

« Mon père, vous ne pouvez pas partir sans nous avoir bénis nous aussi. »

Ils s'agenouillèrent. Don Fabio Ochoa avait prédit que la médiation du père García Herreros serait décisive pour la reddition des hommes d'Escobar. Ce dernier devait penser la même chose, car il s'agenouilla avec ses hommes pour donner le bon exemple. Le père les bénit tous, et en profita pour leur infliger un sermon sur la nécessité de revenir à la légalité et de contribuer au retour de la paix.

En tout et pour tout, il fut absent de La Loma à peine six heures. Il réapparut à huit heures et demie du soir, sous un ciel constellé d'étoiles. Il sauta de voiture comme un écolier.

« Tout va bien, mon fils, dit-il à Villamizar, il n'y a pas de problème, je viens de les mettre tous à genoux. »

Il fut plus difficile de calmer le père, plongé dans un état d'exaltation inquiétante contre lequel les remèdes et les tisanes sédatives des femmes Ochoa furent impuissants. Il pleuvait encore, mais le père voulait rentrer à Bogota sur-le-champ, diffuser la nouvelle, parler avec le Président pour boucler l'accord et proclamer la paix. Ils parvinrent à le faire dormir quelques heures, mais au milieu de la nuit ils le trouvèrent qui tournait en rond dans la maison plongée dans l'obscurité, parlait tout seul et récitait à voix haute ses prières improvisées. A l'aube, le sommeil le terrassa enfin.

Quand ils arrivèrent à Bogota le 16 mai à onze heures du matin, la nouvelle était déjà sur toutes les ondes. Villamizar trouva son fils Andrés à l'aéroport et le serra dans ses bras : « Tout va bien, lui dit-il, dans trois jours ta mère sera libre. » Au téléphone, Rafael Pardo fut plus difficile à convaincre :

« J'en suis très heureux, Alberto, mais ne vous faites pas trop d'illusions. »

Pour la première fois depuis l'enlèvement, Villamizar se rendit à une soirée chez des amis et personne ne comprit pourquoi ce qui n'était au fond qu'une vague promesse de Pablo Escobar, parmi tant d'autres qu'il n'avait pas tenues, le réjouissait à ce point. Le père García Herreros avait fait le tour de tous les journaux, écrits, parlés et télévisés du pays et il demandait la clémence pour Escobar. « Si nous ne le décevons pas, déclara-t-il, il sera le grand artisan de cette paix », et il ajouta, paraphrasant Rousseau : « Les hommes sont naturellement bons, ce sont les circonstances qui les rendent mauvais. » Puis, devant un véritable enchevêtrement de micros entassés les uns sur les autres, il dit tout à trac : « Escobar est un homme bon. »

Le journal *El Tiempo* révéla le vendredi 17 que le père était porteur d'une lettre d'Escobar au Président de la

République et qu'il la lui remettrait le lundi suivant. En réalité, il s'agissait des notes rédigées à quatre mains pendant l'entretien. Les Extradables publièrent un communiqué qui faillit passer inaperçu au milieu de l'avalanche de nouvelles : « Nous avons donné l'ordre de libérer Pacho Santos et Maruja Pachón. » Mais ils ne disaient pas quand. Cependant, la radio donna l'information pour certaine, et les journalistes commencèrent à faire le pied de grue devant le domicile des otages.

Le dénouement approchait : Villamizar reçut un message d'Escobar lui disant qu'il ne libérerait pas Maruja et Pacho le jour même mais le lendemain, lundi 20 mai, à dix-neuf heures. Le lendemain, mardi 21, à neuf heures, Villamizar était de nouveau à Medellín pour préparer la reddition d'Escobar.

# Chapitre 11

Maruja écouta le communiqué des Extradables le dimanche 19 mai à dix-neuf heures. Ils ne précisaient ni le jour ni l'heure à laquelle ils la libéreraient, et compte tenu de leur façon de procéder, ce pouvait être dans cinq minutes comme dans deux mois. Le majordome et sa femme surgirent dans la pièce et s'écrièrent, joyeux :

« C'est fini. Il faut fêter ça. »

Maruja eut du mal à les convaincre d'attendre la confirmation officielle de la bouche d'un émissaire direct de Pablo Escobar. La nouvelle ne l'étonna guère, car au cours des dernières semaines elle avait perçu des signes indubitables que les choses allaient beaucoup mieux que ce qu'elle avait imaginé le jour où la promesse d'une moquette l'avait rendue malade. Amis, comédiens, vedettes venaient de plus en plus nombreux à l'émission *Colombia los Reclama*, et Maruja regardait les feuilletons avec un optimisme nouveau et une attention si aiguë qu'elle croyait découvrir des messages codés jusque dans les larmes de glycérine des amants contrariés. Les nouvelles de jour en jour plus spectaculaires que donnait le père García Herreros rendaient évidente l'imminence de l'incroyable.

Maruja voulut mettre les vêtements qu'elle portait à son arrivée, prévoyant une libération impromptue qui la montrerait devant les caméras de télévision vêtue du triste survêtement de la captivité. Mais le manque d'informations à la radio et la déception du majordome, qui espérait que l'ordre serait donné le soir même avant l'heure du coucher, lui firent craindre d'être ridicule, même vis-à-vis d'elle-même. Elle prit une forte dose de somnifère et ne se réveilla que le lendemain, lundi 20 mai, avec la sensation épouvantable de ne pas savoir qui elle était ni où elle se trouvait.

Villamizar, pour sa part, n'avait plus aucun doute, car le communiqué d'Escobar était sans équivoque. Il le remit aux journalistes qui ne le crurent pas. Le dimanche soir vers vingt et une heures, une station de radio, croyant faire un scoop, annonça que Maruja Pachón de Villamizar venait d'être libérée dans le quartier de Salitre. Les journalistes partirent en trombe, mais Villamizar ne bougea pas.

« Ils ne peuvent pas l'avoir libérée dans un quartier aussi isolé, où il pourrait lui arriver n'importe quoi, dit-il. C'est pour demain et dans un endroit sûr. »

Un journaliste l'aborda, micro en main.

« La confiance que vous avez en ces gens-là est surprenante, dit-il.

— J'ai la parole d'un guerrier », dit Villamizar.

Les journalistes de confiance demeurèrent dans les couloirs de l'appartement, et quelques-uns devant le bar, jusqu'à ce que Villamizar les prie de sortir pour pouvoir fermer la maison. D'autres campaient devant l'immeuble dans des camionnettes et des voitures où ils passèrent la nuit.

Villamizar se réveilla le lundi matin, écouta comme à son habitude les informations de six heures, et resta couché jusqu'à onze heures. Il voulait que le téléphone reste libre autant que possible, mais les journalistes et les amis ne cessaient d'appeler. Toute la presse ne parlait que de la libération des otages.

Le père García Herreros avait rendu visite à Mariavé le jeudi précédent pour lui communiquer, à titre confidentiel, que son mari serait libéré le dimanche suivant. Personne ne sut comment il avait obtenu l'information soixante-douze heures avant le premier communiqué des Extradables, mais la famille Santos le crut sur parole. Pour fêter l'événement, elle photographia le prêtre avec Mariavé et les enfants, et publia la photo le samedi dans *El Tiempo* afin que Pacho, en la voyant, comprenne le message. En effet, dès qu'il ouvrit le journal dans sa cellule de détenu, Pacho eut la révélation très nette que les démarches du père García Herreros avaient abouti. Il passa la journée dans l'attente d'un miracle, inquiet, prêchant avec subtilité le faux pour savoir le vrai auprès des geôliers en espérant qu'ils commettraient une indiscrétion, mais il n'obtint rien. Ce jour-là, la radio et la télévision, qui rabâchaient le même leitmotiv depuis des semaines, furent muettes.

Le dimanche commença de la même façon. Le matin, Pacho trouva que les geôliers étaient bizarres et plutôt nerveux, mais au cours de la journée ils reprirent peu à peu les habitudes dominicales : de la pizza au déjeuner, des films, des émissions de variétés, une ou deux parties de cartes, un peu de football. Soudain, alors que personne ne s'y attendait, le journal *Criptón* annonça que les Extradables s'apprêtaient à libérer les deux derniers otages. Pacho bondit en poussant un hurlement de triomphe et prit un des geôliers dans ses bras. « J'ai cru que j'allais avoir un infarctus », dit-il par la suite. Mais le geôlier garda un stoïcisme suspect.

« Attendons la confirmation », dit-il.

Ils zappèrent d'un journal à l'autre et tous, à la télévision comme à la radio, diffusaient le communiqué. L'un d'eux transmettait de la salle de rédaction d'*El Tiempo*, et Pacho, après huit mois de captivité, se sentit rendu à la terre ferme et à la liberté. L'atmosphère plutôt déserte des dimanches, les mêmes visages dans les bureaux vitrés, sa table de travail, tout était là. Après avoir répété une fois encore que la libération des otages était imminente, l'envoyé spécial du journal brandit le micro et le tendit comme un cornet de glace à un journaliste sportif :

« Que pensez-vous de la nouvelle ? »

Pacho ne put réprimer un sursaut de rédacteur en chef :

« Quelle question idiote ! Qu'est-ce qu'il veut ? Qu'il lui réponde qu'un mois de plus ne me ferait pas de mal ? »

La radio, comme toujours, était moins rigoureuse, mais plus émouvante. Les journalistes s'étaient donné rendez-vous chez Hernando Santos et interviewaient tous les gens qui passaient devant eux. Pacho n'en était que plus nerveux, car il sentait qu'il pouvait être libéré d'un moment à l'autre. « C'est ainsi qu'ont commencé les vingt-six heures les plus longues de ma vie, devait-il déclarer plus tard. Chaque seconde durait au moins une heure. »

La presse était partout. Les caméras de télévision allaient de la maison de Pacho à celle de son père, où depuis le dimanche soir se pressaient parents, amis, simples curieux, journalistes du monde entier. Mariavé et Hernando Santos ne sauraient dire plus tard combien de fois ils avaient fait l'aller et retour d'une maison à l'autre au gré des informations, au point que Pacho devant le téléviseur de sa cellule ne savait plus s'il était chez lui ou chez son père. Mais le pire était que les journalistes, chez l'un ou chez l'autre, répétaient les mêmes questions, et la journée devint insupportable. La pagaille était telle qu'Hernando Santos ne put se faufiler dans la foule agglutinée devant sa porte et dut rentrer chez lui par le garage.

Les geôliers qui n'étaient pas de garde vinrent souhaiter bonne chance à Pacho. Ils étaient si contents que celui-ci oublia qui ils étaient, et la réunion se transforma en une fête de vieux copains. Pacho réalisa alors que sa libération l'empêchait de mener à bien la réinsertion des geôliers, comme il s'était proposé de le faire. C'étaient des garçons de la province d'Antioquia qui étaient venus habiter Medellín et qui, livrés à eux-mêmes dans les communes, tuaient et se faisaient tuer sans scrupules ni regrets. En général ils venaient de familles brisées, où l'image paternelle était très négative et celle de la mère au contraire très forte. Ils percevaient pour leur travail de très grosses sommes et n'avaient aucun sens de la valeur de l'argent.

Quand il trouva enfin le sommeil, Pacho fit un rêve terrifiant dans lequel il était libre et heureux, mais en ouvrant les yeux il aperçut le plafond de toujours. Il passa le reste de la nuit tourmenté par le coq fou, plus fou et plus près de la maison qu'il ne l'avait jamais été, et sans savoir ce qui était réel et ce qui ne l'était pas.

Le lundi à six heures du matin, la radio confirma la nouvelle mais ne donna aucun indice sur l'heure à laquelle il pourrait être libéré. Au terme d'innombrables diffusions du même bulletin d'information, un flash annonça pour midi une conférence de presse du père García Herreros après son entretien avec le Président Gaviria. « Mon Dieu, se dit Pacho, pourvu que cet homme qui a tant fait jusqu'à présent n'aille pas tout gâcher à la dernière minute. » A treize heures, on le prévint qu'il allait être libéré et il ne sut plus rien jusqu'à dix-sept heures, quand un des chefs encagoulés vint lui dire sans la moindre émotion qu'afin de satisfaire le sens de la publicité d'Escobar, Maruja serait relâchée pour le journal de dix-neuf heures et lui-même pour celui de vingt et une heures trente.

Maruja avait passé une matinée plus amusante. Un petit chef était entré dans la pièce vers neuf heures et lui avait précisé que sa libération aurait lieu dans l'après-midi. Il lui raconta quelques anecdotes sur les démarches du père García Herreros, peut-être dans l'espoir de se faire pardonner une injustice qu'il avait commise peu de temps auparavant, quand Maruja lui avait demandé si son sort était entre les mains du père. L'homme lui avait répondu non sans une pointe d'ironie :

« Vous êtes bien plus en sécurité ici. »

Maruja comprit qu'il avait mal interprété sa question et s'empressa de préciser qu'elle avait toujours eu le plus grand respect pour le père García Herreros. Il est vrai qu'au début elle n'écoutait pas ses prêches télévisés, parfois confus et obscurs, mais dès le premier message qu'il avait adressé à Escobar elle avait compris que sa vie était en jeu, et elle l'avait regardé et écouté tous les soirs avec une attention de plus en plus soutenue. Elle avait suivi le fil de ses démarches, ses visites à Medellín, le progrès de ses tractations avec Escobar, et elle était certaine qu'il était sur la bonne voie. Le sarcasme du chef, cependant, lui fit craindre que le père n'ait pas auprès des Extradables tout le crédit que ses conversations avec les journalistes laissaient entendre. La confirmation que, grâce à lui, elle serait bientôt libérée accrut sa joie.

Après avoir échangé quelques mots sur l'impact des libérations dans le pays, elle réclama la bague qu'on lui avait prise le soir de son enlèvement.

« Ne vous inquiétez pas, toutes vos affaires sont en lieu sûr.

— Je m'inquiète parce qu'on ne m'a pas pris ma bague ici, mais dans la première maison, et que je n'ai plus jamais revu celui qui l'a emportée. Ce n'était pas vous ?

— Non. Mais je vous ai dit de ne pas vous inquiéter, toutes vos affaires sont là, je les ai vues. »

La femme du majordome offrit à Maruja de lui acheter ce dont elle avait besoin. Maruja demanda du rimmel, du rouge à lèvres, un crayon à sourcils et des collants pour remplacer ceux qu'elle avait déchirés le soir de l'enlèvement. Un peu plus tard, vint le majordome, inquiet de ne rien savoir de neuf. Il craignait que les Extradables n'aient changé d'avis à la dernière minute. Maruja, en revanche, était sereine. Elle prit une douche, s'habilla avec ce qu'elle portait le jour où on l'avait enlevée, sauf sa veste qu'elle ne mettrait qu'une fois dehors.

Pendant toute la journée les radios tinrent leurs auditeurs en haleine, annonçant l'arrivée des otages, interviewant les familles, faisant circuler des rumeurs contredites aussitôt après par d'autres toujours plus sensationnelles. Mais rien de concret. Maruja entendait les voix de ses enfants et de ses amis avec une joie prématurée que tempérait l'incertitude. Elle revit son appartement refait à neuf, son mari bavardant à l'envi avec des escouades de journalistes fatigués de l'attendre. Elle eut tout le temps de s'arrêter sur les détails de la décoration qui, la première fois, l'avaient choquée et elle fut de meilleure humeur. Les geôliers interrompaient leur ménage frénétique pour écouter et regarder les informations, et essayaient de lui donner du courage mais ils y parvenaient de moins en moins à mesure que l'après-midi s'écoulait.

Ce lundi, le quarante et unième passé à la tête de l'Etat, le Président Gaviria s'était réveillé à cinq heures sans l'aide de son réveille-matin. Il avait l'habitude de se lever dans le noir pour ne pas réveiller Ana Milena, qui se couchait parfois plus tard que lui, et une fois lavé, rasé, habillé et prêt à se rendre dans son bureau, il s'asseyait sur une petite chaise pliante qui était toujours hors de la chambre à coucher, dans un couloir sombre et glacé, pour écouter les informations sans réveiller personne avec un petit transistor de poche qu'il collait à son oreille. Il jetait un œil aux titres des journaux, pliait et découpait sans ciseaux les articles qui l'intéressaient pour les lire plus tard, au cas par cas, avec ses secrétaires, ses conseillers et ses ministres. Un jour, il trouva un article sur une affaire qui aurait dû être réglée et ne l'avait pas été, et il envoya la coupure au ministre avec en marge une simple ligne écrite à la hâte : « Nom d'un chien, quand le ministère va-t-il se décider à régler cette histoire ? » Elle le fut sur-le-champ.

La seule nouvelle du jour était l'imminence de la libération des otages. Une audience avec le père García Herreros devait l'informer de son entretien avec Escobar. Le Président réorganisa sa journée de façon à être disponible à tout moment. Il annula plusieurs audiences qui pouvaient être reportées et en confirma quelques autres. Il ouvrit la première réunion, qui rassemblait les conseillers présidentiels, par sa phrase d'instituteur :

« Bon, il faut finir ce qu'on a commencé. »

Plusieurs conseillers rentraient de Caracas où, le vendredi précédent, ils s'étaient entretenus avec le général Maza Márquez, toujours aussi réticent. A cette occasion, le conseiller de presse Mauricio Vargas avait exprimé son inquiétude parce que personne, au sein ou en dehors du gouvernement, n'avait une idée claire de ce que ferait Pablo Escobar. Maza était convaincu qu'Escobar, confiant dans l'adoption de l'amnistie par l'Assemblée, ne se rendrait pas. Vargas répliqua par une question : « En quoi l'amnistie peut-elle être utile à un homme condamné à mort par ses ennemis et par le cartel de Cali ? Elle peut l'aider, mais elle ne saurait être la solution à tout. » Escobar avait besoin de toute urgence, pour lui et pour ses hommes, d'une prison sûre et de la protection de l'Etat.

Les conseillers craignaient que le père García Herreros ne se présente à l'audience spéciale que le Président lui avait accordée, porteur d'une exigence de dernière minute, inacceptable mais sans laquelle Escobar ne relâcherait pas les otages et ne se rendrait pas. Pour le gouvernement l'échec serait difficile à surmonter. Gabriel Silva, conseiller aux affaires internationales, émit deux recommandations prudentes : la première, que le Président ne soit pas seul avec le père, et la seconde, qu'un communiqué officiel aussi complet que possible soit diffusé tout de suite après la réunion pour éviter les rumeurs. Rafael Pardo, qui était à New York depuis la veille, donna son accord par téléphone.

Le Président reçut le père García Herreros à midi. Il était venu avec des prêtres de son ordre, Alberto Villamizar et Andrés. Le Président était accompagné de son secrétaire privé, Miguel Silva, et de Mauricio Vargas. Le service de presse du palais prit des photos et filma la rencontre, dans l'intention d'en remettre des copies à la presse si tout allait bien. Si tout allait mal, la presse n'aurait pas de témoignage de l'échec.

Le père, tout à fait conscient de l'importance du moment, exposa au Président les détails de son entrevue avec Escobar. Il n'avait pas le moindre doute quant à sa reddition et à la libération des otages et, pour preuve, il tendit au Président les notes rédigées à quatre mains. L'unique condition d'Escobar était d'être emprisonné à Envigado et non à Itagüí, pour des raisons de sécurité qu'il expliquait lui-même.

Le Président lut les notes et les rendit au père. Il attira son attention sur le fait qu'Escobar ne promettait pas de libérer les otages, mais qu'il s'engageait à intercéder auprès des Extradables. Villamizar lui expliqua que c'était une des multiples précautions d'Escobar : il n'avait jamais admis qu'il retenait les journalistes, afin qu'on ne puisse pas s'en servir comme preuve contre lui.

Le père demanda ce qu'il devrait faire pour le cas où Escobar solliciterait sa présence le jour de la reddition. Le Président donna son accord pour qu'il accède à la demande d'Escobar. Le père s'inquiéta des garanties de sécurité pendant cette opération, et le Président lui répondit que personne ne pouvait mieux garantir la sécurité d'une opération organisée par Escobar qu'Escobar lui-même. Enfin, le Président recommanda au prêtre, et ses conseillers l'approuvèrent, de faire le moins de déclarations possible afin qu'un mot maladroit ne vienne pas tout compromettre. Le père se montra d'accord et finit par faire une proposition finale, à peine voilée : « J'ai voulu rendre service et vous pouvez disposer de moi si besoin est, par exemple pour conclure la paix avec l'autre curé. » Tout le monde comprit qu'il voulait parler du prêtre espagnol Manuel Pérez, commandant de l'Armée nationale de libération. La réunion avait duré vingt minutes et il n'y eut pas de communiqué officiel. Fidèle à sa promesse, le père García Herreros fut d'une sobriété exemplaire dans ses déclarations à la presse.

Maruja écouta la conférence de presse du père, qui ne lui apprit rien de nouveau. A la télévision, les informations montraient toujours les journalistes qui faisaient le pied de grue devant le domicile des otages et ce pouvaient être des images du jour comme de la veille. Pour Maruja aussi la journée s'écoula comme la précédente, au compte-gouttes, et elle eut tout le temps de regarder les feuilletons de l'après-midi. Damaris, que l'annonce officielle avait mise de bonne humeur, lui accorda le privilège de choisir le menu du déjeuner, comme les condamnés à mort avant leur exécution. Maruja dit sans arrière-pensée qu'elle voulait n'importe quoi sauf des lentilles. Mais à la fin, Damaris n'eut pas le temps d'aller faire les courses et il y eut encore des lentilles aux lentilles pour le déjeuner d'adieu.

Pacho, quant à lui, enfila les vêtements qu'il portait le jour de l'enlèvement et qui étaient devenus trop petits, car sa vie de sédentaire et la mauvaise nourriture lui avaient fait prendre du poids. Il s'assit pour écouter les informations en allumant cigarette sur cigarette, entendit toutes sortes de versions sur sa libération, écouta les démentis ou les mensonges purs et simples de ses collègues, abrutis par la tension de l'attente. Il apprit qu'on l'avait découvert en train de manger incognito dans un restaurant, alors qu'il s'agissait d'un de ses frères.

Il relut les éditoriaux, les chroniques, les commentaires sur l'actualité qu'il avait écrits afin de ne pas perdre la main, pensant les publier à sa sortie comme un témoignage de ses mois de captivité. Il y en avait plus de cent. Il en lut un à ses geôliers, daté de décembre, quand la classe politique commençait à contester la légitimité de l'Assemblée constituante. Pacho l'avait fustigée avec une énergie et un sens de l'indépendance qui étaient le résultat de ses réflexions de prisonnier. « Chacun sait comment on obtient des voix en Colombie et comment de nombreux parlementaires ont été élus », avait-il écrit, ajoutant que l'achat de voix était une pratique répandue dans tout le pays, et en particulier sur la côte, que les tombolas où l'on gagnait des appareils électroménagers en échange de quelques faveurs électorales fleurissaient, et que de nombreux élus l'étaient grâce à d'autres vices politiques comme par exemple le prélèvement de commissions sur les salaires des fonctionnaires et les subventions du Parlement. Voilà pourquoi, poursuivait-il, les élus étaient toujours les mêmes et pourquoi « menacés dans leurs privilèges, à présent ils pleurent à chaudes larmes ». En conclusion, il s'adressait à lui-même ce reproche : « L'impartialité des médias, pour laquelle nous avons tant lutté et qui commençait à s'imposer, est partie en fumée. »

Cependant, l'article le plus surprenant concernait les réactions de la classe politique contre le M-19 qui venait d'obtenir plus de dix pour cent des voix aux élections à la Constituante. « L'agressivité politique à l'encontre du M-19, le parti pris, pour ne pas dire la discrimination, dont ce mouvement est l'objet dans les médias, montrent bien que nous sommes loin d'être tolérants et capables de moderniser le plus important : nos mentalités. » Il ajoutait que la classe politique n'avait accueilli la participation électorale des anciens guérilleros que pour paraître démocratique mais que, lorsque ceux-ci avaient franchi la barre des dix pour cent, elle avait jeté sur eux l'anathème. Et il concluait dans le style de son grand-père Enrique Santos Montejo (Calibán), le feuilletoniste le plus lu de toute l'histoire du journalisme colombien : « Une partie spécifique des Colombiens, liée aux traditions, a tué le tigre et a eu peur de sa peau. » C'était pour le moins surprenant chez quelqu'un qui, dès l'école primaire, s'était distingué comme un spécimen précoce de la droite romantique.

Pacho déchira toutes ses notes sauf trois, qu'il voulut conserver pour des raisons qu'il n'est jamais parvenu à s'expliquer. Il conserva aussi le brouillon des lettres à sa famille et au Président de la République, et celui de son testament. Il voulait emporter la chaîne qui l'avait attaché au lit dans l'espoir que le sculpteur Bernardo Salcedo en fasse une œuvre d'art, mais ses geôliers refusèrent, de crainte que les empreintes digitales ne les dénoncent.

Maruja, en revanche, ne voulut rien garder de cet abominable passé qu'elle se proposait d'effacer de sa vie. Vers dix-huit heures, quand la porte s'ouvrit, elle se rendit compte cependant à quel point les six mois amers qui venaient de s'écouler allaient déterminer son avenir. Depuis la mort de Marina et le départ de Beatriz, cette heure-là était celle des libérations ou des exécutions : la même dans les deux cas. Elle attendit, le cœur battant à tout rompre, la formule rituelle : « On s'en va. Préparez vos affaires. » Celui qui venait de la prononcer était *el Doctor*. Il était accompagné d'un de ses seconds qui était venu la veille. Tous deux semblaient pressés.

« Allez, allez, plus vite que ça », dit *el Doctor*.

Elle avait tant de fois imaginé cet instant qu'elle

éprouva le besoin étrange de gagner du temps, et elle réclama sa bague.

« C'est votre belle-sœur qui l'a, dit le second.

— Ce n'est pas vrai. Vous m'avez dit que vous l'aviez vue après que Beatriz soit partie. »

Elle ne voulait pas tant la bague que mettre l'autre en situation gênante face à son supérieur. Mais *el Doctor*, pressé par le temps, fit comme s'il n'avait rien entendu. Le majordome et sa femme tendirent à Maruja le sac de toile avec ses objets personnels et les cadeaux que lui avaient fait les geôliers successifs tout au long de sa détention : cartes de Noël, survêtement, serviette, magazines et un ou deux livres. Les geôliers pacifiques qui s'étaient occupés d'elle les derniers temps n'avaient pu lui offrir que des médailles et des images saintes, et ils la supplièrent de prier pour eux, de se souvenir d'eux, de faire quelque chose pour les sortir de cette galère.

« Tout ce que vous voudrez, dit Maruja. Si un jour vous avez besoin de moi, venez me trouver, je vous aiderai. »

*El Doctor* ne voulut pas être en reste. « Que puis-je lui offrir en souvenir ? » se disait-il, en fouillant le fond de ses poches. Il en tira une balle de 9 millimètres et la donna à Maruja.

« Tenez, dit-il, plus sérieux que plaisantant. La balle que vous n'avez pas reçue. »

Il ne fut pas facile d'arracher Maruja aux bras du majordome et de Damaris, qui avait levé sa cagoule jusque sur son nez pour l'embrasser et lui demander de ne pas l'oublier. L'émotion de Maruja était sincère. C'était, tout compte fait, au terme des journées les plus longues et les plus épouvantables de sa vie, une minute de bonheur.

Ils dissimulèrent son visage sous la cagoule la plus sale et la plus puante qui traînait dans la maison. Ils la lui mirent derrière devant, et Maruja ne put s'empêcher de se souvenir que c'est ainsi qu'ils avaient coiffé Marina avant de la tuer. Ils la menèrent, traînant les pieds dans l'obscu-

302 Journal d'un enlèvement

rité, jusqu'à une voiture aussi confortable que celle qu'ils avaient utilisée pour l'enlever, et l'assirent à la même place, dans la même position, en prenant les mêmes précautions : la tête maintenue sur les genoux d'un homme pour qu'on ne l'aperçoive pas de l'extérieur. Ils l'informèrent qu'il y avait plusieurs barrages de police et que si on les arrêtait, elle devrait ôter sa capuche et faire ce qu'on lui dirait.

Villamizar acheva de déjeuner avec son fils Andrés vers une heure. A deux heures et demie, il s'allongea pour faire la sieste et achever sa nuit par un somme qui dura jusqu'à cinq heures et demie. A six heures il sortait de la douche et avait commencé à s'habiller pour attendre sa femme, quand le téléphone sonna. Il décrocha le combiné posé sur sa table de chevet et ne parvint à dire qu'un « Allô ? » Une voix anonyme le coupa net : « Elle sera là un peu après sept heures. Ils sont en train de partir. » L'interlocuteur raccrocha. Villamizar fut reconnaissant de cette information imprévue. Il appela le concierge pour s'assurer que la voiture était dans le jardin et le chauffeur prêt à démarrer.

Il enfila un costume sombre et noua une cravate claire à losanges pour recevoir son épouse. Il était plus svelte car il avait perdu quatre kilos en six mois. A sept heures, il entra dans le salon pour s'entretenir avec les journalistes en attendant l'arrivée de Maruja. Ses quatre aînés étaient là, ainsi qu'Andrès. Seul manquait Nicolas, le musicien de la famille, qui arriverait de New York dans quelques heures. Villamizar s'assit dans le fauteuil près du téléphone.

Dans cinq minutes Maruja aurait recouvré sa liberté. Autant le jour de l'enlèvement le trajet avait été interminable, autant le soir de sa libération il fut rapide et sans incidents. Au début, ils roulèrent sur un chemin de terre et en lacets, peu recommandé pour une voiture de luxe. Maruja devina à la conversation qu'il y avait un homme à côté du chauffeur, en plus de celui assis à côté d'elle. Elle ne reconnut pas la voix d'*el Doctor*. Au bout d'un quart d'heure, ils l'obligèrent à se coucher sur le plancher et s'arrêtèrent cinq minutes. Elle ne sut jamais pourquoi. Puis ils débouchèrent sur une grande avenue bruyante où la circulation, à sept heures du soir, était dense, et prirent sans encombre une autre avenue. Soudain, alors que trois quarts d'heure tout au plus s'étaient écoulés, le chauffeur donna un brusque coup de frein. L'homme assis devant lança à Maruja un ordre précipité :

« Allez, descendez, vite. »

Celui qui était assis à côté d'elle sur la banquette arrière voulut la pousser. Maruja résista.

« Je ne vois rien », criait-elle.

Elle voulut ôter la cagoule mais une main brutale l'en empêcha. « Attendez cinq minutes avant de l'enlever », dit l'homme qui la poussa avec force hors de la voiture. Maruja sentit l'horreur du vide et, prise de vertige, crut qu'on l'avait jetée dans un abîme. L'asphalte la rendit à la réalité. Tandis que la voiture s'éloignait, elle comprit qu'elle se trouvait dans une rue peu fréquentée. Avec mille précautions elle ôta la cagoule, vit les maisons entre les arbres, les premières lumières aux fenêtres, et elle sut alors ce qu'être libre voulait dire. Il était dix-neuf heures vingt-neuf, et cent quatre-vingt-treize jours s'étaient écoulés depuis qu'elle avait été enlevée.

Une voiture solitaire déboucha de l'avenue, fit demi-tour et vint se garer sur le trottoir d'en face juste devant Maruja. Elle songea, comme Beatriz quelques mois plus tôt, qu'une telle coïncidence ne pouvait exister et que les ravisseurs avaient envoyé cette voiture pour s'assurer jusqu'au bout de sa libération. Maruja s'approcha de la fenêtre et dit au chauffeur :

« Je suis Maruja Pachón. Je viens d'être libérée. »

Elle ne voulait qu'une aide pour trouver un taxi, mais l'homme poussa un cri. Quelques minutes plus tôt, en écoutant à la radio les dernières informations sur les libérations imminentes, il s'était dit : « Et si je tombais sur Francisco Santos en train de chercher une voiture ? » Maruja était anxieuse de revoir les siens, mais elle se laissa conduire à la maison d'en face, d'où elle téléphona.

La maîtresse de maison, les enfants, tout le monde l'embrassa en poussant de grands cris quand ils l'eurent reconnue. Maruja était comme anesthésiée, et tout ce qui se déroulait autour d'elle lui semblait un nouveau piège des ravisseurs. L'homme qui l'avait recueillie s'appelait Manuel Caro et il était le gendre du chef de la famille, Augusto Borrero, dont l'épouse militait au Nouveau Libéralisme et avait travaillé avec Maruja à la campagne électorale de Luis Carlos Galán. Mais Maruja voyait la vie de l'extérieur, comme sur un écran de cinéma. Elle demanda un verre d'alcool — elle ne sut jamais pourquoi —, et l'avala d'un trait. Alors, elle appela chez elle, mais comme elle ne se souvenait pas bien du numéro, elle dut s'y reprendre à trois fois. Une voix de femme décrocha aussitôt : « Qui est à l'appareil ? » Maruja la reconnut et dit, avec le plus grand calme :

« Alexandra, ma fille. »

Alexandra hurla :

« Maman ! Où es-tu ? »

Alberto Villamizar avait bondi de son fauteuil quand la sonnerie avait retenti, mais Alexandra, qui passait par hasard devant le combiné, avait été plus rapide que lui. Maruja avait commencé à lui dicter l'adresse, mais Alexandra n'avait sous la main ni papier ni crayon. Villamizar prit l'appareil et parla à sa femme avec un naturel stupéfiant :

« Allô, ma grande ? Ça va ? »

Maruja lui répondit sur le même ton :

« Très bien, mon amour, pas de problème. »

Il avait préparé un morceau de papier et un crayon en

prévision de cet instant, et il écrivit l'adresse que Maruja lui dictait, mais il ne comprit pas bien et demanda à parler à quelqu'un de la famille. L'épouse de Borrero lui donna les précisions qui manquaient.

« Je vous remercie, dit Villamizar. C'est tout près. J'arrive tout de suite. »

Il oublia de raccrocher, car l'impitoyable maîtrise de lui-même qu'il avait conservée pendant tous ces mois de tension lui échappa d'un coup. Il descendit les escaliers quatre à quatre, traversa en courant le vestibule, poursuivi par une avalanche de journalistes portant un véritable matériel de guerre. D'autres, qui arrivaient en sens contraire, furent sur le point de le renverser devant la porte d'entrée.

« Ils ont libéré Maruja, cria-t-il à tout le monde. On y va. »

Il monta dans la voiture, claqua la porte si fort que le chauffeur, à moitié endormi, prit peur. « On va chercher madame. Diagonal 107 n° 27-73. C'est une maison blanche sur la parallèle ouest de l'autoroute. » Il l'avait dit d'une façon si précipitée que le chauffeur prit la mauvaise direction. Villamizar lui indiqua alors le bon chemin avec un emportement peu habituel :

« Faites attention bon sang, cria-t-il. On doit être là-bas dans cinq minutes. Et si vous vous perdez en route, je vous les coupe ! »

Le chauffeur, qui avait partagé avec lui les drames terribles de ces derniers mois, ne broncha pas. Villamizar se reprit et lui indiqua le chemin le plus court et le plus facile, car pour être sûr de ne pas se perdre il avait visualisé l'itinéraire à mesure qu'on lui donnait l'adresse au téléphone. C'était la plus mauvaise heure pour circuler mais pas le plus mauvais jour.

Andrés avait démarré derrière son père, avec son cousin Gabriel, suivi de la caravane des journalistes qui faisaient hurler de fausses sirènes d'ambulance. Conducteur expérimenté, il ne put cependant éviter d'être pris dans l'embouteillage et resta bloqué. En revanche Villamizar arriva en quinze minutes, un temps record. Il n'eut pas besoin de chercher la maison, car une partie des journalistes qui avaient attendu dans son appartement se disputaient déjà avec le propriétaire pour qu'il les laisse entrer. Villamizar se fraya un chemin à travers la bousculade. Il n'eut même pas le temps de se présenter, car la maîtresse de maison le reconnut d'emblée et lui montra les escaliers.

« Par ici », dit-elle.

Maruja était dans la chambre à coucher, où on l'avait conduite pour qu'elle puisse s'arranger avant l'arrivée de son mari. En entrant, elle s'était cognée à un être inconnu et grotesque : son image dans le miroir. Elle s'était vue gonflée et molle, les paupières boursouflées par la néphrite, la peau verdâtre et ridée après six mois passés dans l'obscurité.

Villamizar grimpa en deux enjambées, ouvrit la première porte, comprit qu'il s'agissait de la chambre des enfants, où s'entassaient des poupées et des bicyclettes, poussa la porte d'en face et vit Maruja assise sur le lit, vêtue de la veste qu'elle portait quand elle était sortie de chez elle le jour de l'enlèvement, maquillée pour le recevoir. « Il est entré comme un ouragan », devait raconter plus tard Maruja. Elle lui sauta au cou. Ce fut une longue étreinte, muette et profonde. Le vacarme des journalistes, qui avaient eu raison de la résistance du maître de maison et avaient envahi toutes les pièces, les arracha à l'extase. Maruja prit peur. Villamizar sourit, amusé :

« Ce sont tes confrères. »

Maruja était consternée. « Je ne m'étais pas vue dans une glace depuis six mois », dit-elle. Elle sourit à son reflet mais ce n'était pas elle. Elle se redressa, tira ses cheveux sur sa nuque, les noua avec un ruban, dissipa son trouble comme elle le put, pour faire en sorte que la femme dans le miroir ressemble à l'image qu'elle avait d'elle-même six mois plus tôt. Elle n'y parvint pas.

« Je suis horrible, dit-elle, et elle montra à son mari ses doigts déformés et enflés. Je ne m'en étais pas aperçue parce qu'ils m'ont pris ma bague.

— Tu es parfaite », dit Villamizar.

Il passa son bras autour de ses épaules et la conduisit dans le salon.

Les journalistes se précipitèrent, caméras, projecteurs et micros en main. Maruja fut aveuglée. « Du calme, mes amis, leur dit-elle. Nous parlerons mieux chez moi. » Ce furent ses premiers mots.

A dix-neuf heures, aucune information nouvelle n'avait été diffusée, mais le Président Gaviria apprit quelques minutes plus tard par une patrouille-radio que Maruja Pachón avait été libérée. Il se rendit chez elle avec Mauricio Vargas, non sans avoir préparé le communiqué officiel sur la libération de Francisco Santos qui devait avoir lieu d'un moment à l'autre. Mauricio Vargas l'avait lu à voix haute devant les magnétophones des journalistes, à la condition qu'il ne soit pas diffusé tant que l'information officielle n'aurait pas été confirmée.

A cette même heure, Maruja était sur le chemin de chez elle. Peu avant qu'elle n'arrive, la rumeur courut que Pacho Santos avait été libéré, et les journalistes lâchèrent, tel un chien trop longtemps tenu en laisse, le communiqué officiel qui fut reçu comme un feu d'artifice et avec des cris de joie par toutes les stations de radio.

Le Président et Mauricio Vargas l'écoutèrent dans la voiture et se félicitèrent de l'avoir enregistré. Mais cinq minutes plus tard la nouvelle fut démentie.

« Mauricio, s'écria Gaviria. Quel désastre ! »

Il ne leur restait qu'à souhaiter que les choses se passent

telles qu'elles avaient été annoncées. Pendant ce temps, comme ils ne pouvaient aller dans l'appartement de Villa-mizar en raison de la foule qui s'y pressait, ils s'installèrent chez Aseneth Velásquez, qui vivait au-dessus, pour attendre la vraie libération de Pacho après trois fausses annonces.

Pacho Santos avait entendu la nouvelle de la libération de Maruja, celle prématurée de la sienne, et la gaffe du gouvernement. Au même instant, l'homme qui était venu le matin entra dans la chambre, le prit par le bras et le conduisit au rez-de-chaussée sans lui avoir bandé les yeux. Pacho se rendit compte que la maison était vide et l'un des geôliers lui dit, en pleurant de rire, qu'ils avaient emporté les meubles dans un camion de déménagement pour ne pas avoir à payer le dernier mois de loyer. Ils se quittèrent sur de grandes embrassades et les geôliers remercièrent Pacho de tout ce qu'il leur avait enseigné. La réplique de Pacho fut sincère :

« Vous aussi vous m'avez appris beaucoup de choses. »

Dans le garage, ils lui donnèrent un livre pour qu'il fasse semblant de lire en cachant son visage derrière les pages, et lui firent les recommandations d'usage. S'ils rencontraient un barrage de police, il devait se précipiter hors de la voiture pour qu'ils puissent s'échapper. Et le plus important de tout : il ne devait pas dire qu'il avait été détenu à Bogota, mais à trois heures de route au moins, et qu'ils avaient roulé sur un chemin défoncé. Les geôliers savaient très bien que Pacho était perspicace et qu'il avait une idée précise de l'endroit où était la maison, et ils ne voulaient pas qu'il le révèle parce qu'ils avaient beaucoup fréquenté le voisinage sans prendre aucune précaution.

« Si vous parlez, dit le responsable de l'opération, on devra tuer tous les voisins pour que personne ne nous reconnaisse. »

Au carrefour de l'avenue Boyacá et de la rue 80, la voiture tomba en panne devant la guérite d'un policier. Elle refusa de démarrer une, deux, trois, quatre fois, mais la cinquième fut la bonne. Ils avaient tous eu des sueurs froides. Deux pâtés de maisons plus loin, ils prirent le livre et firent descendre Pacho au coin d'une rue, non sans lui avoir donné trois billets de deux mille pesos pour un taxi. Pacho sauta dans le premier qui s'arrêta, conduit par un jeune et sympathique chauffeur qui ne le fit pas payer et, en hurlant de joie, fendit à grands coups de klaxon la foule qui se pressait devant chez lui. Les journalistes de la presse à sensation en furent pour leurs frais : alors qu'ils attendaient un homme hâve et brisé après deux cent quarante jours d'enfermement, ils se retrouvèrent devant un Pacho Santos plus jeune de corps et d'esprit, plus étoffé, plus hurluberlu et ayant plus que jamais envie de vivre. « Ils nous l'ont rendu tout pareil », déclara son cousin Enrique Santos Calderón. Un autre, contaminé par l'humeur joyeuse de la famille, alla même jusqu'à dire : « Il aurait pu tenir encore six mois ».

Maruja était chez elle. Elle était arrivée avec Alberto, poursuivie par les voitures de presse qui les avaient doublés et les précédaient, transmettant en direct en plein milieu des embouteillages. Les gens qui, au volant de leur voiture, suivaient les péripéties à la radio les reconnaissaient et les saluaient au passage en klaxonnant, si bien que tout le long du chemin ce ne fut plus qu'une immense ovation.

Andrés Villamizar avait voulu rentrer chez lui après avoir perdu la trace de son père, mais il avait conduit avec une telle brutalité que le moteur avait cédé et la direction avait cassé. Il abandonna le véhicule à deux agents de police qui se trouvaient là et arrêta la première voiture qui passa devant lui, une BMW gris foncé que conduisait un homme sympathique, la radio allumée. Andrés lui dit qui il était, pourquoi il était pressé, et lui demanda de le rapprocher le plus possible de chez lui.

« Montez, dit l'homme, mais je vous préviens : si vous me racontez des bobards, ça ira très mal. »

Au coin de la rue 80 et de la carrera septima, il croisa une amie au volant d'une vieille Renault. Andrés monta dans sa voiture, qui tomba en panne dans la montée du boulevard Circunvalar. Il se hissa alors comme il le put dans la dernière Jeep blanche de Radio Cadena Nacional.

La rue en pente qui menait chez lui était bloquée par les voitures et la foule des voisins qui s'étaient précipités dehors. Maruja et Villamizar décidèrent alors d'abandonner la voiture et de faire à pied les quelques mètres qui restaient à parcourir et, sans s'en rendre compte, descendirent à l'endroit même où avait eu lieu l'enlèvement. Le premier visage que Maruja reconnut fut celui de María del Rosario Ortiz, réalisatrice de l'émission *Colombia los Reclama* qui, cette nuit-là, pour la première fois depuis sa création, ne fut pas diffusée car elle n'avait plus lieu d'être. Puis elle aperçut Andrés, qui avait sauté de la Jeep et essayait d'arriver jusque chez lui, au moment où un officier de police, grand et bien vêtu, donnait l'ordre de barrer la rue. Andrés, pris d'une inspiration subite, le regarda droit dans les yeux et dit d'une voix ferme :

« Je suis Andrés. »

Le policier ignorait qui il était, mais le laissa passer. Maruja le reconnut alors qu'il courait vers elle et ils tombèrent dans les bras l'un de l'autre au milieu des applaudissements. Maruja, Alberto et Andrés grimpèrent les derniers mètres le cœur serré, vaincus par l'émotion. Pour la première fois, ils ne purent retenir les larmes que tous les trois s'étaient juré de ne pas verser. Il y avait de quoi : aussi loin que portait la vue, la foule des bons voisins avait décoré de drapeaux les fenêtres des immeubles les plus hauts et célébrait, par un ondoiement printanier de petits mouchoirs blancs et une immense ovation, l'heureuse aventure du retour de Maruja.

# Épilogue

Le lendemain matin à neuf heures, ainsi qu'il en était convenu, Villamizar débarqua à Medellín sans même avoir dormi une heure. La fête avait été celle de la résurrection. A quatre heures du matin, une fois seuls dans l'appartement, Maruja et lui étaient si énervés par la journée qu'ils venaient de passer qu'ils demeurèrent jusqu'à l'aube dans le salon à évoquer de vieux souvenirs. A l'hacienda La Loma, le même banquet que d'habitude l'attendait, avec en plus, cette fois, le champagne de la libération. Ce fut une courte récréation parce que, ce jour-là, l'homme pressé était Pablo Escobar, caché quelque part sur la terre, sans otages pour lui servir de bouclier. Son nouvel émissaire était un homme de grande taille, bavard, aux cheveux d'un blond très pur et portant de longues moustaches dorées, surnommé *el Mono*, le Singe, et qui avait carte blanche pour négocier la reddition.

Le Président Gaviria, non sans en avoir informé le ministre de la Justice, avait confié au docteur Carlos Eduardo Mejía la mission de discuter des termes juridiques de la reddition avec les avocats d'Escobar. Pour la reddition concrète, Mejía devait agir en accord avec Rafael Pardo au nom du gouvernement, tandis que Jorge Luis Ochoa et *el Mono* représenteraient Escobar, qui interviendrait lui-même dans l'ombre. Le gouvernement considérait toujours Villamizar comme un intermédiaire actif. Quant au père García Herreros, garantie morale pour Escobar, il se tiendrait disponible à tout moment au cas où surgirait un impondérable de dernière minute.

La hâte manifestée par Escobar pour que Villamizar aille à Medellín au lendemain de la libération de Maruja laissait entendre que sa reddition était imminente. Mais il fut très vite évident qu'il n'en était rien, car Escobar souhaitait encore régler divers détails. Tout le monde, et en particulier Villamizar, était très inquiet à l'idée qu'il puisse arriver un malheur à Escobar avant qu'il ne se rende. Et il y avait de quoi : Villamizar savait qu'Escobar, ou ceux qui lui survivraient, lui feraient la peau s'ils avaient le moindre soupçon qu'il ait pu manquer à sa parole. Ce fut Escobar lui-même qui rompit la glace en appelant Villamizar à La Loma et en lui disant tout à trac :

« *Doctor* Villa, vous êtes content ? »

Villamizar ne l'avait jamais vu ni entendu, et il fut impressionné par le calme absolu de cette voix qui ne laissait rien percer de l'auréole mythique du personnage. « Je vous remercie d'être venu, poursuivit Escobar sans attendre la réponse, sa condition terrestre bien étayée par la diction gutturale des bidonvilles. Vous êtes un homme de parole et vous ne pouviez me faire faux bond. » Et sans attendre, il entra dans le vif du sujet :

« Commençons par voir un peu de quelle façon je vais me rendre. »

En réalité, Escobar le savait déjà et très bien, mais il voulait reprendre la marche à suivre point par point avec un homme en qui il avait alors déposé toute sa confiance. Ses avocats et le directeur national des affaires criminelles, tantôt entre eux, tantôt par l'intermédiaire de la directrice

régionale, mais toujours en liaison avec le ministre de la
Justice, avaient discuté et mis au point tous les détails de
la reddition. Une fois éclaircis les doutes juridiques déri-
vés des différentes interprétations que chacun faisait des
décrets présidentiels, les termes de la négociation avaient
été ramenés à trois : la prison, le personnel de la prison, le
rôle de la police et de l'armée.

La prison, située dans l'ancien centre de réinsertion de
drogués d'Envigado, était en voie d'achèvement. Villamizar et *el Mono* la visitèrent à la demande d'Escobar au lendemain de la libération de Maruja et de Pacho Santos. Elle
avait un aspect plutôt déprimant à cause des gravats
amoncelés dans les coins et des dégâts causés par les pluies,
très violentes cette année-là. Les installations de sécurité
étaient terminées. Il y avait une double clôture, haute de
deux mètres quatre-vingts, avec quinze doubles rangées
de barbelés électrifiés à cinq mille volts, sept miradors et
deux postes de garde à l'entrée. Ces deux dispositifs
devaient être encore renforcés, autant pour empêcher
qu'Escobar ne s'évade que pour éviter qu'on ne le tue.

Le seul point délicat aux yeux de Villamizar était une
salle de bains carrelée de céramiques italiennes, attenante
à la chambre à coucher prévue pour Escobar. Il suggéra
une décoration plus sobre et fut écouté. La conclusion de
son mémoire était plus sobre encore : « C'est une prison
qui a tout à fait l'air d'une prison. » En effet, la splendeur
folklorique, qui devait par la suite scandaliser le pays et le
monde entier et mettre en péril le prestige du gouvernement, fut imposée plus tard par ses occupants grâce à une
inimaginable opération de subornation et d'intimidation.

Escobar demanda à Villamizar un numéro de téléphone
à Bogota qui n'était pas sur écoute, afin qu'ils puissent
peaufiner ensemble les détails de la reddition physique, et
Villamizar donna celui de sa voisine du dessus, Aseneth
Velásquez. Il pensa que nul téléphone ne serait plus sûr
que celui-ci, car les artistes et les écrivains qui appelaient

à n'importe quelle heure du jour ou de la nuit étaient assez délirants pour rendre fou l'indiscret le plus obstiné. Le code était simple et inoffensif : une voix inconnue appellerait chez Villamizar et devrait dire : « Dans un quart d'heure, *doctor*. » Villamizar devrait monter sans se presser chez Aseneth, et attendre le coup de fil d'Escobar. Un jour, Villamizar fut retardé dans l'ascenseur, et Aseneth décrocha. Une voix au fort accent antioquien demanda *el Doctor* Villamizar.

« Il n'habite pas ici, répondit Aseneth.

— Je sais, lui dit la voix amusée. Il est en train de monter. »

La voix était celle de Pablo Escobar en chair et en os. Mais Aseneth ne l'apprendra que si elle lit ce livre. Car Villamizar voulut le lui dire ce jour-là par une honnêteté élémentaire, mais elle, qui croit tout ce qu'on lui raconte, se boucha les oreilles.

« Je ne veux rien savoir du tout, dit-elle. Faites chez moi ce que vous voulez, mais ne me dites rien. »

A cette date, Villamizar avait effectué plus d'un voyage hebdomadaire à Medellín. De l'Hôtel Intercontinental, il appelait María Lía qui lui envoyait une voiture et un chauffeur pour le conduire à La Loma. Il avait fait un des premiers voyages avec Maruja, pour remercier la famille Ochoa de son aide. Au cours du déjeuner, on avait parlé de la bague d'émeraudes et de diamants qu'on ne lui avait pas rendue le soir où elle avait été libérée. Villamizar en avait déjà touché deux mots aux Ochoa qui l'avaient dit à Escobar, mais celui-ci n'avait rien répondu. *El Mono*, présent à la réunion, suggéra que Villamizar lui en offre une nouvelle, mais Alberto précisa que, pour Maruja, la valeur de la bague était affective et non pas marchande. *El Mono* promit de reposer la question à Escobar.

Le premier appel d'Escobar chez Aseneth fut motivé par une émission de *La Minute de Dieu* dans laquelle le père García Herreros avait qualifié le chef du cartel de Medellín de pornographe impénitent, et l'avait sommé de retrouver le chemin de Dieu. Personne n'avait comprit ce spectaculaire revirement du père. Escobar pensait que les raisons devaient être d'une extrême gravité, et il exigea une explication immédiate et publique, sous peine de refuser de se rendre. Pour lui l'affaire était très sérieuse, car seule une foi totale en la parole du père avait décidé ses troupes à se rendre avec lui. Villamizar emmena le père García Herreros à La Loma, d'où il appela Escobar et lui fournit tous les éclaircissements que celui-ci désirait. Le père fit valoir qu'une erreur lors du montage de l'émission lui avait fait dire ce qu'il n'avait pas dit. Escobar enregistra la conversation, la fit entendre à ses lieutenants et mit fin à la crise.

Mais ce n'était pas tout. Le gouvernement insistait pour faire garder l'extérieur de la prison par des patrouilles conjointes de l'armée et de la garde nationale, pour abattre le bois limitrophe et le transformer en champ de tir et pour avoir la prérogative de faire nommer les gardiens par un comité tripartite composé de représentants du gouvernement, de la municipalité d'Envigado et du Parquet, puisque la prison dépendrait des autorités nationales et municipales. Escobar refusait la présence des gardiens de peur que ses ennemis ne l'assassinent, comme il refusait celle des troupes conjointes parce que, selon ses avocats, le droit pénitentiaire interdisait à la force publique de pénétrer à l'intérieur des prisons. Il s'opposait aussi à l'abattage du bois adjacent, en premier lieu parce que cela rendait possible l'atterrissage d'hélicoptères, ensuite parce qu'il confondait le champ de tir avec un polygone de tir où les prisonniers serviraient de cible. La partie adverse finit par le convaincre qu'en termes militaires un champ de tir n'est qu'un terrain offrant une vue dégagée. Et c'était en effet un des avantages de ce centre de réinsertion de drogués, aussi bien pour le gouvernement que pour les prisonniers car, de n'importe quel endroit de la maison, toute la vallée et toute la montagne s'offraient à la vue et permettaient de

parer à tout danger. Enfin, le directeur des affaires criminelles voulut, à la dernière minute, faire élever, en plus de
la clôture de barbelés, un mur blindé tout autour de la prison, ce qui déclencha la fureur d'Escobar.

Le jeudi 30 mai, *El Espectador* publia, selon des sources
officielles que le journal considérait comme dignes de foi,
un article sur les conditions présumées posées par Escobar
lors d'une réunion entre ses avocats et des porte-parole du
gouvernement. Parmi elles, et toujours selon le journal, la
plus spectaculaire était l'exil du général Maza Márquez et
la destitution des généraux Miguel Gómez Padilla, directeur de la Police nationale, et Octavio Vargas Sila, commandant de la Dijín, la direction des enquêtes judiciaires
de la police.

Le Président Gaviria convoqua dans son bureau le général Maza Márquez afin de connaître l'origine de ces révélations que d'aucuns, au gouvernement, lui attribuaient.
L'entretien dura une demi-heure et, les connaissant l'un et
l'autre, il est impossible de savoir qui, du Président ou du
général, fut le plus imperturbable. Ce dernier, de sa voix
douce et lente de baryton, fit le récit détaillé de son
enquête. Le Président l'écouta dans un silence absolu. Il se
quittèrent au bout de vingt minutes. Le lendemain, le
général envoya au Président une lettre officielle de six
pages où il rapportait dans les moindres détails ce qu'il lui
avait confié la veille, afin d'en laisser une trace pour l'histoire.

Selon son enquête, disait la lettre, Martha Nieves
Ochoa était à l'origine de l'article. Elle avait fait ces révélations quelques jours plus tôt aux chroniqueurs judiciaires d'*El Tiempo*, qui avaient obtenu l'exclusivité de leur
publication et ne comprenaient pas pourquoi elles avaient
paru d'abord dans *El Espectador*. Maza Márquez ajoutait
qu'il était un fervent partisan de la reddition d'Escobar,
réaffirmait sa fidélité à ses principes, ses droits et ses

devoirs, et concluait par cette phrase : « Vous savez bien, Monsieur le Président, que beaucoup de gens et d'institutions veulent me fragiliser dans l'exercice de ma profession, sans doute dans le but de me mettre dans une situation instable qui leur permettrait d'atteindre les objectifs qu'ils se sont fixés et qui sont dirigés contre moi. »

Martha Nieves Ochoa nia être la source des révélations, et l'on ne parla plus de l'affaire. Cependant, trois mois plus tard, alors qu'Escobar était déjà en prison, le secrétaire général de la Présidence, Fabio Villegas, téléphona au général Maza Márquez sur ordre du Président Gaviria, l'invita à se rendre au salon bleu, et tout en arpentant la pièce comme s'il faisait sa promenade du dimanche, il lui fit part de la décision présidentielle de le mettre à la retraite. Pour Maza ce fut la preuve que des pourparlers avaient bien eu lieu entre Escobar et le gouvernement, même si ce dernier l'avait toujours nié. Et il le fit savoir par cette formule : « J'ai été négocié. »

Longtemps avant cet épisode, Pablo Escobar avait pourtant fait dire au général Maza qu'entre eux la guerre était finie, qu'il oubliait tout, se rendait pour de bon, mettait fin aux attentats, démantelait sa milice et rendait la dynamite. Pour preuve il joignait une liste de cachettes où l'on saisit sept cents kilos d'explosifs. Plus tard, de sa prison, Escobar révéla d'autres caches à la brigade de Medellín qui put ainsi mettre la main sur deux tonnes de dynamite. Mais Maza ne le crut jamais.

Impatient de voir Pablo Escobar sous les verrous, le gouvernement nomma à la direction de la prison non pas un Antioquien mais un homme originaire de Boyacá, Luis Jorge Pataquiva Silva. Il désigna aussi vingt gardes nationaux, qui venaient de différents départements du pays, sauf de celui d'Antioquia. « De toute façon, dit Villamizar, quand on veut corrompre quelqu'un, qu'il soit d'Antioquia ou d'ailleurs, c'est pareil. » Escobar, fatigué lui aussi par tant de discussions, protesta à peine. A la fin, il fut décidé que l'arrivée à la prison se ferait sous la protection de l'armée et non de la police et que l'on prendrait des mesures exceptionnelles pour ôter à Escobar toute crainte sur un éventuel empoisonnement de la nourriture de la prison.

Par ailleurs, la Direction nationale des prisons décréta un régime de visites identique à celui des frères Ochoa Vázquez dans le quartier de haute sécurité d'Itagüí. Le lever devait avoir lieu avant sept heures et le coucher avant vingt heures, dans la cellule fermée à clé et au cadenas. Escobar et ses lieutenants pouvaient recevoir des femmes tous les dimanches entre huit et quatorze heures, des hommes le samedi, et des enfants mineurs le premier et le troisième dimanche du mois.

Dans la nuit du 9 juin, des effectifs du bataillon de la police militaire de Medellín relevèrent le détachement de cavalerie qui surveillait les alentours de la prison, mirent en place un vaste dispositif de sécurité, délogèrent des montagnes voisines toutes les personnes étrangères au secteur et assurèrent le contrôle total de la terre et des airs. Toute dérobade était devenue impossible. Villamizar fit savoir à Escobar qu'il le remerciait en toute sincérité d'avoir libéré Maruja, mais qu'il refusait de continuer à courir des risques parce que lui, Pablo Escobar, ne s'était toujours pas rendu. Et il ajouta, avec fermeté : « Dorénavant, je ne réponds plus de rien. » Deux jours plus tard Escobar prenait sa décision, exigeant comme ultime condition que le Procureur général soit présent lors de la reddition.

Un imprévu de dernière minute faillit encore une fois retarder l'événement : Escobar n'avait aucun papier d'identité prouvant que c'était bien lui et non un autre qui se livrerait à la justice. Un de ses avocats posa le problème au gouvernement et sollicita une carte d'identité au nom de Pablo Escobar, sans avoir réfléchi que celui-ci devrait se rendre en personne dans un bureau d'état civil alors que toutes les polices le recherchaient. Dans l'urgence, on décida qu'il se présenterait avec le numéro d'une carte d'identité utilisée pour un ancien acte notarié, déclarerait la perte de ce papier et se laisserait identifier par ses empreintes digitales.

Le 18 juin à minuit, *el Mono* réveilla Villamizar pour qu'il monte chez Aseneth prendre une communication téléphonique urgente. Il était très tard, mais, au rythme de l'accordéon d'Egidio Cuadrado et de son orchestre de *vallenatos*, l'appartement débordait d'une infernale gaieté. Villamizar dut jouer des coudes parmi la frénétique avant-garde du haut commérage culturel. Aseneth lui barra la route d'un geste bien à elle.

« Celle qui vous téléphone n'a pas froid aux yeux, dit-elle. Mais faites très attention, la jalousie peut être mortelle. »

Elle le laissa dans la chambre à coucher au moment où le téléphone sonnait. Au milieu du vacarme qui faisait trembler les murs, Villamizar entendit tout juste l'essentiel :

« Tout est prêt, soyez à Medellín demain matin à la première heure. »

A sept heures du matin, Rafael Pardo mit un avion civil à la disposition de la délégation officielle qui devait assister à la reddition. Villamizar, de crainte d'une fuite prématurée, se présenta chez le père García Herreros à cinq heures du matin. Il le trouva dans l'oratoire où il venait de dire la messe, son poncho sans couture par-dessus la soutane.

« Allez, en route, mon père, dit-il. On va à Medellín. Escobar se rend. »

Dans l'avion, il y avait aussi Fernando García Herreros, neveu du père, qui lui servait à l'occasion d'assistant, Jaime Vázquez, du service de presse de la Présidence, Carlos Gustavo Arrieta, procureur général de la République, et Jaime Córdoba Triviño, substitut du procureur pour les droits de l'homme. A l'aéroport Olaya Herrera, situé en plein centre de Medellín, les attendaient María Lía et Martha Nieves Ochoa.

La délégation officielle se rendit au palais du gouvernement. Villamizar et le père García Herreros allèrent prendre le petit déjeuner chez María Lía, tandis qu'on réglait les derniers détails de la reddition. Là, il apprit qu'Escobar faisait route tantôt dans une voiture tantôt à pied pour éviter les fréquents barrages de police. Il était expert en ce genre d'esquives.

Le père avait une fois de plus les nerfs à vif. Il perdit une lentille de contact, marcha dessus, et s'énerva à un point tel que Martha Nieves dut l'emmener au magasin d'optique San Ignacio, où l'on résolut le problème avec une paire de lunettes. La ville était quadrillée et on les arrêtait à presque tous les coins de rue, non pas pour les fouiller mais pour remercier le père de son action en faveur de Medellín. Car dans cette ville où tout était possible, la nouvelle la plus secrète du monde était déjà sur toutes les lèvres.

*El Mono* arriva chez María Lía à quatorze heures trente, habillé comme pour une partie de campagne, d'une veste légère et de mocassins.

« C'est bon, dit-il à Villamizar. On va au Palais du gouvernement. Partez de votre côté, j'irai du mien. »

Il partit tout seul dans sa voiture. Villamizar, le père García Herreros et Martha Nieves montèrent dans celle de María Lía. Les deux hommes descendirent et entrèrent dans le palais, tandis que les femmes restaient dehors. *El Mono* n'était plus le technicien froid et efficace, mais semblait recroquevillé dans une coquille. Il mit des lunettes noires, coiffa une casquette de golf et demeura à l'arrière-plan, derrière Villamizar. Quelqu'un le vit entrer avec le père et appela aussitôt Rafael Pardo pour dire qu'Escobar, un homme très blond, très grand et très élégant, venait de pénétrer dans le Palais du gouvernement.

Alors qu'ils se préparaient à partir, quelqu'un appela *el Mono* d'un téléphone portable pour l'informer qu'un avion se dirigeait vers la ville. Il s'agissait en fait d'un avion sanitaire de l'armée avec à son bord plusieurs soldats blessés dans un affrontement avec la guérilla d'Uraba. Le temps passait et l'inquiétude gagnait les autorités parce que les hélicoptères ne pouvaient voler après la tombée de la nuit, et que remettre la reddition au lendemain serait un désastre. Villamizar appela alors Rafael Pardo, qui fit dévier l'avion sanitaire et renouvela l'ordre formel de laisser l'espace aérien libre. Alors que le dénouement approchait, il écrivit dans son journal intime : « Aujourd'hui il n'y a pas un seul oiseau au-dessus de Medellín. »

Le premier hélicoptère, un Bell 206 pour six passagers, décolla du toit du Palais du gouvernement peu après quinze heures avec à son bord le procureur général et Jaime Vázquez, Fernando García Herreros et le journaliste de radio Luis Alirio Calle, dont l'immense popularité était une garantie supplémentaire pour Pablo Escobar. Un agent de la sécurité devait indiquer au pilote la route de la prison.

Le second hélicoptère, un Bell 412 pour douze passagers, décolla dix minutes plus tard quand *el Mono* en reçut l'ordre sur le téléphone portable. Il emportait Villamizar et le père García Herreros. Ils venaient à peine de partir, quand ils apprirent par la radio que le gouvernement avait été mis en minorité à l'Assemblée constituante qui venait d'adopter en première lecture la non-extradition des trafiquants colombiens par cinquante et une voix pour, treize contre et cinq abstentions, un vote qui devait être ratifié plus tard. Aucun indice ne permettait de dire que ce vote avait été concerté, mais il eût été infantile de croire que Pablo Escobar n'en avait pas eu connaissance et qu'il n'avait pas attendu la dernière minute pour se rendre.

Les pilotes suivirent les indications d'*el Mono* pour aller chercher Pablo Escobar et le conduire à la prison. Le vol fut très bref et à si basse altitude que les instructions semblaient avoir été données pour un trajet en automobile : prenez la Octava, par ici, à droite, encore, encore, jusqu'au parc, voilà. Derrière une rangée d'arbres surgit soudain une maison splendide parmi des fleurs tropicales aux couleurs intenses, avec, au milieu de la circulation fluide d'El Poblado, un terrain de football aussi lisse qu'une immense table de billard.

« Atterrissez ici, indiqua *el Mono*. Ne coupez pas les moteurs. »

Ce n'est qu'en arrivant à hauteur de la maison que Villamizar découvrit que, tout autour du terrain, se tenait pour le moins une trentaine d'hommes, armes au poing. Quand l'hélicoptère se posa sur la pelouse intacte, une quinzaine de gardes du corps se détachèrent du groupe et s'avancèrent d'un pas nerveux vers l'hélicoptère, entourant un homme qui ne pouvait passer inaperçu. Il avait les cheveux aux épaules, une barbe très noire, fournie et drue qui lui descendait sur la poitrine, la peau foncée et tannée par un soleil de plomb. Il était corpulent, chaussé de tennis, vêtu d'une veste bleu clair en coton ordinaire, et il s'avançait d'un pas aisé avec un calme qui donnait le frisson. Villamizar le reconnut au premier coup d'œil parce que, de sa vie, il n'avait jamais croisé un homme si différent de tous les autres.

Après avoir pris congé de ses gardes du corps les plus proches par quelques embrassades rapides et fortes, Escobar fit signe à deux d'entre eux de monter dans l'hélicoptère par la porte située de l'autre côté. Il s'agissait de *el Mugre*, la Saleté, et d'Otto, deux de ses plus proches lieutenants. Puis il monta sans faire attention aux pales qui tournaient au ralenti. Villamizar fut la première personne qu'il salua avant de s'asseoir. Il lui tendit une main tiède et soignée et lui demanda sans la moindre émotion dans la voix :

« Comment ça va, *doctor* Villamizar ?

— Comment ça va, Pablo ? »

Escobar se tourna vers le père García Herreros avec un sourire aimable et le remercia pour tout. Il s'assit à côté d'un de ses lieutenants et sembla alors se rendre compte de la présence d'*el Mono*. Peut-être avait-il pensé qu'il se contenterait de donner des instructions à Villamizar sans monter dans l'hélicoptère.

« Et vous, jusqu'au bout dans cette galère », lui dit Escobar.

Personne ne sut jamais si c'était un remerciement ou un reproche, mais le ton était plutôt cordial. *El Mono*, perdu comme tous les autres, hocha la tête et sourit :

« Ah, *patrón* ! »

Villamizar songea alors, comme sous l'effet d'une révélation, qu'Escobar était un homme beaucoup plus dangereux qu'on ne le croyait, parce que son calme et son sang-froid tenaient du surnaturel. *El Mono* voulut fermer la porte de son côté mais n'y parvint pas, et le copilote dut le faire à sa place. Dans l'émotion de l'instant, personne ne s'était souvenu qu'il fallait des ordres. Aux commandes de l'appareil, le pilote, tendu, demanda :

« On décolle ? »

Escobar laissa alors transparaître un unique signe d'angoisse contenue :

« Bien sûr, s'empressa-t-il de dire. Vite, vite ! »

Quand l'hélicoptère se fut arraché à la pelouse, Escobar demanda à Villamizar : « Tout va bien, n'est-ce pas, *doctor* ? » Sans se retourner, Villamizar répondit ce qui pour lui était une vérité : « Tout est parfait. » Et rien d'autre, parce qu'ils étaient arrivés. L'hélicoptère passa au ras de quelques arbres et se posa sur le terrain de football

de la prison, une pelouse caillouteuse avec des poteaux
de but cassés, à côté du premier hélicoptère arrivé quinze
minutes plus tôt. Depuis le départ du Palais du
gouvernement, il ne s'était pas écoulé plus d'un quart
d'heure.

Pendant les deux minutes suivantes, la tension fut à son
comble. La porte à peine ouverte, Escobar voulut descendre le premier et se retrouva entouré des gardiens de la
prison : une cinquantaine d'hommes en uniforme bleu,
nerveux et quelque peu abasourdis, qui pointèrent leurs
fusils sur lui. Surpris, Escobar perdit un instant son sang-
froid et poussa un rugissement chargé d'une autorité
redoutable :

« Baissez vos armes, nom de Dieu ! »

Quand le chef des gardiens répéta l'ordre, les hommes
avaient déjà obéi à celui d'Escobar. Le chef du cartel de
Medellín et les passagers des deux hélicoptères parcouru-
rent les deux cents mètres qui les séparaient du bâtiment
où les attendaient les autorités de la prison, les membres
de la délégation officielle et le premier groupe des lieutenants d'Escobar, arrivés en voiture pour se rendre en même
temps que lui. Il y avait aussi la femme d'Escobar et sa
mère, très pâle, sur le point de fondre en larmes. Il lui
tapota l'épaule en passant et dit, avec une pointe de tendresse : « Ça va aller, maman, ça va aller. » Le directeur de
la prison s'avança, main tendue :

« Monsieur Escobar. Je suis Luis Jorge Pataquiva. »

Escobar lui serra la main. Puis il retroussa la jambe
gauche de son pantalon et dégaina le pistolet qu'il portait
attaché à la cheville par une courroie. C'était un véritable
bijou : un Sig Sauer 9 mm, avec l'or de son monogramme
incrusté sur la nacre de la crosse. Escobar n'ôta pas le char-
geur, mais enleva les balles une par une et les jeta à terre.

Ce fut un geste théâtral qui semblait avoir été répété et
fit l'effet d'une preuve de confiance envers le directeur de
la prison qui, depuis sa nomination, avait perdu le som-

meil. Le lendemain, les journaux racontèrent qu'au moment de déposer son revolver, Escobar avait dit à Pataquiva : « Pour la paix en Colombie. » Aucun témoin ne s'en souvient et surtout pas Villamizar, trop émerveillé par la beauté de l'arme.

Escobar salua tout le monde. Le procureur adjoint retint sa main dans les siennes pour lui dire : « Monsieur Escobar, je suis ici pour veiller au respect de vos droits. » Escobar le remercia avec une déférence particulière. Enfin, il prit Villamizar par le bras :

« On y va, *doctor*. Vous et moi nous avons beaucoup de choses à nous dire. »

Ils marchèrent jusqu'à l'extrémité de la galerie et bavardèrent une dizaine de minutes, appuyés à la balustrade, le dos tourné à tout le monde. Escobar commença par remercier Villamizar. Puis, avec son calme effroyable, il exprima ses regrets pour toutes les souffrances qu'il avait causées à Villamizar et à sa famille, mais lui demanda de comprendre que cette guerre avait été très dure pour les deux parties. Villamizar lui demanda à brûle-pourpoint de répondre aux trois grandes questions qui le hantaient : pourquoi il avait tué Luis Carlos Galán, pourquoi il avait essayé de le tuer lui, et pourquoi il avait enlevé Maruja et Beatriz.

Escobar déclina toute responsabilité dans le meurtre de Luis Carlos Galán. « En fait, tout le monde voulait tuer le docteur Galán », dit-il. Il reconnut qu'il avait assisté aux discussions qui avaient conduit à la décision de l'attentat mais nia être intervenu ou avoir eu une participation quelconque aux faits. « Beaucoup de gens y ont mis leur grain de sel, dit-il. En ce qui me concerne, j'étais contre, parce que je savais ce qui se passerait si on le tuait, mais la décision avait été prise et je ne pouvais m'y opposer. Je vous prie de dire tout cela à doña Gloria. »

Quant à la deuxième question, Escobar expliqua qu'un groupe de députés, qui étaient aussi ses amis, l'avaient convaincu que Villamizar était un collègue incontrôlable et têtu qu'il fallait à tout prix éliminer avant qu'il ne fasse approuver l'extradition. « De plus, ajouta-t-il, pendant cette guerre-là, on tuait sur de simples rumeurs. Mais à présent que je vous connais, *doctor* Villamizar, je bénis le ciel qu'il ne vous soit rien arrivé. »

Il fournit une explication simpliste de l'enlèvement de Maruja : « J'enlevais des gens pour obtenir quelque chose et je n'obtenais rien, personne ne voulait parler, tout le monde s'en fichait, alors j'ai pensé à doña Maruja, en me disant que ça pourrait servir. » Ses arguments s'arrêtèrent là, et il se lança dans une longue digression sur l'idée qu'il s'était faite de Villamizar à mesure que les négociations avançaient, jusqu'au jour où il avait été convaincu que c'était un homme sérieux et courageux qui n'avait qu'une parole et envers qui sa reconnaissance serait éternelle. « Je sais que vous et moi nous pouvons être de bons amis », dit-il. Puis il ajouta que Villamizar pouvait désormais être sûr qu'il n'arriverait plus rien ni à sa famille ni à lui-même.

« Qui sait jusqu'à quand je vais rester ici, poursuivit-il. Mais j'ai encore beaucoup d'amis, de sorte que si l'un des vôtres se sent en danger, ou si quelqu'un cherche à vous nuire, faites-le-moi savoir. Vous avez tenu vos engagements, je tiendrai les miens, merci beaucoup. Vous avez ma parole d'honneur. »

Avant de le quitter, Escobar lui demanda comme une ultime faveur de rassurer sa mère et sa femme, qui étaient au bord de la syncope. Villamizar le fit, sans grandes illusions, car l'une et l'autre étaient convaincues que cette cérémonie n'était qu'un piège sinistre pour faire assassiner Escobar à l'intérieur de la prison. Enfin, Villamizar entra dans le bureau du directeur, composa de mémoire le 284 33 00, qui était le numéro du Palais présidentiel, et demanda qu'on aille chercher Rafael Pardo, où qu'il se trouve.

Il était dans le bureau du conseiller de presse, Mauricio Vargas, qui décrocha et tendit le combiné sans commentaires. Pardo reconnut la voix grave et calme, avec cette fois comme un souffle de jubilation.

« Pardo, dit Villamizar, Escobar est sous les verrous. »

Rafael Pardo, pour la première fois de sa vie peut-être, reçut l'information sans la passer au tamis du doute :

« C'est formidable ! » s'écria-t-il.

Il fit un commentaire rapide que Mauricio Vargas ne tenta même pas d'interpréter, raccrocha et entra sans frapper dans le bureau du Président. Vargas, qui est un journaliste-né et le prouve vingt-quatre heures sur vingt-quatre, comprit, à la hâte de Rafael Pardo puis en ne le voyant pas revenir, que ce devait être une affaire de la plus haute importance. Il n'eut pas la patience d'attendre plus de cinq minutes. Il entra à son tour sans s'être fait annoncer dans le bureau du Président, et le trouva qui riait aux éclats d'un bon mot de Rafael Pardo. Alors il comprit. Mauricio pensa avec joie à la horde de journalistes qui, d'un moment à l'autre, envahirait son bureau, et il regarda sa montre. Il était seize heures trente. Deux mois plus tard, Rafael Pardo était le premier civil à se voir confier le ministère de la Défense, alors que depuis cinquante ans ce portefeuille avait toujours été réservé aux militaires.

Pablo Emilio Escobar Gaviria avait eu quarante et un ans en décembre. Selon l'examen médical obligatoire qu'il subit à son arrivée à la prison, son état de santé était celui d'un homme « jeune, jouissant de toutes ses facultés physiques et mentales ». La seule observation étrange était une congestion de la muqueuse nasale, et quelque chose qui ressemblait à la cicatrice d'une intervention de chirurgie esthétique au nez, mais il déclara qu'il s'agissait d'un accident survenu quand il était enfant pendant un match de football.

Le document de la reddition volontaire fut signé par le directeur national et la directrice régionale des affaires criminelles et par le procureur adjoint pour les droits de l'homme. Escobar signa de l'empreinte de son pouce et écrivit le numéro de sa carte d'identité égarée : 8. 345. 766 délivrée à Envigado. Le secrétaire Carlos Alberto Bravo ajouta au bas du document : « Une fois le document signé, M. Pablo Emilio Escobar a sollicité la signature de M. Alberto Villamizar Cárdenas, qui signe ci-dessous. » Villamizar signa bien qu'on ne lui ait jamais dit à quel titre.

Les formalités terminées, Pablo Escobar prit congé et entra dans la cellule où ses affaires allaient l'accaparer autant qu'auparavant et où, de surcroît, l'Etat veillerait à son bien-être et à sa sécurité. A partir du lendemain, en effet, la prison qui, pour Villamizar, « avait tout à fait l'air d'une prison » se transforma en un hôtel cinq étoiles avec toutes sortes d'installations luxueuses, pour les loisirs et les plaisirs comme pour le crime, faites de matériaux de première qualité apportés jour après jour dans le double fond de la malle arrière d'une fourgonnette de ravitaillement. Deux cent quatre-vingt-dix-neuf jours plus tard, le gouvernement, ayant eu vent du scandale, décida soudain de transférer Pablo Escobar dans une autre prison sans l'en avertir. Que le gouvernement ait mis un an pour s'apercevoir des faits était invraisemblable, mais qu'Escobar ait pu acheter pour une assiette de nourriture un sergent et deux soldats morts de peur, puis s'échapper avec ses lieutenants à travers les bois avoisinants, au nez et à la barbe des fonctionnaires et de la troupe chargés de son transfert, l'était tout autant.

Ce fut son arrêt de mort. Il déclara plus tard que l'action du gouvernement avait été si étrange et brusque qu'il n'avait pas cru qu'on le transférerait mais qu'on allait le tuer ou l'extrader aux Etats-Unis. Quand il se rendit compte de l'importance de son erreur, il lança deux offensives parallèles pour que le gouvernement lui accorde de nouveau la faveur de l'emprisonner : d'une part la plus grande vague d'attentats à la dynamite de l'histoire du pays, d'autre part l'offre de sa capitulation inconditionnelle. Le gouvernement fit la sourde oreille à ses propositions, le pays ne céda pas à la terreur des voitures piégées, et la contre-offensive de la police atteignit des proportions insupportables.

Pour Escobar, le monde avait changé. Ceux qui auraient pu l'aider une fois encore à sauver sa vie n'avaient plus ni l'envie ni les motifs de le faire. Le père García Herreros était mort le 24 novembre 1992 des suites d'une insuffisance rénale, et Paulina, sans travail et sans économies, se réfugia dans un automne tranquille, avec ses enfants et ses bons souvenirs, au point qu'aujourd'hui l'équipe de *La Minute de Dieu* ne sait ce qu'elle est devenue. Alberto Villamizar, nommé ambassadeur aux Pays-Bas, reçut plusieurs messages d'Escobar mais il était trop tard pour tout. L'immense fortune, évaluée à trois milliards de dollars, fut en grande partie engloutie dans les cloaques de la guerre ou s'évanouit dans la débandade du cartel. La famille ne pouvait trouver dans le monde un endroit où dormir sans faire de cauchemars. Devenu le plus gros gibier de notre histoire, Pablo Escobar ne pouvait rester plus de six heures au même endroit et laissait dans sa fuite échevelée un sillage de morts innocents, tandis que ses lieutenants étaient assassinés, se livraient à la justice ou passaient à l'ennemi. Ses services de sécurité et son instinct de survie presque animal perdirent leur virtuosité d'autrefois.

Le 2 décembre 1993, au lendemain de son quarante-quatrième anniversaire, il ne résista pas à la tentation de téléphoner à son fils Juan Pablo, qui venait de rentrer à Bogota après avoir été refoulé à la frontière allemande avec sa mère et sa sœur cadette. Au bout de deux minutes, Juan Pablo, plus que lui sur le qui-vive, lui dit de raccrocher parce que la police pouvait localiser l'origine de l'appel. Escobar, dont la dévotion familiale était proverbiale, n'en fit rien. Au même moment, le service des écoutes avait découvert l'endroit exact de l'appel, dans le quartier de Los Olivos, à Medellín. A quinze heures quarante-cinq, un groupe spécial et peu voyant de vingt-trois policiers en civil boucla le secteur, prit la maison d'assaut et força la porte de l'étage. Escobar les entendit. « Je te laisse, dit-il à son fils, parce qu'il se passe quelque chose de bizarre. » Ce furent ses derniers mots.

Villamizar passa la soirée de la reddition d'Escobar dans les boîtes les plus extravagantes et les plus dangereuses de la ville à boire de l'eau-de-vie pour machos avec les gardes du corps d'Escobar. *El Mono*, soûl comme une barrique, racontait à qui voulait bien l'entendre que le *doctor* Villamizar était la seule personne à qui son patron avait fait des excuses. Tout à coup, à deux heures du matin, il se leva, fit un signe de la main et dit.

« Adieu, *doctor* Villamizar. Je disparais et il est probable qu'on ne se reverra jamais. J'ai été ravi de vous connaître. »

A l'aube, ils laissèrent Villamizar, imbibé comme une éponge, à La Loma. Dans l'avion qui le ramena à Bogota dans le courant de l'après-midi, tout le monde ne parlait que de la reddition de Pablo Escobar. Ce jour-là, Villamizar fut l'un des hommes les plus célèbres du pays, mais personne ne le reconnut dans la foule de l'aéroport. Les journaux n'avaient pas publié sa photo à la prison, et l'ampleur de son rôle décisif dans tout le processus de la reddition semblait vouée à la pénombre des gloires secrètes.

De retour chez lui ce soir-là, il reprit pied dans la réalité de la vie quotidienne. Andrés travaillait dans sa chambre. Maruja livrait en silence son combat difficile contre ses fantasmes pour pouvoir redevenir elle-même. Le cheval Tang avait retrouvé sa place, entre les splendides reliques rapportées d'Indonésie et les objets achetés aux quatre coins du monde, dressé sur la table sacrée où elle voulait qu'il soit et dans le coin où elle avait rêvé qu'elle le voyait au long des interminables nuits de la captivité. Elle avait repris son travail à Focine, et s'y rendait dans la voiture où elle avait été enlevée, que conduisait un chauffeur nouveau et aimable, assis à la place de celui qui était mort. Deux ans plus tard, Maruja était ministre de l'Education.

Villamizar, sans travail et sans envie de travailler, écœuré par la politique, préféra se reposer à sa manière pendant quelque temps, réparant les pannes domestiques, buvant son désœuvrement à petites gorgées avec de vieux camarades, faisant lui-même les courses pour profiter et faire profiter ses amis des délices de la cuisine populaire. C'était un état d'esprit propice à se laisser pousser la barbe et à passer les après-midi à lire. Un dimanche, pendant le déjeuner, alors que les brumes de la nostalgie commençaient à embuer le passé, on sonna à la porte. Ils crurent qu'Andrès avait, une fois de plus, oublié les clés. Comme le personnel de maison était sorti, Villamizar alla ouvrir. Un jeune homme en veste de sport lui remit un petit paquet enveloppé dans du papier cadeau avec une faveur dorée, et disparut dans l'escalier sans dire un mot ni avoir donné à Villamizar le temps de rien demander. Villamizar pensa que ce pouvait être une bombe. Au souvenir de l'enlèvement, la nausée le prit, mais il dénoua la faveur et ouvrit le paquet du bout des doigts, loin de la salle à manger où Maruja l'attendait. C'était un étui en similicuir avec, à l'intérieur, sur son coussin de soie, la bague que les ravisseurs avaient prise à Maruja le soir de l'enlèvement. Il manquait un éclat de diamant mais c'était bien elle.

Maruja ne pouvait le croire. Elle glissa la bague à son doigt et se rendit compte qu'elle avait très vite recouvré sa santé, car elle lui allait.

« C'est incroyable, soupira-t-elle. Dire qu'avec tout ça on pourrait écrire un livre. »

Impression réalisée sur CAMERON par
BRODARD ET TAUPIN
La Flèche

pour le compte des Éditions Grasset
61, rue des Saints-Pères, 75006 Paris
en mars 1997

*Imprimé en France*
Dépôt légal : mars 1997
N° d'édition : 10303 – N° d'impression : 1852R-5
ISBN : 2-246-53741-X